CASES OF PATENT BIG DATA ANALYSIS IN NEW INDUSTRIES

신산업 분야

특허 빅데이터
분석방법 사례

한유진 · 하윤수

CONTENTS

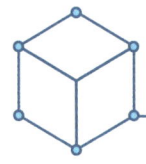

PART 1

특허 빅데이터 분석 이론

제1장 **특허 빅데이터의 이해**	3
1. 특허 빅데이터의 가치	4
2. 특허 빅데이터 검색 DB 활용법	9
제2장 **특허 빅데이터의 활용**	17
1. 선행기술조사	18
2. 특허동향조사	27

PART 2

특허 빅데이터 분석 사례

제1장 **인공지능**	47
1. 인공지능이란?	48
2. R&D 전략 수립 사례	
- 인공지능과 로봇기술을 활용한 스마트 농작업 시스템 기술	49
3. 신규 아이디어 창출 사례 - 웹툰에 적용된 AI 기술 사례	65
4. R&D 전략 수립 사례 - 인공지능형 공장상태 진단 및 예지보전 기술 부상도 분석 사례	70

제2장 **신재생에너지** 77
1. 신재생에너지란? 78
2. R&D 전략 수립 사례 - 플라스틱 재활용 기술 분야 79
3. R&D 전략 수립 사례 - 풍력발전시스템의 고장진단 및 예지보전 기술 분석 사례 97
4. 신규 아이디어 창출 사례 - 신재생에너지 필수기술 ESS 신기술 센싱 사례 116

제3장 **첨단 모빌리티** 127
1. 권리범위와 침해분석 사례 - 자율주행차량, 통신기술 특허침해 소송 배경과 현황 분석 128
2. R&D 전략 수립 사례 - 애플이 애플카를 위해 세울 수 있는 최선의 전략은? 135
3. 신규 아이디어 창출 사례 - 자동차 기업이 생각하는 미래 자동차 실내 분석 142
4. R&D 전략 수립 사례 - UAM(Urban Air Mobility) 기술 전략 수립 사례 161

제4장 **바이오** 173
1. 권리범위와 침해 분석 사례 - 유전자 가위 특허전쟁 사례 174
2. R&D 전략 수립 사례 - 특허 빅데이터 기반 표적 항암제 분석 사례 183

제5장 **양자컴퓨팅** 191
1. R&D 전략 수립 사례 - 양자 컴퓨팅 기술에서 새롭게 등장한 신기술 센싱 사례 192
2. 신규 아이디어 창출 사례 - 특허로 보는 초전도체 사례 203

PART. 1
특허 빅데이터 분석 이론

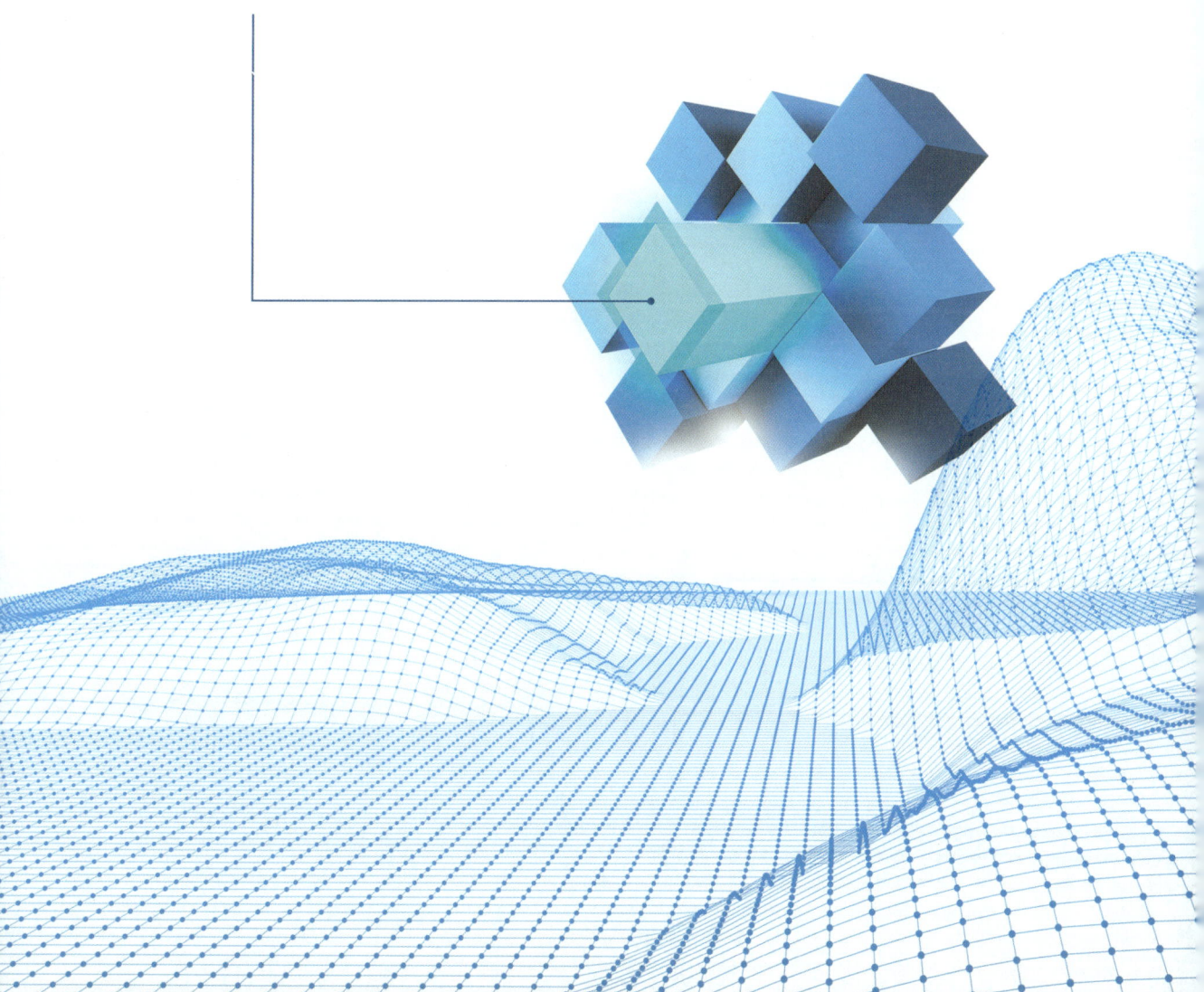

제1장

특허 빅데이터의 이해

신산업 분야 특허 빅데이터 분석방법 사례

제1장 | 특허 빅데이터의 이해

1. 특허 빅데이터의 가치

특허 빅데이터는 특허라는 단어에 빅데이터가 결합된 합성어이다. 특허 빅데이터는 특허라는 단어에 빅데이터가 결합된 합성어이다.

1-1 특허란?

특허란, 발명에 대하여 인정되는 국가공인 독점·배타권이다. 쉽게 말하면, 발명에 대해 특허권을 획득한 출원인에게 독점권을 부여해주는 대신, 기술을 공개하는 제도이다.

즉, 특허권을 기초로 독점권을 제공함으로써 발명자가 경제적 이득을 볼 수 있도록 함과 동시에, 공개된 기술을 기초로 다른 사람들이 연구할 수 있도록 함으로써, 기술 향상으로 인한 국가산업 발전을 이루기 위한 제도이다.

> ▶ **특허법 제1조(목적)**
> 이 법은 발명을 보호·장려하고 그 이용을 도모함으로써 기술의 발전을 촉진하여 산업발전에 이바지함을 목적으로 한다.

이러한 특허의 목적은 로스트 테크놀로지의 발생을 막기 위함에 있다. 기술의 소유권을 인정해주지 않았던 특허가 없던 시절에는, 기술 전수가 기업과 국가 관점에서 이루어질 수 없었다.
하지만, 특허라는 제도를 통해, 기술이 공개되도록 했고, 누구나 공개된 기술을 바탕으로 새로운 기술은 연구 개발할 수 있게 되었다.

즉, 특허를 통해, 수많은 시간과 비용을 들여 기술을 개발한 발명자들에게 적절한 보상을 제공하면서, 기술이 공개되도록 하여 기술 개발 정체의 악순환을 예방할 수 있게 되었다.

1-2) 빅데이터란?

빅데이터란 기존 데이터베이스 관리도구의 능력을 넘어서는 대량의 정형 또는 비정형 데이터로부터 가치를 추출하고 결과를 분석하는 기술이다. 간단하게 말하면 여러 형태의 많은 데이터를 잘 처리해서 가치를 만들어 내는 것이다.

> ▶ **기존 데이터와 빅데이터의 차이**
> - 다양한 방법으로 수집된 여러 형태의 데이터 집합을 의미하지만, 비정형화된 데이터에 초점
> - 병렬 처리를 위한 컴퓨터 시스템들이 필요할 정도의 큰 데이터셋
> - 가치 창출에 의미가 있으며 이를위해 타당성(Validity), 신뢰성(Veracity) 확보에 노력
> - 단기간 활용보다는 장기적 활용에 초점

과거에는 빅데이터, AI가 고급 분석을 위한 전문가들의 영역으로 비춰졌다. 하지만, 최근 분야를 가리지 않고 모든 영역에서 빅데이터, AI라는 용어가 언급되면서 이 책을 읽는 여러분들에게도 낯설거나 새로운 용어는 아닐 것이다. 심지어, 여러분들도 SNS, 블로그, 리뷰 등을 통해 다양한 빅데이터를 생성하고 있다.

그렇다면, 과연 1분 동안 생성되는 데이터의 양은 얼마나 될까? [1]구글 검색은 약 590만 회, 인스타그램은 약 6.6만개의 사진, 이메일은 약 2.3억개 그리고 ZOOM은 약 10만 시간의 데이터를 생성해내고 있다.

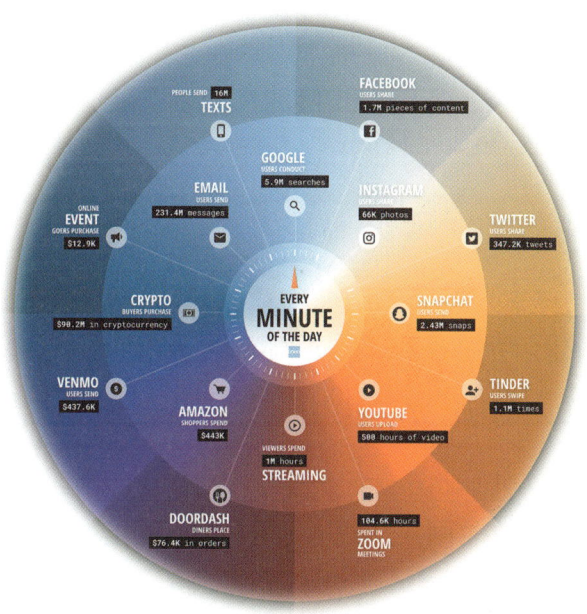

[그림 1] 1분 동안 생성되는 데이터의 양

---

[1] DOMO, "DATA NEVER SLEEPS 10.0, 2023"

신산업 분야 특허 빅데이터 분석방법 사례

초기 빅데이터의 특징은 3V로 정의되었다.

▸ **초기 빅데이터의 특징(3V)**
- Volume (규모) : 데이터의 크기(저장되는 물리적 데이터양)
- Variety (다양성) : 다양한 종류의 데이터를 수용하는 특성
- Velocity (속도) : 데이터가 얼마나 빠르게 처리/분석되는지에 대한 특성

하지만, 빅데이터를 통한 가치 창출이 중요한 요소로 부각되면서, 최근에는 3V에 Veracity(정확성)와 Value(가치)가 추가되어 5V가 되었다.

▸ **빅데이터의 특징(5V)**
- Volume (규모) : 데이터의 크기(저장되는 물리적 데이터양)
- Variety (다양성) : 다양한 종류의 데이터를 수용하는 특성
- Velocity (속도) : 데이터가 얼마나 빠르게 처리/분석되는지에 대한 특성
- Veracity (진실성) : 데이터의 신뢰성과 타당성에 관한 특성
- Value (가치) : 비즈니스나 연구에서 유용한 가치를 도출할 수 있는 특성

그 외에도, Valiaity(정확성), Volatility(휘발성)이 추가되어 7V의 특성으로 불리기도 한다.

위에 설명한 것처럼, 빅데이터의 특징은 필요에 따라 계속 추가되고 있다. 하지만 "가치 창출"이 중점이란건 변하지 않았다. 즉, 빅데이터는 가치를 창출할 수 있는 데이터를 의미한다고 할 수 있다.

1-3) 특허 빅데이터란?

앞서 빅데이터는 5V를 만족해야 한다고 설명했다. 다시 한번 강조하면, 양이 많고(Volume), 빠른 속도로 생성되며(Velocity), 다양성을 가져야 하고(Variety), 데이터가 신뢰성(Veracity)이 있어야 한다. 무엇보다 비즈니스나 연구에 유용한 가치(Value)를 이끌어 낼 수 있어야 한다.

특허 빅데이터는 양도 많고, 전세계에서 매일 생성되며, 다양한 기술분야와 다양한 속성을 갖추고 있다. 그리고, 여러 사람들이 연구개발한 결과물로써의 신뢰성이 있다. 무엇보다, 비즈니스적 가치를 이끌어 낼 수 있는 데이터이기 때문에, 빅데이터로써 그 활용 가치가 매우 높다.

23년 과학기술정보통신부의 발표자료에 따르면, 기업 형태(소, 중, 대기업, 공공기관, 소상공인, 병원 등)에 상관없이, '전문, 과학 및 기술 서비스업 데이터'에 대한 수요가 높다는 것을 알 수 있다.

[그림 2] 2)특허 빅데이터의 수요 증가(과학기술정보통신부)

특허 빅데이터가 다양한 비즈니스영역에서 활용될 수 있다는 굉장히 의미있는 통계 결과이다.

1-4) 특허 빅데이터 활용 이유

이 세상에는 다양한 데이터가 존재한다. 그럼에도 불구하고 특허 빅데이터를 활용하고자 하는 니즈가 증가하는 이유는 무엇인지 알아보자.

[그림 3] 특허 빅데이터의 양적 가치

---

2) 과학기술정보통신부, 데이터 바우처 지원사업 2023년 데이터 수요조사

특허 빅데이터는 다른 데이터와 마찬가지로 양이 많다. 글로벌 특허 데이터가 2.4억건 정도 되고, 특허가 발행되는 국가가 160개국이나 된다.

일반적으로 데이터의 건수를 확인할 때, 엑셀에서 하나의 열이 1건의 데이터이다. 엑셀 한 줄이 1개의 데이터고 특허로 보면 1건을 의미한다. 특허는 이 1건의 데이터가 생성되는데, 약 500만원의 비용이 발생된다. 출원하고, 심사하고 등록되는 과정까지만 포함했을 때, 중소기업중앙회의 22년도 조사 결과에 따르면 평균적으로 500만원 정도 든다고 한다.

2.4억건의 특허 데이터는 산술적으로 1200조의 비용으로 만들어진 데이터이다. 매우 큰 비용으로 만들어졌고, 심지어 각 한 건, 한 건이 기술적인 내용을 매우 상세하게 설명하고 있다. (참고 : 삼성전자 시총 약 400조, 우리나라 1년 예산이 600조)

즉, 특허 빅데이터는 다른 어떤 데이터보다도 큰 돈이 투입되어 만들어진 고품질의 데이터라는 것이다. 그리고, 이러한 고품질의 데이터를 법적으로 공개하고 있어, 누구나 활용할 수 있다.

따라서, 많은 비즈니스 영역에서 특허 빅데이터를 활용하고자 하는 것이다.

1-5) 특허 빅데이터 활용 목적

특허 빅데이터를 활용하는 목적은 다양하다.

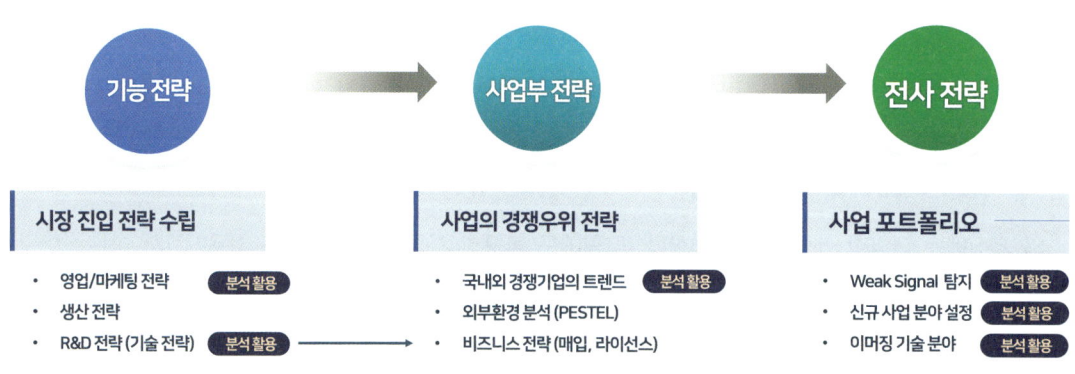

[그림 4] 특허 빅데이터의 활용 포인트

시장 진입 전략 수립, 사업의 경쟁우위 전략 수립과 더불어 사업 포트폴리오를 구성함에 있어서도 특허 빅데이터가 활용된다.

여러분들은 이 책을 통해 아래와 같은 특허 빅데이터 활용법에 대한 구체적인 방법과 실사례를 배우게 된다.

전략 구분	세부 전략	특허 빅데이터 활용법
시장 진입 전략	R&D 전략	선행기술조사
사업 경쟁우위 전략	국내외 경쟁기업 트렌드	기술 트렌드 분석
	비즈니스 전략	권리범위와 침해 분석
사업 포트폴리오 전략	신규 사업분야 설정	신규 아이디어 창출

2. 특허 빅데이터 검색 DB 활용법

데이터 분석 분야에서 유명한 말 중에 이런 말이 있다.

"Garbage in garbage out"

쓰레기 데이터가 Input 되면, 그 결과도 쓰레기라는 뜻이다.

특허 빅데이터도 동일한 논리가 적용된다. 분석하고자 하는 특허 데이터를 정확히 확정해야만 좋은 가치, 좋은 인사이트를 도출할 수 있다는 뜻이다. 일반적으로 분석하는 데이터를 확정하는 것을 '모집단 설정'이라 한다.

즉, 특허 빅데이터를 활용하기 위해서는 내가 분석하고자 하는 목적, 기술분야 등을 고려하여 최적의 모집단을 설정하는 것이 중요하다.

이번 장에서는, 수 억건의 특허 빅데이터에서 최적의 모집단을 설정하기 위한 특허 검색 DB 활용법에 대해 공부해보자.

2-1) 특허 데이터 항목

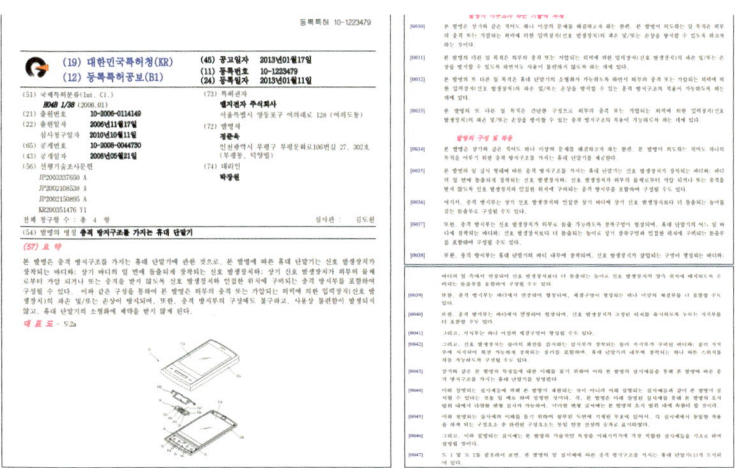

[그림 5] 특허 등록 공보

그림 5의 특허 등록 공보를 보면, 특허 데이터는 다양한 필드로 구성되어 있음을 알 수 있다.

해당 특허와 관련된 일반적인 내용을 알 수 있는 서지사항에는 출원번호, 출원인, IPC(International Patent Classification, 국제 특허 분류) 코드 등이 기재되어 있다. 또한, 청구항, 요약, 발명의 상세한 설명 등의 필드에서는 기술 내용을 구체적으로 기재하고 있다.

[그림 6] 특허 데이터 상세 항목

그 외에 다양한 특허 데이터에는 다양한 데이터들이 존재한다. 특허 데이터의 여러 항목들은 특허 데이터에 기재되어 있는 직접 제공 항목이 있고, 특허 데이터를 가공해서 만들어진 가공 항목이 있다. 그리고, 특허 외 다른 데이터와의 결합을 통해 얻을 수 있는 데이터가 있다.

항목 속성	세부 항목명
특허 데이터 직접 제공	출원인 출원번호 출원일자 IPC 분류 코드 발명의 명칭 요약 청구항 발명의 상세한 설명
특허 데이터 가공	특허 평가 등급 인용문헌 수 발명자 수 비특허 인용 수
타 데이터 결합 항목	소송정보 표준정보

내가 원하는 모집단을 설정하고, 특허 데이터의 여러 항목에 대한 데이터를 수집하기 위해서는 특허 검색 DB Tool을 활용해야 한다.

2-2) 특허 검색 DB 활용법

■ 특허 검색 DB 종류 및 활용 이유

국내외에는 다양한 특허 검색 DB가 있다. 우리나라 특허청이 보유한 국내외 지식재산권 관련 데이터를 무료로 제공하는 키프리스(kipris), 17개 특허청의 전문을 포함하여 특허 데이터를 제공하는 구글 특허(google patent), 그리고 국내 최대 데이터 커버리지를 보유하고 있는 전세계 106개국의 특허 정보를 제공하는 키워트(keywert)가 있다.

신산업 분야 특허 빅데이터 분석방법 사례

본 책에서는 글로벌 특허 검색 엔진인 키워트를 활용하는 방법에 대해 설명하도록 한다.

유료 검색 DB인 키워트를 중심으로 설명하는 이유는, 키워트가 제공하는 다양한 기능들이 특허를 검색하는 사람들 입장에서 매우 편리하기 때문이다.

▶ **글로벌 특허검색 DB 키워트 편의성**
- 특허 검색시 국내 및 해외 특허에 대한 통합 검색 및 일괄 검토가 편리함
- 특허 검색 결과에 대해 차후 분석을 위한 다양한 데이터 다운로드가 편리함
- 특허 검색 결과에 대해 패밀리 특허의 확장과 확인이 쉬움
  (한국 특허 외에 해외특허 범위까지 확장하여 커버리지 확대 및 검토 가능)
- 특허 정보 외에 추가적인 정보까지 제공
  (표준정보, 논문 정보, 소송/심판 정보 등)
- 특허 업무에 필요한 다양한 편의성 제공
  (보고서 생성 기능, 그래프 작성 기능, 검색식 작성 서포트 기능 등)

■ 특허 검색 DB를 활용한 모집단 도출 - 검색식 작성 기초

특허 검색 DB를 활용해 내가 원하는 모집단을 설정하기 위해서는, 내가 원하는 조건에 부합하는 특허를 찾아낼 수 있어야 한다.

특허는 텍스트로 이루어진 데이터이기 때문에, 우리가 포털사이트에서 정보를 검색하듯 키워드를 이용해 모집단에 포함되는 특허들을 추출할 수 있다.

이때 아래 2가지의 사항을 추가로 고려해야 한다.

- 여러 키워드들의 조합을 활용한 검색식을 통해 타겟팅된 모집단 구축
- 하나의 키워드에 대한 유사/동의어를 활용한 누락 없는 모집단 구축

① 여러 키워드들의 조합을 활용한 검색식을 통해 타겟팅된 모집단 구축

하나의 키워드만 활용해 특허를 검색할 경우, 내가 원하는 모집단이 아닌 넓은 범위의 특허 데이터를 검색하게 되어 노이즈가 많이 포함될 수 있다.

예를 들면, "전기자동차 배터리" 기술을 모집단으로 하고 싶은 경우, "전기자동차"와 같이 하나의 키워드로만 특허를 검색하게 되면, "배터리"기술 뿐만 아니라 "제어 기술", "충전 기술" 등 다양한 전기자동차 기술이 모집단에 포함되게 된다.

따라서, 하나의 키워드로 검색하는 것이 아니라, 여러 키워드들의 조합을 통한 검색식을 활용해 원하는 모집단 특허를 구축해야 한다. 위의 예시를 이어서 설명하면, "전기자동차"와 "배터리" 키워드를 "AND" 조합으로 연결하여, 전기자동차 키워드를 포함하면서, 배터리 키워드를 포함하는 특허를 추출하는 검색식을 구성할 수 있다.

② 하나의 키워드에 대한 유사/동의어를 활용한 누락 없는 모집단 구축

각각의 키워드에 대한 유사/동의어의 확장을 통해 누락 없는 모집단을 확보해야 한다.

앞선 예시에서 보면, 전기자동차에서 "배터리"는 "이차전지", "충전지" 등의 용어들이 동일한 의미로 사용될 수 있다. 따라서, "배터리", "이차전지", "충전지" 등의 유사/동의어가 "OR" 조합으로 연결되어야 한다.

우리는 모집단을 구축하기 위해, 키워드의 조합을 통한 검색식을 작성해야 함을 배웠다. 아래는 검색식 작성 시 고려해야할 사항들이다.

▶ **특허 검색식 작성 원칙**
- 선행기술조사의 검색식은 유효특허를 잘 포섭하기 위한 그물과 동일함
- 그물을 너무 크게하면 검색 건수 너무 많고 노이즈가 많음
- 그물을 작게 하면 유효특허가 걸리지 않아서 필요한 특허를 놓치게 됨
- 특정 아이디어를 나타내는 키워드는 다양하게 사용될 수 있음
  (동의어, 유사어로 확장하여 커버 필요)
- 유사어, 음역 결과, 영문 표현, 일문 표현 등을 고려하여 확장 방향 필요함
- 특허는 기술 용어가 아닌 법적 용어로 표현하므로 이를 고려해야 함
- 동사를 키워드로 하는 것은 지양할 것
  (명세서 작성자마다 사용/표현 형태가 다름)
- 해당 키워드가 요약, 청구범위, 발명의 상세한 설명 중 어떤 영역에 사용되는지에 대한 판단이 중요

앞서, 모집단을 잘 구축해야만 최종 결과물의 질이 좋아진다고 설명했다. 그리고, 이러한 모집단은 키워드의 조합인 검색식을 통해 구축이 가능하다고도 설명했다.

하지만, 여기서 고려해야 할 것이 추가로 발생된다. 예를 들면, "Determine" 키워드는 특허 내에서 "determination", "determining" 등으로 사용되어 진다. 따라서, 누락없이 모집단을 구성하려면 검색식에 해당 키워드들을 모두 검색식에 추가해야 한다. 이러한 특허의 특성(텍스트 데이터의 특성)을 고려하여 검색식을 보다 쉽게 작성하도록 아래와 같은 검색어 작성 팁을 활용할 수 있다.

▶ **검색어 작성 TIP**
- 모든 가능한 상황을 고려하여 검색어에 사용될 키워드 추출
- 단어가 다양하게 표현되는 경우 (*)를 사용할 것
  (ex. Determine → determination, determining 등 다양하게 사용 → determin*)
- 특허 명세서 작성자가 동일한 단어에 대해 오타 및 띄워쓰기 등의 표기상 문제도 고려
  (ex. SNS → 소셜 네트워크 서비스, 소셜네트워크, 소셜 네트워크)
- 선행기술조사 범위는 한국 외에 해외까지 확장 → 한글 단어(KR, JP) / 영어 단어(US, EP, CN 등)을 혼합하여 검색
  (ex. 한글 단어의 동의어, 유어의 외에 해당 영문 표현까지 확장하여 작성함)
  (ex. 센서 or sens* or 검출 or 탐지 or 인식 or 센싱 등)

신산업 분야 특허 빅데이터 분석방법 사례

■ 특허 검색 DB를 활용한 모집단 도출 - 검색식 작성 고급

위의 검색식 작성 방법을 통해 검색식을 작성하는 경우, 모집단에 노이즈가 많이 포함될 가능성이 높다. 이를 해결하기 위해 아래 2가지 항목을 고려해서 검색식을 고도화할 수 있다.

- 검색 연산자를 활용한 검색식 고도화
- 검색 필드를 활용한 검색식 고도화

① 검색 연산자를 활용한 검색식 고도화

앞선 "전기자동차 배터리"에 대한 예시에서, "전기자동차" 키워드와 "배터리" 키워드를 "AND" 조합으로 연결하여 검색식을 작성해야 한다고 했다. 또한, "배터리", "이차전지", "충전지" 등의 유사/동의어가 "OR" 조합으로 연결하여 검색식을 작성해야 한다고 했다.

여기서, "AND", "OR"와 같은 연결에 활용되는 것을 검색 연산자라고 한다. 연산자의 종류는 아래와 같다.

연산자	예시	설명
AND	A *AND* B 휴대폰 AND 배터리	순서에 관계없이 A와 B를 동시에 포함하고 있는 문헌을 검색함
OR	A *OR* B 휴대폰 OR 핸드폰	순서에 관계없이 A 또는 B를 포함하고 있는 문헌을 검색함
NOT	A *NOT* B 휴대폰 NOT 배터리	A는 포함되나 B는 포함하지 않는 문헌을 검색함
A/n	A *A/n* B 휴대폰 A/2 배터리	A와 B 사이에 단어가 n개 이하로 포함된 문헌을 검색함
N/n	A *N/n* B 휴대폰 N/2 배터리	순서에 관계없이 A와 B사이에 단어가 n개 이하로 포함된 문헌을 검색함
*	A* composit*	* 뒤에 어떠한 길이의 단어가 들어간 문헌이라도 모두 검색함
띄어쓰기 (공백)	A □ B 휴대폰 □ 핸드폰	순서에 관계없이 A 또는 B를 포함하고 있는 문헌을 검색함 (띄어쓰기는 OR과 동일하게 인식)

② 검색 필드를 활용한 검색식 고도화

특허 검색식 작성 원칙 테이블의 마지막 항목을 보면, "해당 키워드가 요약, 청구범위, 발명의 상세한 설명 중 어떤 영역에 사용되는지에 대한 판단이 중요"하다고 기재되어 있다.

여기서, '요약', '청구범위', '발명의 상세한 설명'과 같이 특허 명세서 내에서 영역이 구분되는 구분항목을 필드라고 하며, 이러한 필드들을 활용해 보다 검색식을 고도화할 수 있다.

특허 필드에는 아래와 같은 것들이 있다.

인명정보	
NAP	대표출원인코드
CAP	현재권리자
AP	출원인
APC	출원인 국적
INV	발명자
INVC	발명자 국적
AG	대리인
EXP	심사관
PCN	특허고객번호
ACTR	출원인식별기호
ASNO	양도인
ASNE	양수인

국제출원	
IAN	국제출원번호
IAD	국제출원일
IPN	국제공개번호
IPD	국제공개일

텍스트	
KEY	명칭+요약+독립항
TAC	명칭 + 요약 + 전체청구항
TI	발명의 명칭
AB	요약
CL	독립항
CLA	전체청구항
DSC	상세설명
KWD	색인어

우선권/인용정보	
PRC	우선권 국가
PRN	우선권 번호
PRD	우선권 주장일
BDN	인용문헌 번호
BDC	인용문헌 국가

일자/번호/문헌 종류	
KC	문헌종류
DN	문헌번호
DD	문헌일
AN	출원번호
AD	출원일
PN	공개번호
PD	공개일
RN	등록번호
RD	등록일
FN	공고번호
FD	공고일

분류코드	
MIPC	메인IPC
IPC	모든IPC
MCPC	메인CPC
CPC	모든CPC
MUPC	메인UPC
UPC	모든UPC
FI	FI (File Index)
FTC	F-term
TC	테마코드
EC	ECLA

[그림 7] 특허 필드 연산자

이러한 필드 연산자를 활용하면 아래와 같은 검색식을 작성할 수 있으며, 여러 필드를 조합해서 검색할 경우 필드 연산자 사이에 "_"를 붙여 연결할 수도 있다.

- 발명의 명칭에서 검색 : TI:(디스플레이)
- 출원인 검색 : AP:(삼성전자)
- 명세서 전체에서 검색 : TAC_DSC:(디스플레이)

제 2 장

특허 빅데이터의 활용

신산업 분야 특허 빅데이터 분석방법 사례

제2장 | 특허 빅데이터의 활용

1. 선행기술조사

■ 선행기술조사의 이해

앞서 우리는 특허가 "발명에 대하여 인정되는 국가공인 독점·배타권"이라 정의했다. 내 발명을 독점·배타권을 가지는 특허로 인정받기 위해서는 특허를 출원하고, 출원한 특허의 등록 요건을 심사 받아야 한다.

등록요건이라 함은 특허 출원한 발명이 특허를 받기 위한 요건을 말하는 것으로, 산업상 이용가능성, 신규성, 진보성, 확대된 선원의 지위의 적극적 요건과, 특허법 제62조 등에서 규정하는 소극적 요건을 만족하는지 여부를 의미한다.

일반적으로, 신규성, 진보성을 중요한 특허 등록 요건으로 하고 있으며, 이 책에서는 2가지 요건에 대해서 다루도록 한다.

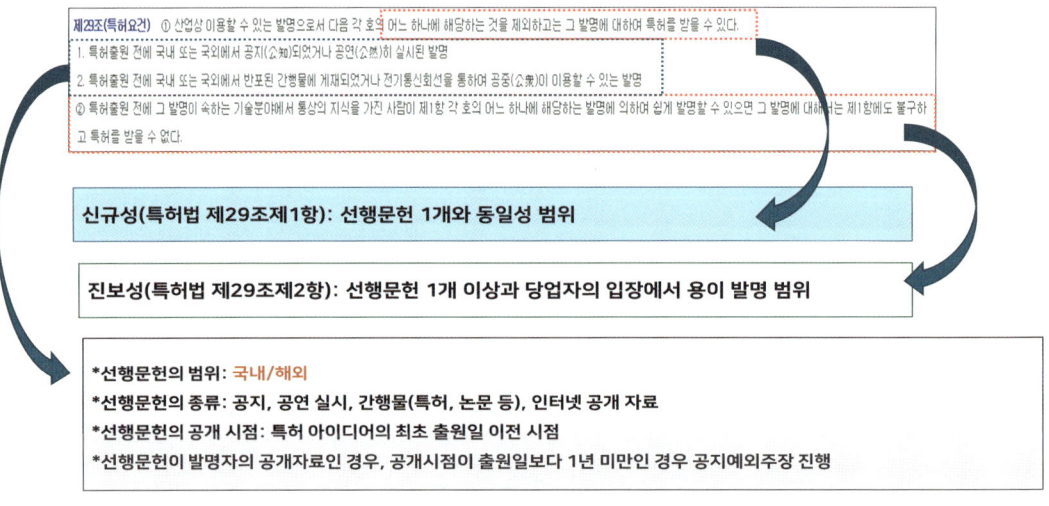

[그림 8] 특허 요건 및 선행문헌 요건

위의 내용을 살펴보면, 특허 발명은 선행문헌 1개와 동일하지 않아야 하고, 선행문헌 1개 이상과 당업자의 입장에서 용이하게 발명이 불가능해야 한다. 즉, 선행문헌과 특허 발명을 비교했을 때, 명확한 차이가 있어야만 권리를 획득할 수 있다.

이러한 권리 획득을 위한 심사 과정에서 발생 될 수 있는 등록 요건 부합 여부를 사전에 판단하는 것이 선행기술조사이다.

선행기술조사의 의미

(1) 특허 대상에 대해 이전에 유사한 기술이 있는지 확인하는 업무

(2) 특정 주제(아이디어, 출원, 등록)의 **특허성 (신규성/진보성)에 영향을 줄 수 있는 선행문헌**을 검색 & 비교/분석 업무

(3) 선행문헌은 (i) 기준 시점(조사시점, 출원시)보다 이전에 (ii) 공개된 자료이어야 함

(4) 선행기술조사를 통해 관련 세부 기술 내용 (출원전 아이디어 또는 등록된 특허)와 유사한 기술을 문헌을 조사

(5) 미국출원시 선행기술조사를 통해 도출된 선행문헌을 IDS로 제출해야 할 의무가 발생될 수 있음

선행기술조사의 활용 업무

(1) 아이디어/출원의 특허성을 판단하기 위해 선행문헌(특허, 논문 등)를 검색/분석하는 업무

(2) 등록된 특허를 무효시키고자 선행문헌을 검색/분석하는 업무

(3) 특정 기술분야에 대해 타기업들의 특허 확보 현황, 특허 흐름을 분석하는 업무

(4) 선행기술조사를 통해 도출된 선행문헌을 출원서에 노출시키는 것은 지양 (cf. 심사관의 진보성 근거 자료 활용)

[그림 9] 선행기술조사의 의미와 활용 업무

선행기술조사는 이미 공개된 특허 빅데이터를 활용하여 내가 출원하고자 하는 발명이 특허로써 등록 가능한지 여부를 사전에 검토하고, 등록 가능성을 높이기 위한 전략을 수립하기 위한 방법이라 할 수 있다.

이를 위해서는 2가지 스킬이 필수적으로 필요하다. 하나는 특허 빅데이터에서 내가 발명한 것과 유사한 특허를 찾아내기 위해 특허 검색 DB를 활용하는 스킬이다. 그리고 다른 하나는, 내 발명과 찾은 유사한 발명이 어느정도 수준으로 유사한지 여부를 판단하는 것이다.

■ 선행기술조사 보고서

선행기술조사를 하는 이유는 권리를 확보하고자 하는 특허 발명이 등록 요건 중, 신규성과 진보성을 만족하는지 출원 이전에 확인하기 위함이다.

특허 발명의 심사 과정에서 출원 이전에 공개된 문서를 통해 신규성과 진보성이 부정되는 경우, 그림 10, 그림 11 및 그림 12와 같이 그 내용을 확인할 수 있도록 의견제출통지서를 받아보게 된다.

신산업 분야 특허 빅데이터 분석방법 사례

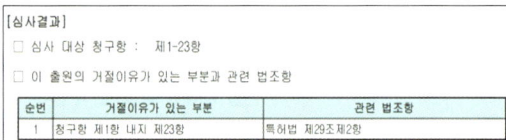
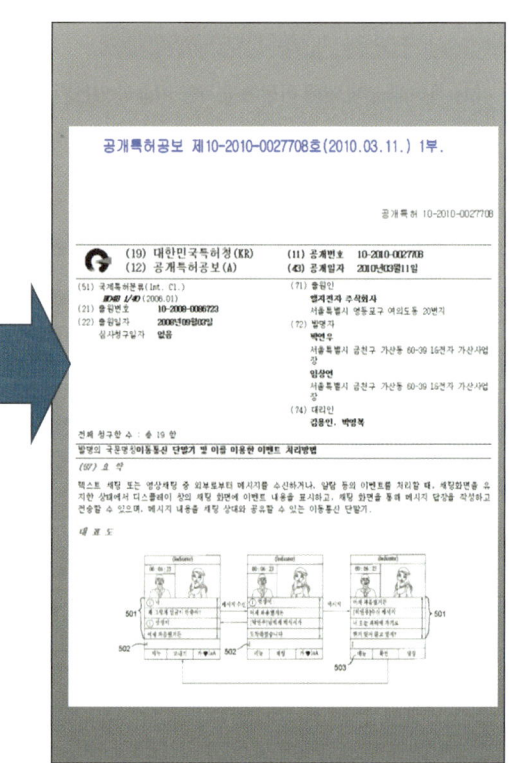

[그림 10] 선행 특허에 의한 거절 예시

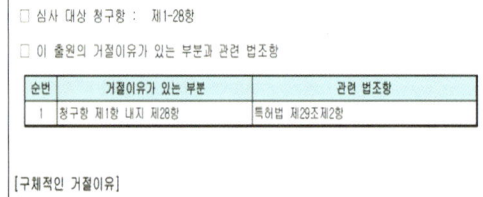
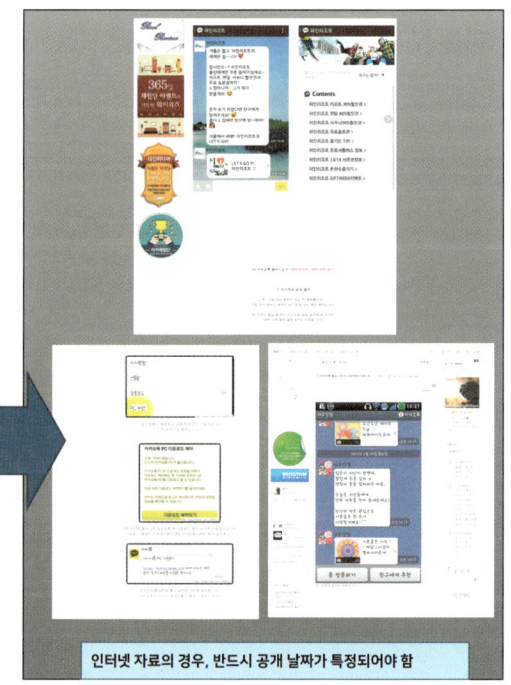

[그림 11] 인터넷 공개 자료에 의한 거절 예시

[그림 12] 논문에 의한 거절 예시

따라서, 특허 빅데이터에서 특허 발명과 유사한 선행기술을 조사함으로써, 유사한 선행문헌들을 미리 파악하고, 대응책을 마련하여 등록 가능성을 높일 수 있다.

이러한 선행기술조사가 이루어지는 경우, 보고서를 작성하게 된다. 선행기술조사 보고서는 말 그대로, 특허 발명과 유사한 선행문헌이 무엇이 있는지, 어떠한 부분이 유사한지, 이에 대한 대응은 어떻게 할 수 있는지를 정리한 문서이다.

[그림 13] 선행기술조사 보고서 예시

■ 선행기술조사를 위한 특허 DB 활용법

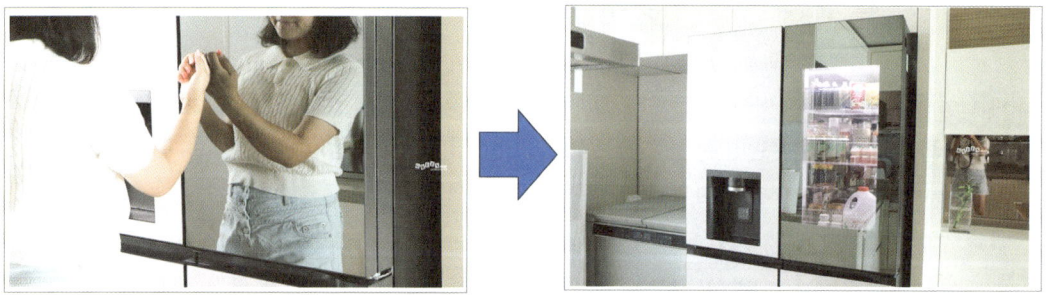

[그림 14] 특허 발명 아이디어 예시

그림 14와 같은 특허 발명 아이디어가 있다. 사용자가 냉장고의 디스플레이를 노크하면, 냉장고의 디스플레이가 투명으로 변해, 냉장고의 내부를 보여주는 기술이다.

이러한 특허 발명에 대해 선행기술조사보고서를 작성하기 위해서는 글로벌 특허 검색 DB인 키워트를 활용해 아래 3가지 단계를 수행하면 된다.

① 검색식 작성
② 검색 결과로부터 유사 선행문헌 추출
③ 선행기술조사보고서 작성

① 검색식 작성

검색식을 작성하기 위해서는 특허 발명의 특징이 되는 키워드를 도출해야 한다. 위 특허 발명의 경우, "냉장고", "디스플레이", "터치", "투명"의 특허 발명의 특징을 나타내는 키워드를 추출할 수 있다.

② 검색 결과로부터 유사 선행문헌 추출

검색식을 기초로 특허 빅데이터에서 선행 문헌을 검색하기 위해서는 글로벌 특허 검색 DB인 키워트를 활용해야 한다.

[그림 15] 키워트를 활용한 선행기술 검색 예시

- 키워트 홈페이지 → 선행조사용 검색 → 한글유사검색(KR, JP 문헌) / 영문유사검색(US, CN, EP 문헌)
- 검색식 입력 (AI 검색식 활용)
- 검색식: KEY:((냉장고 refrigerator 리프리지레이터 리프리지래이터) AND (디스플레이 display 디스플래이 화면*) AND (터치 OR touch OR 접촉 OR 터어치 OR 노크 OR knock OR 녹크 OR 녹킹) AND (투명 clear limpid 클리어))
- * 투명을 투시, 시스루로 확장 가능함

키워트에 접속해, 선행문헌을 검색하기 위한 주요 키워드(냉장고, 디스플레이, 터치, 투명)를 "AND" 조합으로 연결하고, 해당 검색식을 키워트의 주요 기능 중 하나인 AI 검색식 기능을 활용해 확장하면, 위의 표에서 보이는 검색식을 찾을 수 있다.

신산업 분야 특허 빅데이터 분석방법 사례

이렇게 도출된 검색식을 통해, 특허 빅데이터에서 특허 발명과 유사한 선행문헌을 찾을 수 있다.
더 나아가, 키워트의 "선행조사용 검색"에서 제공하는 "유사도" 컬럼을 활용해서, 입력한 검색식과 유사성이 높은 선행문헌을 우선적으로 검토할 수 있다.

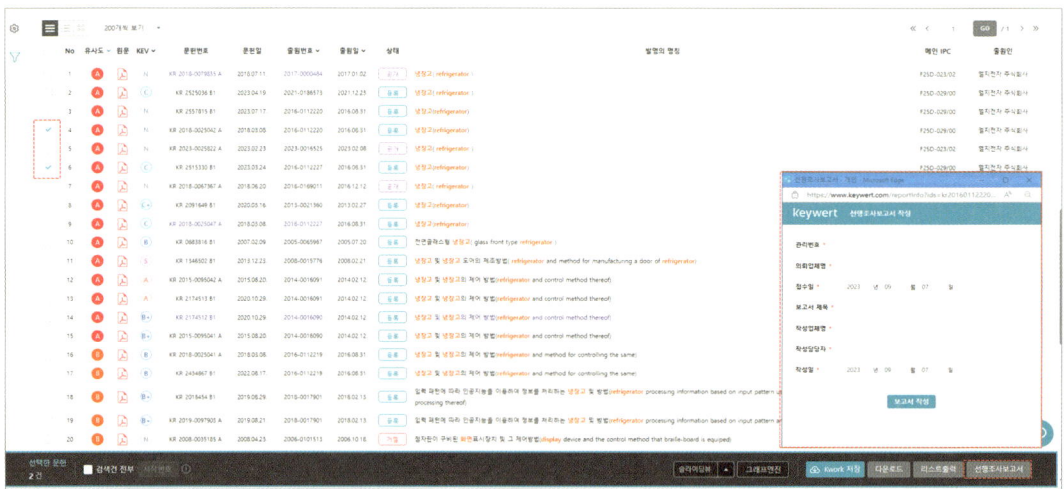

[그림 16] 키워트를 활용한 선행기술조사 결과

- 검색 결과에서 특허 유사도를 기준으로 검토
- 특허 각각을 선택하여 상세 내용을 검토하거나 또는 슬라이딩뷰를 통해 다수 특허의 서지사항을 순차적으로 검토
- 해당 아이디어와 유사한 특허 건을 선택 후 선행조사보고서 선택 → 보고서 서지 사항 작성

③ 선행기술조사보고서 작성

키워트에서는 특허 빅데이터에서 추출한 선행 문헌들에 대해 바로 선행기술조사보고서를 작성할 수 있는 "선행기술조사보고서 작성" 기능을 제공한다.

그림 16을 참고하면, 몇 개의 유사한 선행문헌을 체크하고, 하단에 있는 선행조사보고서 버튼을 클릭하면, 간단하게 선행조사보고서를 작성할 수 있다.

[그림 17] 키워트를 활용한 선행기술조사보고서 작성 단계

키워트에서 선행조사보고서를 만드는 방법은 크게 5개의 단계를 거친다. 먼저, 양식을 선택하고, 서지사항 및 발명요지를 입력한다. 다음으로, 조사결과를 요약하고, 검색 정보를 입력한 뒤, 선행문헌에 대한 코멘트 입력을 통해 최종적인 선행조사보고서를 만들 수 있다.

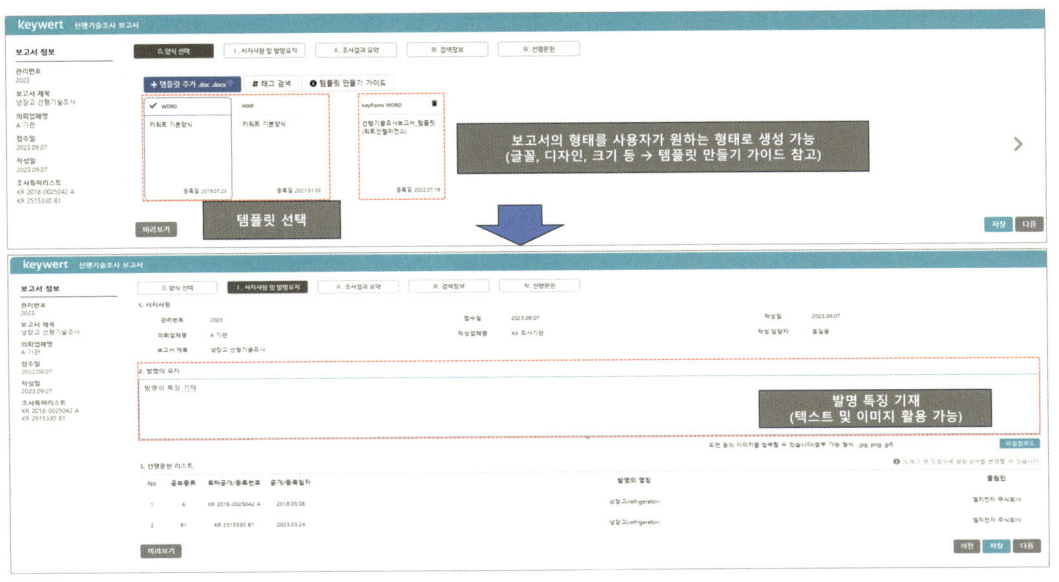

[그림 18] 키워트를 활용한 선행기술조사보고서(양식 선택 단계, 발명요지 입력 단계)

"선행조사보고서"를 클릭하면 선행조사보고서의 템플릿을 선택할 수 있고, 사용자가 원하는 형태의 폼을 업로드하여, 해당 폼으로 작성된 선행조사보고서를 만들어 낼 수도 있다.

이어서, 선행조사 대상인 특허 발명의 특징을 기재하여 본 선행기술조사가 어떠한 특허 발명에 대한 선행기술조사인지 입력할 수 있다.

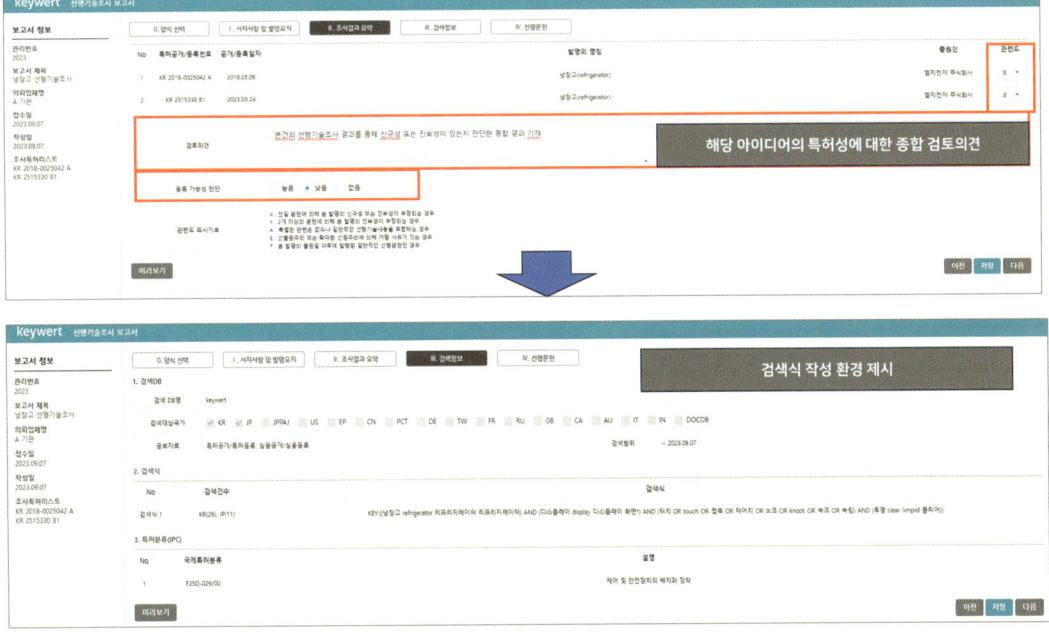

[그림 19] 키워트를 활용한 선행기술조사보고서(조사결과 요약 단계, 검색정보 입력 단계)

이어서, 선행조사 결과에 대한 종합 검토의견을 입력할 수 있다. 검색정보 입력은, 키워트 DB에서 해당 선행문헌을 검색하는데 활용한 검색식 등의 정보가 자동으로 입력된다.

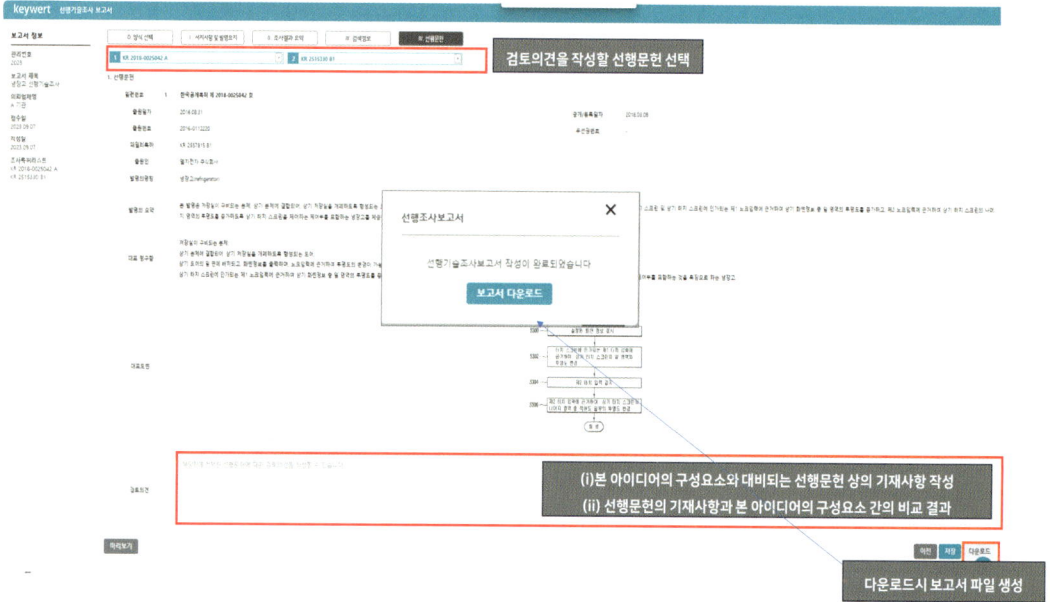

[그림 20] 키워트를 활용한 선행기술조사보고서(선행문헌 검토 단계, 보고서 생성)

이어서, 각 개별 선행문헌에 대한 조사자의 코멘트를 기재함으로써, 선행기술조사를 마무리할 수 있다.

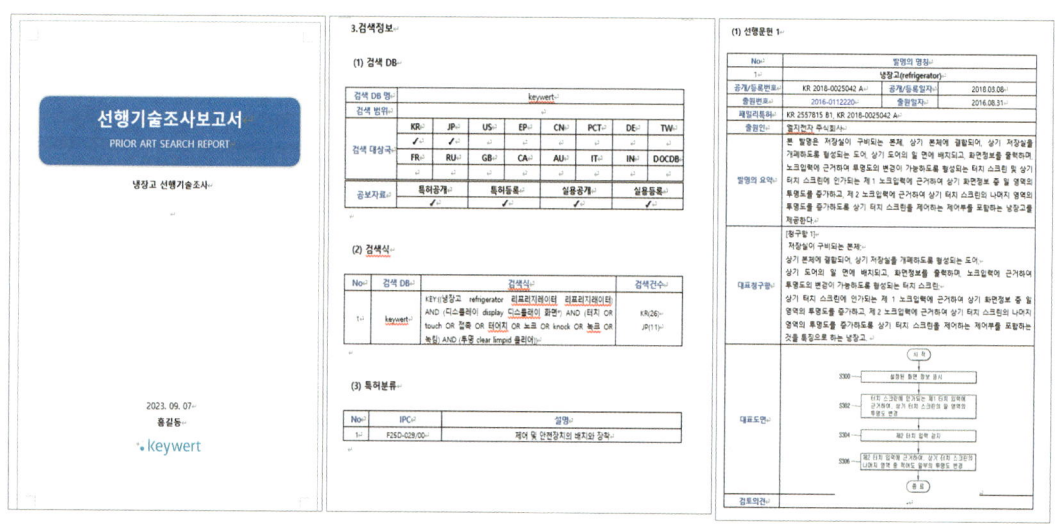

[그림 21] 키워트를 활용한 선행기술조사보고서 결과

키워트를 활용해 생성한 선행기술조사보고서는 그림 21과 같이 문서형태(한글, 워드)로 다운받아 외부에 제공/제출할 수 있다.

2. 특허동향조사

앞서, 빅데이터의 중점이 "가치 창출"이라고 설명했다. 그리고 특허 빅데이터는 여러 사람들이 연구개발한 결과물로써의 신뢰성이 있으며, 비즈니스적 가치를 이끌어 낼 수 있는 데이터이기 때문에, 빅데이터로써 그 활용 가치가 매우 높다.

▸ **특허 빅데이터에서 찾을 수 있는 가치**
- 기술 트렌드 분석
- 권리범위와 침해 분석
- 신규 아이디어 창출

물론, 위에 제시된 가치 이외에도 다양한 가치들을 찾을 수 있다. 본 책에서는 가장 널리 사용되는 특허 빅데이터의 가치를 찾는 법에 대해 이야기 하겠으며, 위의 3가지 가치가 모두 녹여져 있는 특허동향조사를 설명함으로써, 각각의 가치를 어떻게 찾을 수 있는지 설명한다.

그 전에, 선행기술조사와 특허동향조사가 어떻게 다른지부터 이해를 할 필요가 있다.

특허동향조사 VS 선행기술조사

- 선행기술조사는 좀더 구체적이고 상세한 기술 내용에 대해 신규성/진보성 관점에서 관련성이 있는 선행문헌을 찾는 과정
→ 특허동향조사는 특정 기술 영역에 대해 정량적, 정성적인 관점에서 조사하여 경쟁사 동향, 기술개발 트렌드, 문제되는 특허들을 도출하는 조사 방식임
- 선행기술조사는 검색 대상인 특허 발명에 대해 상대적으로 좁은 범위의 검색식을 설정하여 선행문헌을 검색함 (주로 수백건 단위)
→ 특허동향조사는 넓은 기술 영역에 대해 기술분류를 설정한 후, 기술분류의 관점에서 넓은 범위의 검색식을 설정함 (주로 수천건~수만건 단위)
- 선행기술조사는 특허 발명과 선행문헌 간의 구성 요소 간의 비교 과정이 중요한 업무임
→ 특허동향조사는 수많은 특허들을 전처리하여 분석할 수 있는 데이터 전처리 과정과 다양한 분석 방법론을 적용하여 다양한 관점에서 특허의 통계적 관점, 기술적 관점에서 인사이트를 도출하는 과정이 중요한 업무임 (연구개발 방향 설정 등)

[그림 22] 특허동향조사와 선행기술조사의 차이점

선행기술조사가 특정 기술과 유사한 문헌을 찾아내는 것이 주요 목적이었다면, 특허동향조사는 특허 빅데이터에서 특정 기술 영역에 대한 다수의 특허를 추출하고, 이를 기초로 정량적 또는 정성적 관점의 특허 데이터를 분석하는 것이다.

신산업 분야 특허 빅데이터 분석방법 사례

특허동향조사의 프로시저는 다음과 같다.

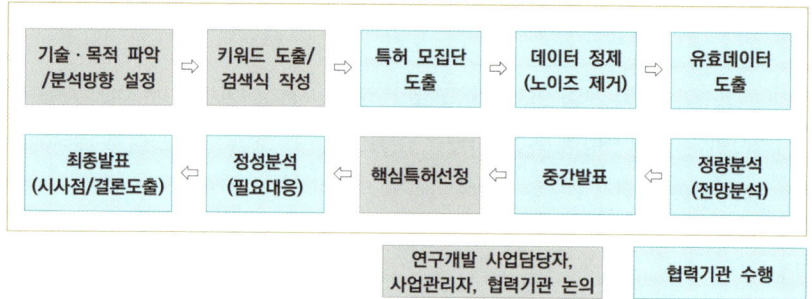

[그림 23] 특허동향조사 프로시저

■ 데이터 준비(기술트리 작성 / 검색식 작성)

앞서, 특허동향조사는 특정 기술 영역에 대한 다수의 특허를 추출해 분석하는 것이라 설명했다. 이를 위해서는, 키워드를 도출하고 검색식을 작성하는 단계에서 기술 분류 체계(기술트리)를 구축하고, 각 분류별 키워트 도출 및 검색식을 작성하게 된다.

기술 트리란, 우리가 분석하고자 하는 특정 기술 영역에 대하여, 기술적 구별 기준을 활용하여 분류 체계를 만드는 것을 의미한다.

기술트리는 아래 예시와 같이 작성된다.

대분류	중분류	소분류	기술 범위
해상 부유식 LNG 벙커링 터미널(A)	해상 부유 및 계류(AA)	부유관련 선체(AAA)	해상상태확인, 해상상태에 적합한 선체
		계류관련 설비(AAB)	계류 설비
	LNG저장(AB)	극저온 LNG 저장(ABA)	탱크, 화물창, 압력/온도 계측
	증발가스 처리(AC)	증발가스 액화 설비(ACA)	고압압축, 극저온팽창, 냉매, 냉각
		자연증발가스 송출(ACB)	기액분리, 저압압축기, 냉각기
		자연증발가스 예측(ACC)	
		가스 소각(ACD)	
	액화가스 이송(AD)	운반선 접안 유도(ADA)	정보 제공
		운반선 계류 설비(ADB)	로프, 장력
		LNG 하역/공급(ADC)	탱크내 LNG 송출, LNG운반선에서 이송, 펌프, 로딩암
		반송가스 처리(ADD)	
		액화가스 누수 대비(ADE)	누수, 화재
	운영(AE)	일반 운영(AEA)	일반적인 운영/프로세스
		전력 공급(AEB)	전력 생산, 발전기
		냉각수 공급(AEC)	해수
		효율/효용성 증대(AED)	폐열회수, 냉열회수, 최적화
	안전성/친환경(AF)	위험도 분석 및 평가(AFA)	
		안전설비/안전장치(AFB)	구명정, 화재, 연기
		오염방지(AFC)	슬러지, 친환경연료, 배기가스

[그림 24] 기술트리 작성 사례

기술트리를 작성하면, 각 분류별 검색식을 작성하여 모집단을 구성하게 된다. 검색식을 작성할 때에는 아래의 내용들을 고려하여 작성해야 한다.

▶ **검색식 작성(최하위 분류)**
- 최하위 분류(소분류) 단위로 검색식을 설정
- 검색식에 따라 도출된 특허가 소분류에 매핑됨
- 소분류별로 중복되는 특허가 발생할 수 있음

▶ **검색식 작성(최상위 분류)**
- 최상위 분류(대분류) 단위로 검색식을 설정
- 상대적으로 넓게 검색식을 설정하여 특허 검토 과정에서 중분류와 소분류의 추가 확장 가능성이 있음
- 넓은 범위로 도출된 특허를 일일이 최하위 분류로 매핑해야 하므로 작업시간이 많이 걸림

기술트리가 확정되면, 각 분류에 대한 정의를 내리고, 기술 정의를 기초로 검색식을 작성한다.

기술분류			기술정의	검색식	검색건수 (1980년 이후)				
대분류	중분류	소분류			KR	JP	US	EP	CN
진동 센서 (A)	가속 도 센서 (AA)	압전형 가속도 센서 (AAA)	압전(piezoelectric)소자가 적용된 가속도계. 압전 소자에 진동에 따른 힘이 전달되면, 힘에 따라 전하가 발생되며, 압전소자에 인가된 힘에 따라 전하의 양이 달라짐 (가속도에 비례)	KEY:((Vibrat* OR shock OR damp OR 진동 OR 쇼크 OR 샤크 OR 충격 OR 댐퍼 OR 댐핑) AND (가속도 OR acceler*) AND (sens* OR detect* OR measur* OR tranduc* OR instrument* OR 센서 OR 센싱 OR 검출 OR 측정 OR 탐지 OR 감지 OR 측정) AND (압전 OR piezoelect*)) AND MIPC:((G01H* OR G01V* OR G01P*)) AND AD:(>=19800101)	43	364	120	97	355
		스트레인 게이지형 가속도 센서 (AAB)	금속 스트레인 게이지형 (strain gauge type)으로 제작된 가속도계. 변형되는 스프링에 부착되어, 진동에 따라 스프링의 압축 팽창에 따라 변화되는 저항으로 진동을 측정함	KEY:((Vibrat* OR shock OR damp OR 진동 OR 쇼크 OR 샤크 OR 충격 OR 댐퍼 OR 댐핑) AND (가속도 OR acceler*) AND (sens* OR detect* OR measur* OR tranduc* OR instrument* OR 센서 OR 센싱 OR 검출 OR 측정 OR 탐지 OR 감지 OR 측정) AND (스트레인 OR strain OR 게이지or gauge)) AND MIPC:((G01H* OR G01V* OR G01P*)) AND AD:(>=19800101)	17	24	41	34	224
		압저항형 가속도 센서 (AAC)	압저항(piezoresistive) 소자가 적용된 가속도계. 변형에 의해 비저항(resistivity)의 변화하는 반도체의 압저항 효과를 이용하는 것으로, 진동에 따른 저항변화로 측정함	KEY:((Vibrat* OR shock OR damp OR 진동 OR 쇼크 OR 샤크 OR 충격 OR 댐퍼 OR 댐핑) AND (가속도 OR acceler*) AND (sens* OR detect* OR measur* OR tranduc* OR instrument* OR 센서 OR 센싱 OR 검출 OR 측정 OR 탐지 OR 감지 OR 측정) AND (압저항 OR piezoresist*)) AND MIPC:((G01H* OR G01V* OR G01P*)) AND AD:(>=19800101)	37	184	95	13	92
		정전용량형 가속도 센서 (AAD)	정전용량형의 가속도계로, 진동에 따라 전극판 사이의 간격이 변화하여 정전 용량이 변화되는 형태로 진동을 측정함	KEY:((Vibrat* OR shock OR damp OR 진동 OR 쇼크 OR 샤크 OR 충격 OR 댐퍼 OR 댐핑) AND (가속도 OR acceler*) AND (sens* OR detect* OR measur* OR tranduc* OR instrument* OR 센서 OR 센싱 OR 검출 OR 측정 OR 탐지 OR 감지 OR 측정) AND (정전 OR 전극 OR electrode OR capacity* OR 멤스 OR (마이크로 adj 전자 adj 기계) OR MEMS OR Microelectromechanical) AND MIPC:((G01H* OR G01V* OR G01P*)) AND AD:(>=19800101)	64	470	242	104	582
		전위차계형 가속도 센서 (AAE)	진동에 따라 변화하는 가속도를 측정하기 위한 질량의 변위를 전위차계를 이용하여 측정함	KEY:((Vibrat* OR shock OR damp OR 진동 OR 쇼크 OR 샤크 OR 충격 OR 댐퍼 OR 댐핑) AND (가속도 OR acceler*) AND (sens* OR detect* OR measur* OR tranduc* OR instrument* OR 센서 OR 센싱 OR 검출 OR 측정 OR 탐지 OR 감지 OR 측정) AND (전위 OR voltage OR (electric adj pressure) OR (electric adj potential))) AND MIPC:((G01H* OR G01V* OR G01P*)) AND AD:(>=19800101)	12	20	143	76	612
		서보형 가속도 센서 (AAF)	질량에 가속도가 전해지면 질량에 대해 평형 위치를 벗어나는 변위가 발생되며, 평형 위치로 복원하기 위해 발생된 전류를 측정함	KEY:((Vibrat* OR shock OR damp OR 진동 OR 쇼크 OR 샤크 OR 충격 OR 댐퍼 OR 댐핑) AND (가속도 OR acceler*) AND (sens* OR detect* OR measur* OR tranduc* OR instrument* OR 센서 OR 센싱 OR 검출 OR 측정 OR 탐지 OR 감지 OR 측정) AND (서보 OR servo OR coil OR 코일)) AND MIPC:((G01H* OR G01V* OR G01P*)) AND AD:(>=19800101)	13	92	32	39	259

[그림 25] 기술트리 기반 검색식 및 검색결과 작성 예시

▶ **검색 결과 작성 시, 고려 사항**
- 검색 건수는 Raw Data 건수 또는 유효특허 건수를 기재함
- 주요 국가별 특허 건수를 기재하는 것이 일반적임
- 특허 건수는 공개/등록 간에 중복 제거된 결과를 기재함

신산업 분야 특허 빅데이터 분석방법 사례

기술분류 별 작성한 검색식은 물론이고, 모집단 특허의 국가별 건수를 기재하여, 분석 모집단의 양을 확인한다.

키워드를 중심으로 검색식을 작성해 모집단을 구성하는 경우, 텍스트 데이터의 특성 상, 노이즈가 모집단에 포함된다. 이러한 노이즈가 포함되는 경우. 구축을 하고자 하는 모집단의 경향을 정확히 분석할 수 없기 때문에, 분석 전에 노이즈를 제거하기 위한 작업을 수행해야 한다.

노이즈를 제거할 때에는, 각 분류마다 노이즈를 제거하기 위한 기준을 명확히 제시해야 한다. 정확한 기준 없이 노이즈를 제거할 경우, 동일한 문헌이라 하더라도, 작업자마다 노이즈로 판단할 수도, 유효 특허로 구분할 수도 있기 때문이다. 또는, 한 명의 작업자가 노이즈를 제거한다 하더라도, 시점에 따라 노이즈 판단 여부가 달라질 수 있기 때문이다.

분석대상 기술	대분류	중분류	노이즈제거 및 유효 데이터기준
헬스케어 분야 블록체인 기술	헬스케어 데이터(A)[89]	데이터 처리 및 가공 (AA)	헬스케어 데이터를 처리하거나 가공하는 기술을 개시하고 있을 것
		분산 데이터베이스 (AB)	분산 데이터베이스에 관한 기술을 개시하고 있을 것
		대용량 데이터 관리 (AC)	이미지, 영상 등 의료용 대용량 데이터를 관리하는 기술을 개시하고 있을 것
	블록체인 플랫폼(B)	-	블록체인 플랫폼의 코어에 해당하는 기술을 개시하고 있을 것
	응용 서비스(C)	검증, 보안 및 보호 (CA)	의료 데이터에 관한 검증, 보안 및 보호를 구현하기 위한 블록체인 응용 기술을 개시하고 있을 것
		공유 및 거래 (CB)	의료 데이터를 공유하거나 거래하는 블록체인 응용 기술을 개시하고 있을 것
		리소스 관리 (CC)	병원 등 의료기관의 리소스(인력, 장비, 의약품 등)를 관리하는 블록체인 응용 기술을 개시하고 있을 것
		인증 및 식별 (CD)	생체 정보 등을 이용하여 사람을 식별하거나 인증하는 블록체인 응용 기술을 개시하고 있을 것
		임상 및 연구개발 (CE)	임상 및 연구개발을 지원하기 위한 의료 데이터를 관리하는 블록체인 응용 기술을 개시하고 있을 것
		처방 (CF)	처방을 관리하는 블록체인 응용 기술을 개시하고 있을 것
		기타 응용서비스 (CG)	기타 헬스케어 분야 블록체인 응용 기술을 개시하고 있을 것

[그림 26] 노이즈 제거 및 유효 데이터 기준 예시

▶ **노이즈 제거 및 유효 데이터 기준 설정**
- 기술분류별로 노이즈 제거 (또는 유효특허 도출 기준)을 정확하게 설정하는 것이 필요함
- 유효특허 도출 기준을 통해 분석하고자 하는 특허의 기술적 범위를 파악할 수 있음

노이즈 제거 과정을 간소화 하기 위해, 또는 보다 빠르고 정확한 유효특허를 선정하기 위해서는 아래와 같은 방법으로 검색식을 작성할 수 도 있으니 참고하자.

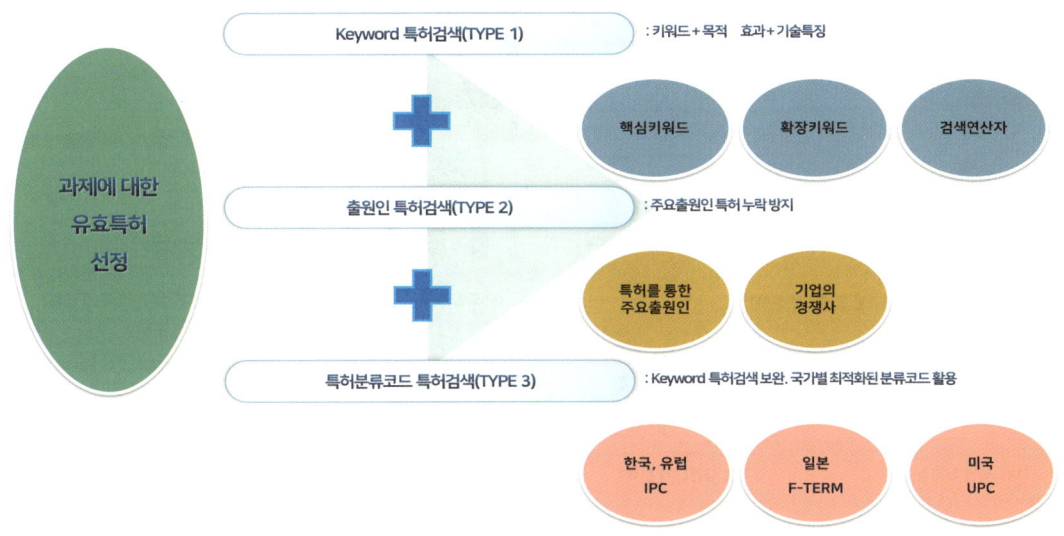

[그림 27] 쉽고 빠른 유효특허 확보를 위한 검색식 작성 방법

■ 기술 트렌드 분석

기술 트렌드는 분석하고자 하는 기술 영역이 연구개발되어지는 방향을 확인하거나, 시계열적으로 어떠한 출원인들이 연구를 지속적으로 또는 증가시켜가고 있는지 등 다양한 분석을 수행하는 것을 말한다. 기술 트렌드는 그림 28과 같이 다양한 목적에 따라 특허 데이터 중 특정 항목들을 활용해 확인할 수 있다.

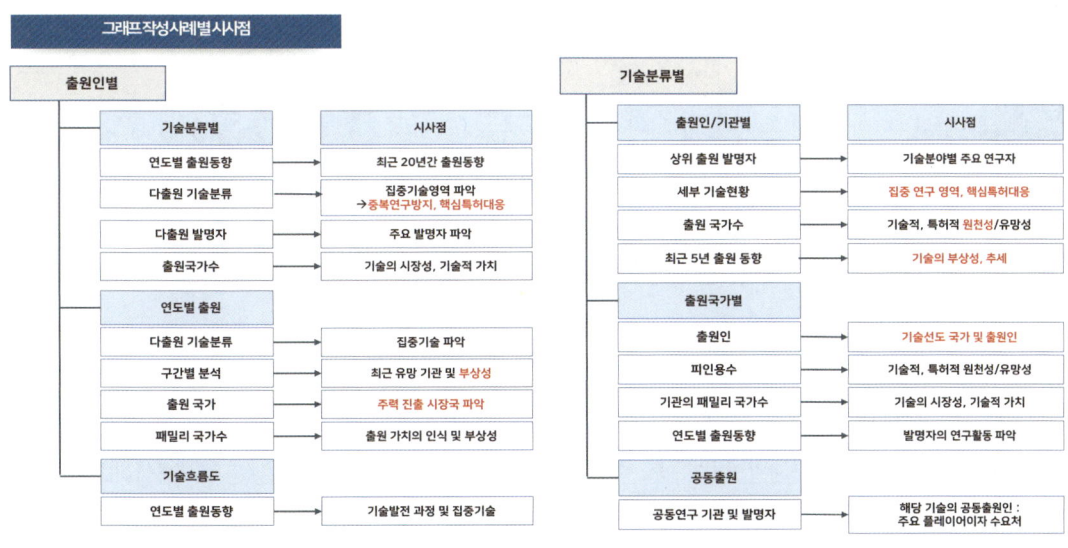

[그림 28] 기술 트렌드 분석을 위한 그래프 작성 사례별 시사점

기술 트렌드를 확인할 수 있는 구체적인 예시는 그림 29와 같다.

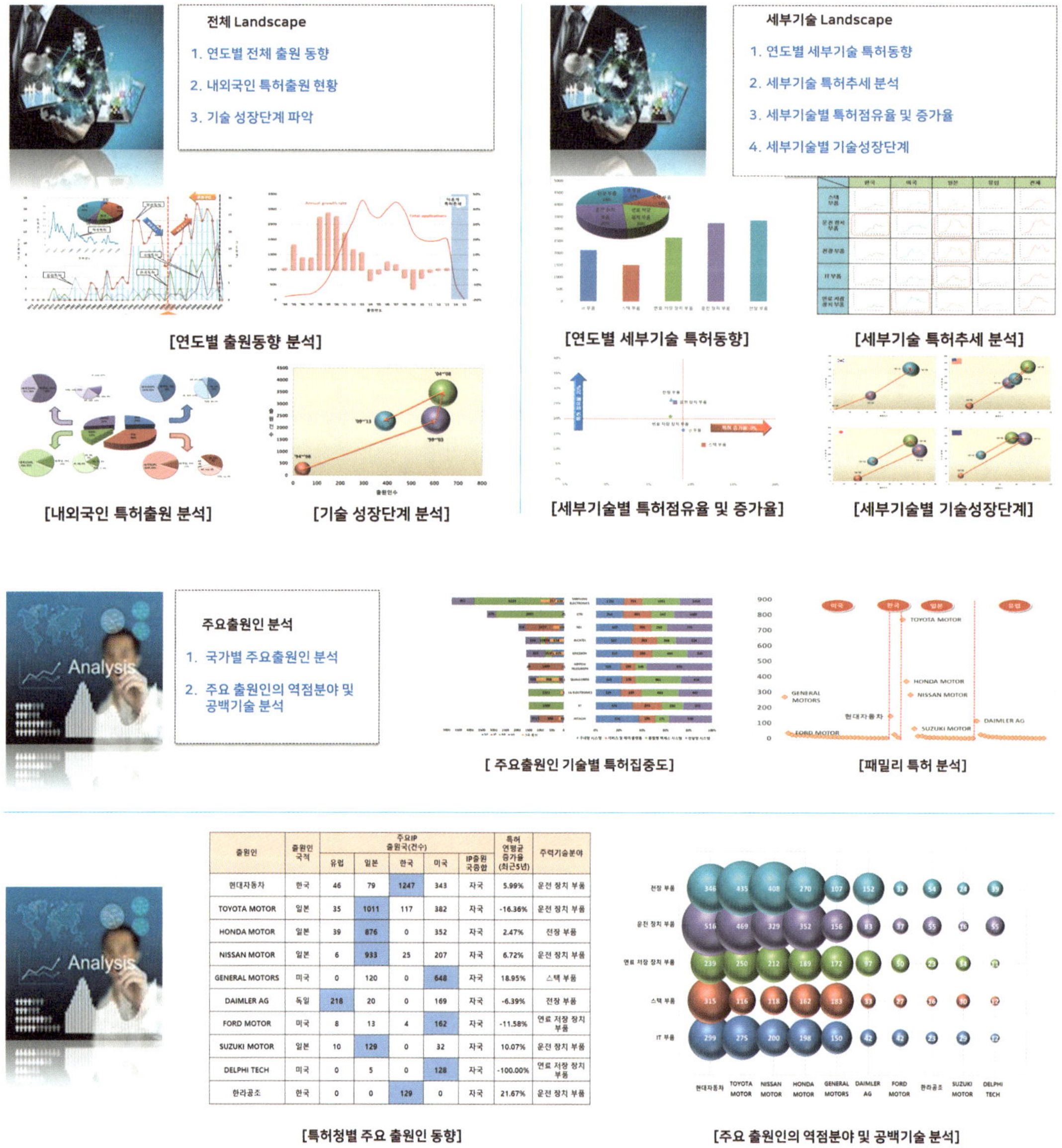

출원인	출원인 국적	주요IP 출원국(건수)					특허 연평균 증가율 (최근5년)	주력기술분야
		유럽	일본	한국	미국	IP출원 국종합		
현대자동차	한국	46	79	1247	343	자국	5.99%	운전 장치 부품
TOYOTA MOTOR	일본	35	1011	117	382	자국	-16.36%	운전 장치 부품
HONDA MOTOR	일본	39	876	0	352	자국	2.47%	전장 부품
NISSAN MOTOR	일본	6	933	25	207	자국	6.72%	운전 장치 부품
GENERAL MOTORS	미국	0	120	0	648	자국	18.95%	스택 부품
DAIMLER AG	독일	218	20	0	169	자국	-6.39%	전장 부품
FORD MOTOR	미국	8	13	4	162	자국	-11.58%	연료 저장 장치 부품
SUZUKI MOTOR	일본	10	129	0	32	자국	10.07%	운전 장치 부품
DELPHI TECH	미국	0	5	0	128	자국	-100.00%	연료 저장 장치 부품
한라공조	한국	0	0	129	0	자국	21.67%	운전 장치 부품

[특허청별 주요 출원인 동향]

[그림 29] 기술 트렌드 시각화 자료 예시

① 전체 Landscape

유효데이터 전체에 대해 연도별 출원 동향, 내외국인 출원 현황, 기술성장단계 파악 등을 통해, 분석 대상 기술의 전체적인 연구개발 트렌드를 확인하기 위한 분석이다. 위 분석을 통해, 분석하고자 하는 기술분야가 전체적으로 연구개발이 증가하고 있는지 등을 확인할 수 있다.

② 세부기술 Landscape

　기술분류별 연도별 출원 동향, 기술분류별 특허 추세분석, 기술분류별 특허점유율 및 증가율, 기술분류별 기술성장단계 분석을 통해, 각각의 분류별 트렌드를 확인하기 위한 분석이다. 이를 통해, 여러 분류 중, 어떠한 기술분야가 더 집중적으로 연구개발되고 있는지를 비교 분석할 수 있다.

③ 주요 출원인 분석

　국가별 주요 출원인 분석, 주요 출원인의 역점 분야 및 공백기술 분석 등을 통해 출원인들의 연구개발 트렌드를 확인하기 위한 분석이다. 분석 대상 모집단의 출원인들 중, 누가 분석 대상 기술에 더 많은 연구개발을 진행하고 있는지 확인하여 주요 기업의 연구개발 트렌드를 확인할 수 있고, 역점분야 및 공백기술분야 분석을 통해 향후 연구개발 방향을 설정하는 기초 데이터로 활용할 수도 있다.

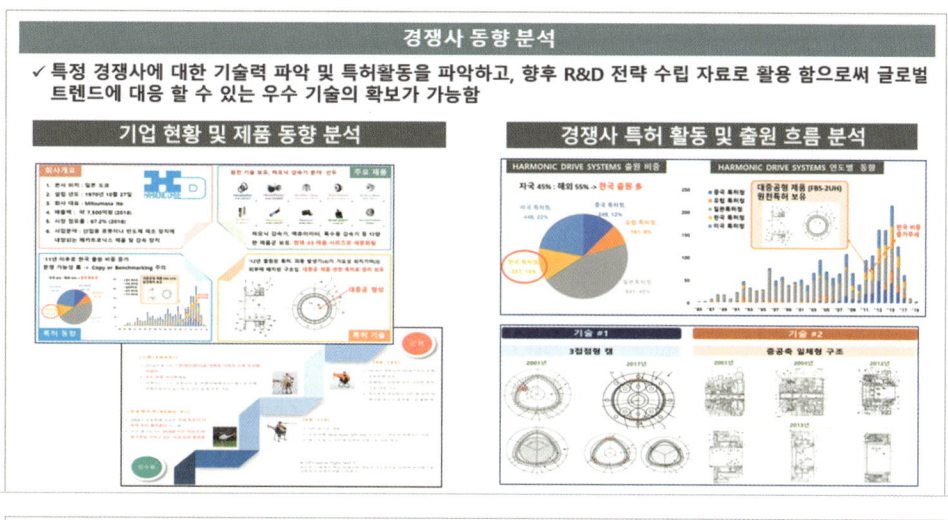

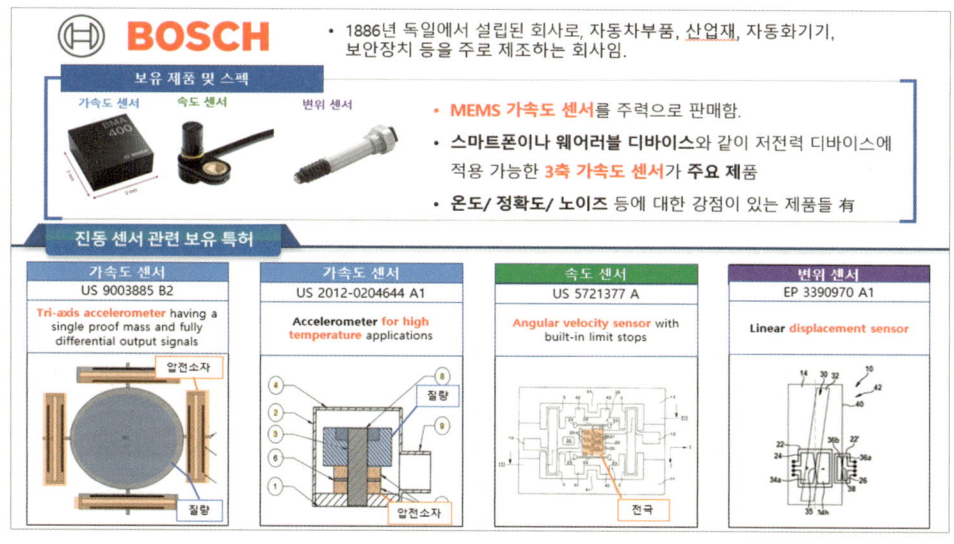

[그림 30] 경쟁사 동향 분석 예시

주요 출원인 분석을 통해, 주요 출원인을 선별했다면, 그림 30과 같이 선별된 주요 출원인의 기업 현황 및 제품과 특허 활동을 매칭하여, 특정 경쟁사의 기술력을 파악할 수 있다. 그리고, 이를 기초로 글로벌 트렌드에 대응할 수 있는 전략을 수립할 수 있다.

④ 기술 흐름도 분석

기술 분류별 또는 출원인 별, 시계열적 연구개발 흐름을 분석함으로써, 해당 분야 또는 출원인이 어떠한 목적으로 연구개발을 진행하고 있는지를 확인할 수 있다.

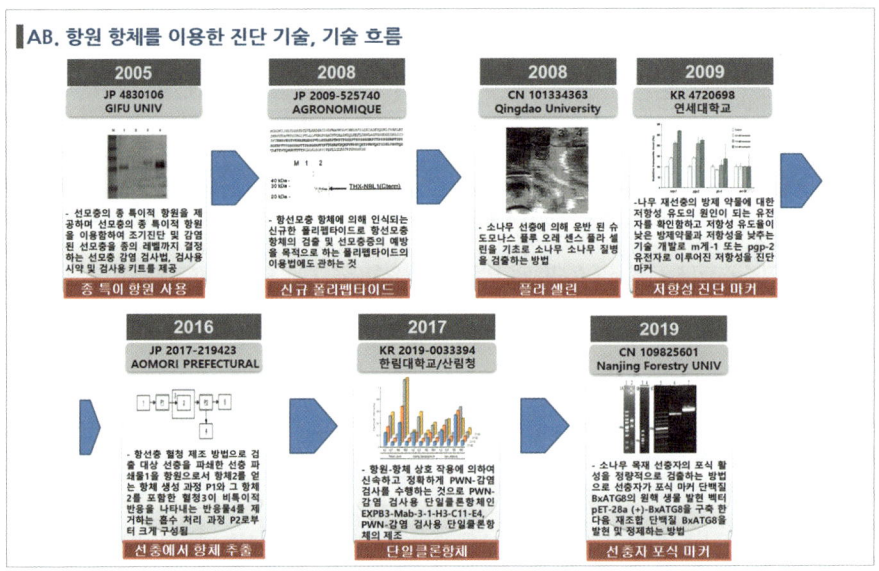

[그림 31] 기술 영역에 대한 기술 흐름도 분석 예시

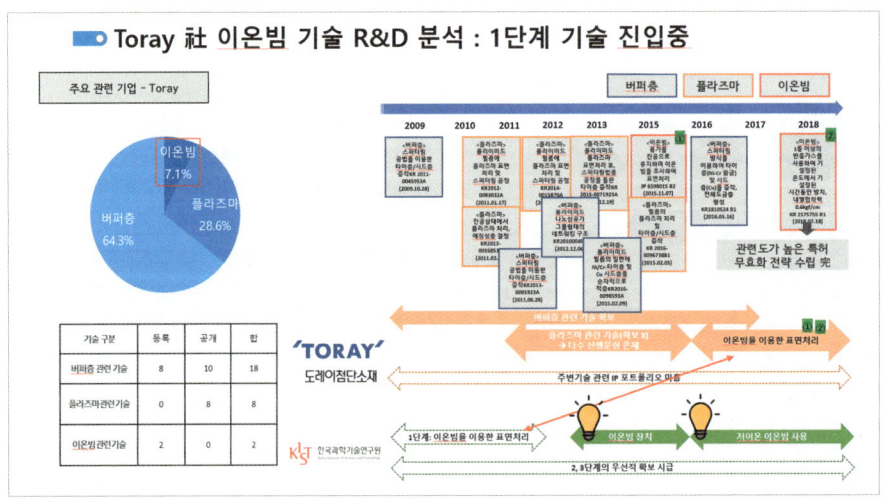

[그림 32] 특정 기업 기술 흐름도 분석 예시

▶ 기술흐름도 분석 방법
- 출원인 또는 기술분류 단위로 작성
- 출원연도별로 명칭, 번호, 출원연도, 기술특징, 도면 등을 기재하여 기술의 변화 흐름을 시각적으로 표현
- 어떤 특허를 선별하여 나열함에 따라 기술흐름도의 결과는 다르게 도출될 수 있음

⑤ 기술 경쟁력 / 특허 장벽도 분석

국가간 또는 기업간의 특허 경쟁력을 비교함으로써, 분석 모집단의 기술영역에서의 상대적 기술 우위를 판단할 수 있다. 이러한 판단 지표를 통해 향후 지속적으로 연구개발을 진행해야할 세부 영역 등을 설정할 수 있다.

중분야	소분야	세부분야	해외특허장벽	국내기술경쟁력
훼손지역 생태복원 기술	자원 훼손 복원 기술	산림훼손지의 생태복원 녹화 및 관리기술 개발		
		멸종위기 동식물 보전·복원 기술 개발 및 대량생산기술개발		
		생물서식처 조성기술		
		초원지역 사막화방지 및 생태계 표면 회복기술		
	인공 생태 복원 기술	도로비탈 훼손지의 생태복원녹화 및 관리기술 개발		
		도심녹지공간 및 개발에 따른 생태적 고립화 방지기술 개발		
		댐건설지/택지개발지 생태복원녹화 및 관리기술 개발		
습지 및 하천 정화관리 기술	습지 정화 관리 기술	토양정화방식을 이용한 지표 흐름형 인공습지 개발		

중분야	소분야	세부분야	해외특허장벽	국내기술경쟁력
습지 및 하천 정화관리 기술	습지 정화 관리 기술	고효율 여과 및 인공습지를 이용한 하수 고도처리기술 개발		
		간척 기능의 고도화 시스템에 의한 수질환경경계개선 및 CO_2 고정화기술 개발		
	하천 정화 관리 기술	자연정화 메커니즘을 이용한 하천의 수질 정화 기술개발		
		우수집수 및 이물질 분리장치기술		
		표준생태학적 모델을 이용한 하천복원기술개발		
		생물자원이용 수질정화기술개발		
		자연에너지 저동력 확산 기법을 이용한 정체수역 조류성장 제어기술 개발		

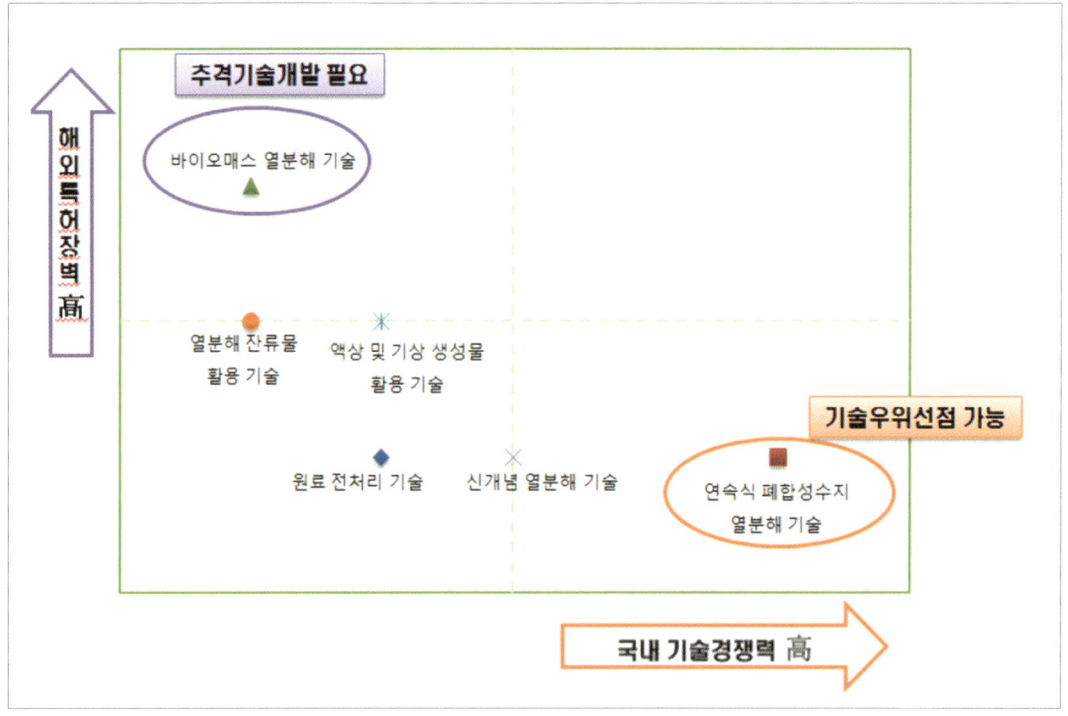

[그림 33] 기술 경쟁력 / 특허 장벽도 분석 예시

▶ **기술 경쟁력/특허 장벽도 분석 방법**
- 거시적인 관점에서 기술분류 단위로 기술개발시 문제될 수 있는 가능성과 국내 기술의 우위를 상대적으로 확인할 수 있는 자료
- 특허 장벽도나 기술경쟁력의 경우, 해당 지표를 도출하기 위한 세부 알고리즘 설정이 필요함 (특허의 서지사항을 활용한 지표 분석 등)

⑥ OS 매트릭스 분석(Objective / Solution)

특허에는 "목적"과 이를 해결하기 위한 "해결수단"이 개시되어 있다. 이를 활용하면, 특정 기술영역에서 어떠한 목적을 달성하기 위한 기술들이 많이 연구개발되고 있는지를 알 수 있고, 각각의 목적을 달성하기 위해서 어떠한 해결수단들이 연구개발 되고 있는지도 확인할 수 있다.

핵심특허- 목적/해결수단 MATRIX (정성분석)

			테마1				테마2				테마3				테마4 (R&D과제 방향성)				테마5				목적합계
			'90-'96	'97-'03	'04-'10	계	'90-'96	'97-'03	'04-'10	계	'90-'96	'97-'03	'04-'10	계	'90-'96	'97-'03	'04-'10	계	'90-'96	'97-'03	'04-'10	계	
해결수단 (구성)	요소1	'90-'96	24				12									5							36
		'97-'03		16				13				1			5								35
		'03-'10			14				5				1				1						21
		계				54				30				2				6				0	92
	요소2	'90-'96	29				13									1							42
		'97-'03		23				15				1			1								40
		'03-'10			12				5				1				1						19
		계				64				33				2				2				0	101
	요소3	'90-'96	23				12				3				3				1				42
		'97-'03		19				18								6				1			44
		'03-'10			9				9				1										19
		계				51				39				4				9				2	105
	요소4	'90-'96																					
		'97-'03																					
		'03-'10															7				7		14
		계				0				0				0				7				7	14
신규유망수단	요소5	'90-'96	1				1				2				2				2				8
		'97-'03		1				3				1				4				1			10
		'03-'10			2				3				1				8				7		21
		계				4				7				4				14				10	39
	구성합계		77	59	37	173	38	49	22	109	5	3	4	12	5	16	17	38	3	2	14	19	351

범례: 공백영역 / 포화영역 / 수렴영역 / 증가영역

[그림 34] OS 매트릭스 분석 예시

▶ **OS 매트릭스 분석 방법**
- 특허의 목적 및 해결수단을 도출한 후, 유사한 목적과 해결수단을 그룹핑하여 매트릭스 형태로 구성함
- 특허 대상은 분석 대상 기술과 관련성이 높은 특허를 중심으로 설정됨 (분석자의 주관적 판단)
- 특허 건별로 목적/해결수단을 도출하는 작업 로드 높음
- OS 매트릭스를 통해 특정 요소별 출원 집중 및 공백기술을 시각적으로 파악 가능함
- 공백기술 및 출원 집중 분야를 통해 R&D 전략 또는 신규 아이디어 도출에 활용 가능
- 공백기술에 해당하는 영역이라도 실제 가능성 여부 검토 필요

■ 권리범위와 침해 분석

앞서, 특허란 "발명에 대하여 인정되는 국가공인 독점·배타권"이라 정의했다. 기술 트렌드는 기술 내용을 기초로 기술분류별, 국가별, 출원인별 연구개발 흐름을 분석한 것이라면, 권리범위와 침해 분석은 독점권을 분석하기 위한 방법이다.

이러한 독점권을 분석하기 위해서는 특허의 "청구항" 필드를 분석해야 한다. 청구항이란 특허의 권리범위를 나타내는 필드로, 등록 특허는 청구항에 쓰여진 범위만큼 독점권을 확보하고 있다.

따라서, 권리범위와 침해 분석을 하기 위해서는 청구항을 분석해야 한다. 다만, 청구항을 분석하는 것은 특허 개별 건에 대해 각각 이루어져야 되는 것인 바, 권리성을 분석해야 하는 "핵심특허"를 선정하는 작업을 선행해야 한다.

여기서, 핵심특허란, 분석 대상 모집단에서 권리범위를 분석해야하는 특허를 의미하는 것으로, 분석 대상 기술과 유사성이 매우 높은 기술로 볼 수 있다.

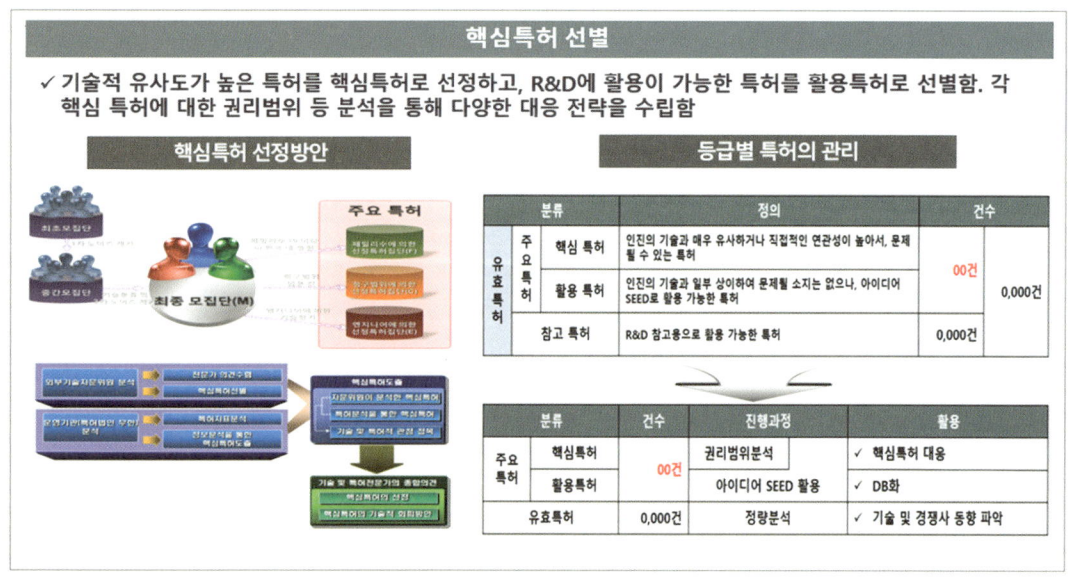

[그림 35] 핵심특허 선별 방법

선정된 핵심특허를 분석함으로써, 분석대상 기술이 핵심특허를 침해하는지, 회피설계가 가능한지 등에 대한 대응전략을 수립할 수 있다.

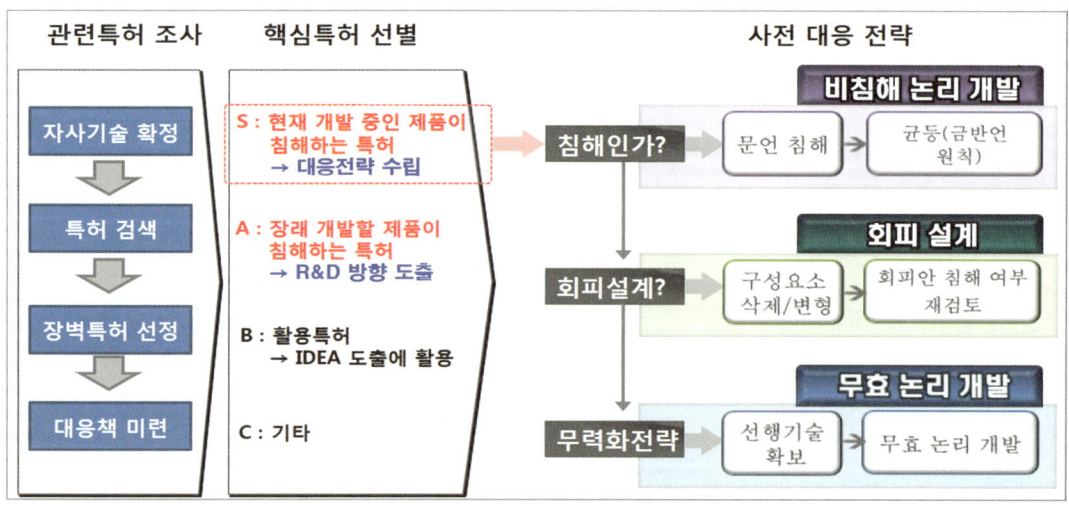

[그림 36] 핵심특허 대응 전략 수립

핵심특허 대응전략을 수립하기 위해서는, 가장먼저 분석대상 기술과 핵심특허의 비교를 통해 침해 여부를 판단하는 작업이 선행된다. 그리고, 침해 가능성이 있는 것으로 판단되는 경우, 무효화 전략 또는 회피 설계를 통해 해당 핵심특허에 대응하기 위한 세부 전략을 수립한다.

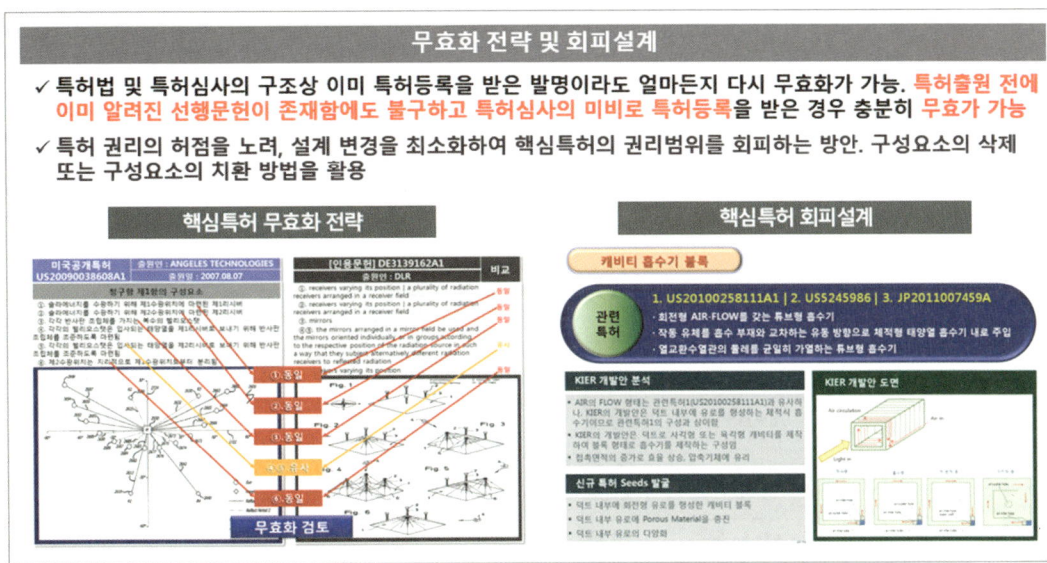

[그림 37] 핵심특허 대응 전략 개요

여기서, 회피 설계란, 해당 핵심특허의 청구항과 분석대상 기술을 비교하고, 분석대상 기술의 구성요소를 삭제하거나 변형을 통해 핵심특허의 청구항을 피할 수 있도록 설계하는 것을 말한다.

무효화 전략은, 해당 핵심특허의 출원 전에 공지된 선행문헌을 찾아 핵심특허가 등록된 것은 잘못된 것임을 입증하는 것을 의미한다.

이러한 대응 전략을 수립하기 위해서는 특허 침해 판단 기준을 명확히 이해할 필요가 있다.

1단계 : 특허청구범위의 해석(보호범위의 확정)
　　Claim 문구 해석 기준 : ⓐ 명세서　　ⓑ 사전　　ⓒ 당업자

2단계 : 문헌침해의 판단 : 특허발명과 침해대상(가호)발명의 비교
　　☞ 발명의 구성요소가 모두 그대로 포함 ➔ 문언침해
　　☞ 발명의 구성요소가 누락 또는 다름 ➔ 문언침해 X
　* 전요소 원칙(All Element Rule)을 엄격히 적용하여 구성요소의 생략의 경우 침해인정 안됨.

3단계 : 균등침해 판단 : 특허발명과 가호발명의 비교
　　☞ 양 발명에서 해결원리가 동일
　　☞ 치환가능성 : 치환에 의하더라도 특허발명과 같은 목적을 달성할 수 있고 실질적으로 동일한 작용효과
　　☞ 치환자명성 : 치환하는 것이 그 발명이 속하는 기술분야에서 통상적인 지식을 가진 자이면 용이하게 도출할 수 있는 정도의 자명한 경우 (이상 적극적 판단)
　　☞ 가호발명이 당해 특허발명의 출원시에 이미 공지 X, 용이도출 X
　　☞ 금반언(Estoppel) : 특허발명의 출원절차를 통하여 가호발명의 치환된 구성요소가 특허청구범위로부터 의식적으로 제외되는 등의 특단의 사정이 없을 경우 (이상 소극적 판단)

[그림 38] 특허침해판단 기준

먼저, 침해 판단은 분석대상 기술을 실시하는 경우, 침해하는지를 판단하는 것이다. 즉, 실제로 기술을 실시했을 때, 침해가 되는지 여부를 판단해야 한다. 특허 청구범위의 해석 시, 정확한 해석을 위해 명세서, 사전 등을 통해 청구범위의 구체적인 내용을 이해해야 한다.

특허발명	실시기술	침해 여부
A+B+C	A+B	비침해 구성 C가 없으므로, 구성요소를 완비하지 못함
	A+B+D	비침해 구성 C가 없으므로, 구성요소를 완비하지 못함
	A+B+C	침해 A, B, C 구성 및 구성간의 유기적 결합관계를 모두 구비하고 있음
	A+B+C+D	침해 A, B, C 구성 및 구성간의 유기적 결합관계를 모두 구비하고 있음. 'D가 추가된 것'은 침해 여부와 무관함.

[그림 39] 문헌침해 판단 기준

다음으로, 문헌침해 판단 단계에서는 모든 구성요소가 핵심특허에 포함되어 있는지를 비교해야 한다. 아래 그림 40을 참고하면, 핵심특허 청구항과 실시 기술에 대한 비교를 통해 침해/비침해 여부를 판단하는 기준을 알 수 있다.

핵심특허1 청구항	엉덩이를 걸치기 위한 밑판과, 상기 밑판에 부착되어 상기 밑판을 지면으로부터 지지하는 다리와, 상기 밑판의 일부에 부착되어 상기 밑판 위에 앉은 사람의 등을 지지하는 뒷판을 포함하는 의자			
비교대상 (연구개발 후보)	Ⓐ	Ⓑ	Ⓒ	Ⓓ
비교대상의 구성요소와 핵심특허1의 구성요소 대응여부	- 밑판(O) - 다리(O)	- 밑판(O) - 다리(O) - 뒷판(O)	- 밑판(O) - 다리(O) - 뒷판(O)	- 밑판(O) - 다리(O) - 뒷판(O) - 목받침(X) - 팔받침(X)
침해여부	비침해	침해	침해	침해
침해 또는 비침해 사유	뒷판 불포함	핵심특허1의 구성요소 모두 포함	핵심특허1의 구성요소 모두 포함	핵심특허1의 구성요소 모두 포함

핵심특허2 청구항	엉덩이를 걸치기 위한 원형 밑판과, 상기 밑판에 부착되어 상기 밑판을 지면으로부터 지지하는 4개의 다리와, 상기 밑판의 일부에 부착되어 상기 밑판 위에 앉은 사람의 등을 지지하는 뒷판을 포함하는 의자			
비교대상 (연구개발 후보)	Ⓐ	Ⓑ	Ⓒ	Ⓓ
비교대상의 구성요소와 핵심특허2의 구성요소 대응여부	- 원형 밑판(O) - 4개의 다리(O)	- 원형 밑판(O) - 1개의 다리(X) - 뒷판(O)	- 사각 밑판(X) - 4개의 다리(O) - 뒷판(O)	- 원형 밑판(O) - 4개의 다리(O) - 뒷판(O) - 목받침(X) - 팔받침(X)
침해여부	비침해	비침해	비침해	침해
침해 또는 비침해 사유	뒷판 불포함	핵심특허와 다리가 상이	핵심특허와 밑판의 형태가 상이	핵심특허의 구성요소가 모두 포함됨

[그림 40] 문헌침해 판단 예시

핵심특허와 실시기술에 대한 세부적인 분석을 통해, 그림 41과 같이 유사점과 차이점을 도출하여 대응 방안을 수립할 수 있다.

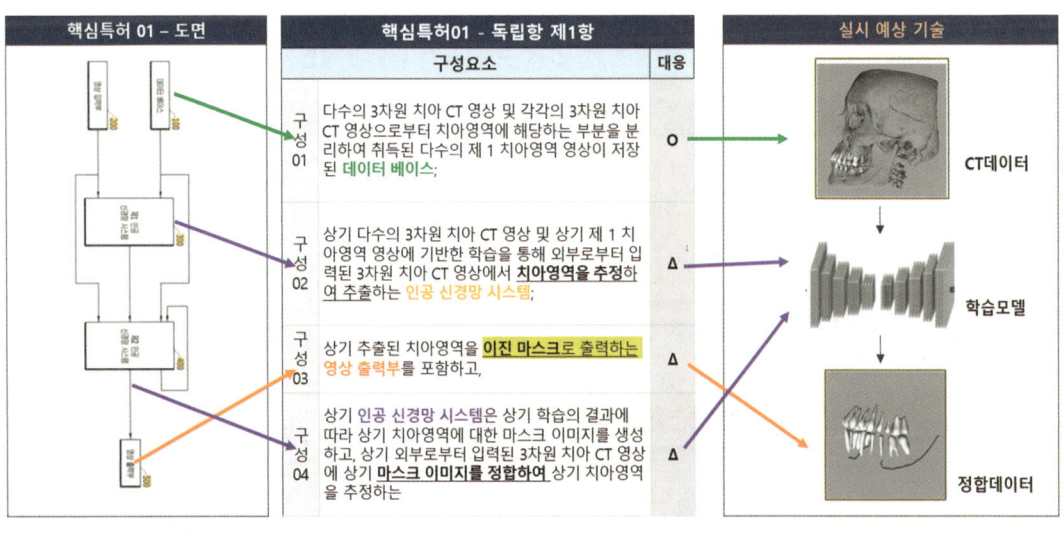

41

신산업 분야 특허 빅데이터 분석방법 사례

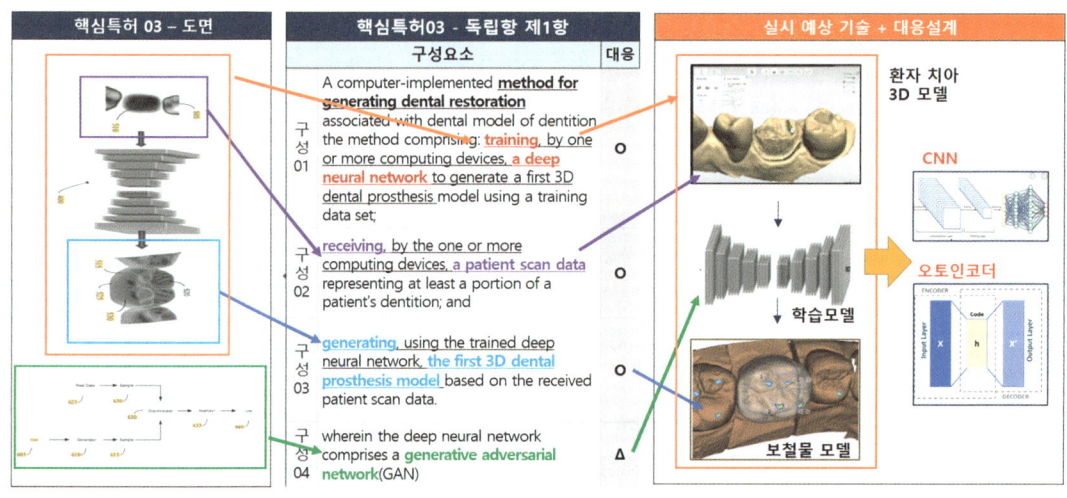

[그림 41] 특허침해 판단 예시

■ 신규 아이디어 창출

특허 빅데이터를 통해서, 보유 기술을 기초로 새로운 특허 창출 전략을 수립할 수 있다. 구체적으로, 보유하고 있는 기술을 개량하거나 고도화시킬 수 있는 아이디어를 기초로 앞서 설명한 핵심특허 분석, 회피설계, OS 매트릭스 등의 기법들을 활용해 신규 특허 아이디어를 수립할 수 있다.

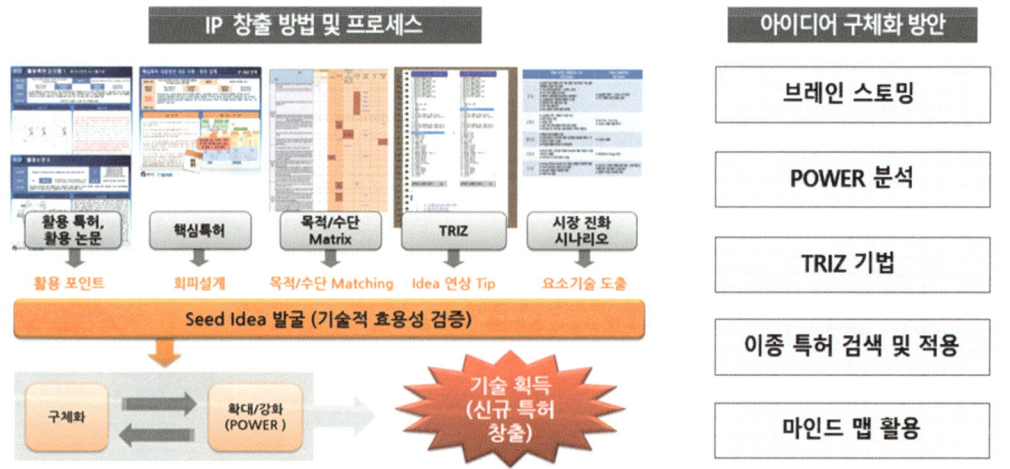

[그림 42] 신규 아이디어 창출 방법론

신규 아이디어 창출은 소스 데이터로부터 문제점과 필요사항을 정의하고, 특허 데이터를 통해 적용 가능한 시나리오를 도출함으로써, 신규 아이디어를 포장하는 과정을 통해 이루어진다.

이 과정에서, 기존 제품에 새로운 용도를 더하거나, 다른 제품과의 결합을 하는 등 다양한 방법을 고려해 볼 수 있다. TRIZ라는 기법은 신규 아이디어를 창출하는데 가장 많이 활용되는 기법이며, TRIZ는 40가지의 발명 원리와 39가지의 표준특성을 제공하고 있다.

40가지 발명 원리와 39가지의 표준 특성을 기초로 적절한 결합을 통해 새로운 신규 아이디어를 창출할 수 있게 된다.

[그림 43] 40가지 발명 원리

1. 움직이는 물체의 무게(Weight of moving object)
2. 고정된 물체의 무게(Weight of non-moving object)
3. 움직이는 물체의 길이(Length of moving object)
4. 고정된 물체의 길이(Length of non-moving object)
5. 움직이는 물체의 면적(Area of moving object)
6. 고정된 물체의 면적(Area of non-moving object)
7. 움직이는 물체의 부피(Volume of moving object)
8. 고정된 물체의 부피(Volume of non-moving object)
9. 속도(Speed)
10. 힘(Force)
11. 압력(Tension/Pressure)
12. 모양(Shape)
13. 물체의 안정성(Stability of object)
14. 강도(Strength)
15. 움직이는 물체의 내구력(Durability of moving object)
16. 고정된 물체의 내구력(Durability of non-moving object)
17. 온도(Temperature)
18. 밝기(Brightness)
19. 움직이는 물체가 소모한 에너지(Energy spent by moving object)
20. 고정된 물체가 소모한 에너지(Energy spent by non-moving object)
21. 동력(Power)
22. 에너지의 낭비(Waste of energy)
23. 물질의 낭비(Waste of substance)
24. 정보의 손실(Loss of information)
25. 시간의 낭비(Waste of time)
26. 물질의 양(Amount of substance)
27. 신뢰성(Reliability)
28. 측정의 정확성(Accuracy of measurement)
29. 제조의 정확성(Accuracy of manufacturing)
30. 물체에 작용하는 해로운 요인(Harmful factors acting on object)
31. 유해한 부작용(Harmful side effects)
32. 제조용이성(Manufacturability)
33. 사용편의성(Convenience of use)
34. 수리가능성(Repairability)
35. 적응성(Adaptability)
36. 장치의 복잡성(Complexity of device)
37. 조절의 복잡성(Complexity of control)
38. 자동화의 정도(Level of automation)
39. 생산성(Productivity)

[그림 44] 39가지 표준 특성

그림 43과 44에 개시된 40가지 발명 원리와 39가지 표준 특성을 통해 아래와 같은 신규 아이디어를 창출할 수 있다.

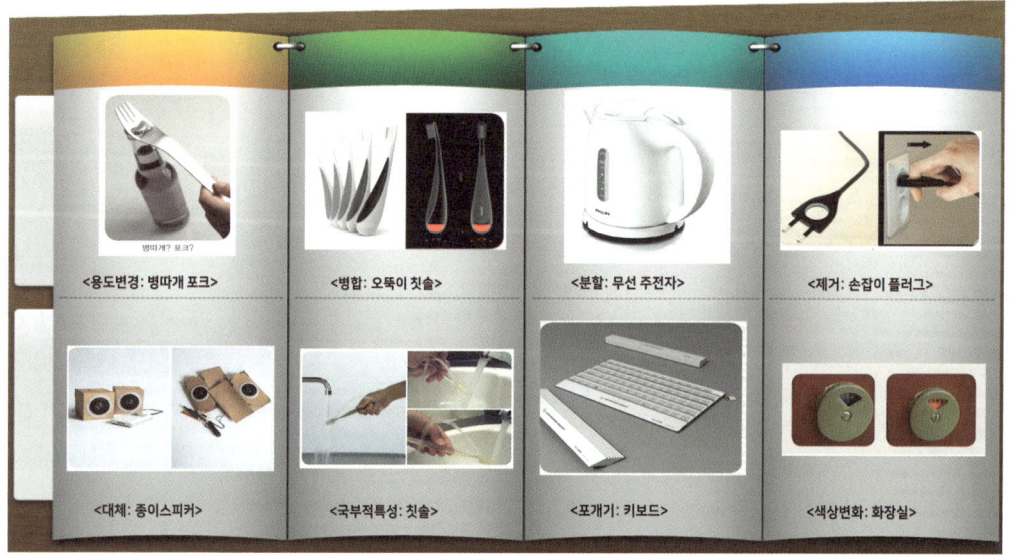

[그림 45] 신규 아이디어 창출 예시

그 외에도 이종 기술분야의 기술을 차용하여, 보유 기술에 적용함으로써 신규 아이디어를 창출할 수도 있다. 아래 예시는, 낚시대와 관련된 보유 기술에 골프 분야의 기술을 적용한 것이다.

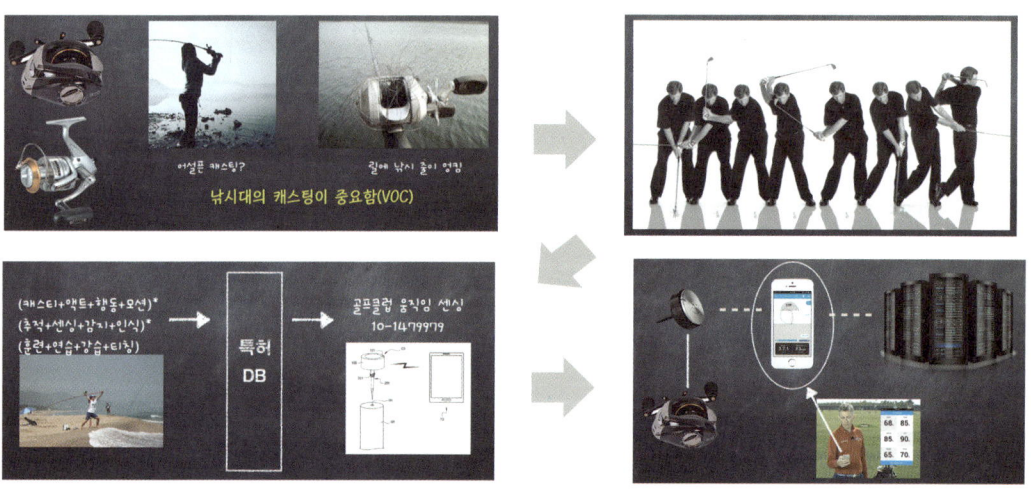

[그림 46] 이종분야 기반 신규 아이디어 창출 예시

그림 46과 같이 낚시의 캐시팅과 유사 개념이 적용된 골프 기술분야를 검토하여, 낚시대 릴에 적용 가능한 신규 아이디어를 창출할 수 있다.

PART. 2

특허 빅데이터 분석 사례

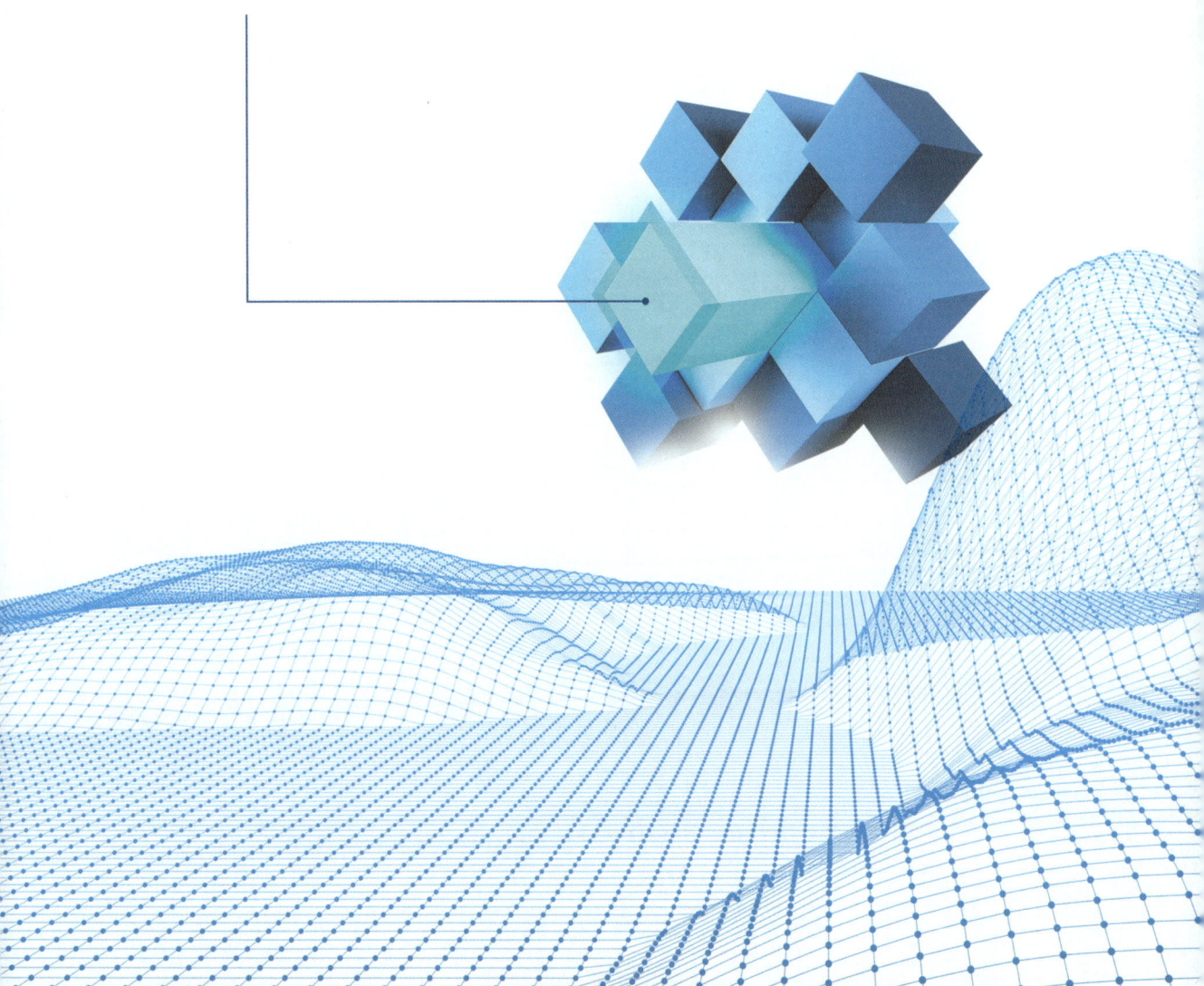

제1장

인공지능

제1장 | 인공지능

1. 인공지능이란?

3)인공지능(人工智能) 또는 AI(영어: artificial intelligence, AI)는 인간의 학습능력, 추론능력, 지각능력을 인공적으로 구현하려는 컴퓨터 과학의 세부분야 중 하나이다. 정보공학 분야에 있어 하나의 인프라 기술이기도 하다. 인간을 포함한 동물이 갖고 있는 지능 즉, natural intelligence와는 다른 개념이다.

4)인간의 지능을 모방한 기능을 갖춘 컴퓨터 시스템이며, 인간의 지능을 기계 등에 인공적으로 시연(구현)한 것이다. 일반적으로 범용 컴퓨터에 적용한다고 가정한다. 이 용어는 또한 그와 같은 지능을 만들 수 있는 방법론이나 실현 가능성 등을 연구하는 과학 기술 분야를 지칭하기도 한다.

인공지능의 궁극적인 목표인 인간과 같은 지능의 개발이 어려움을 겪자, 다양한 응용 분야가 나타나게 되었다. 대표적인 예가 LISP나 Prolog와 같은 언어인데, 애초에 인공지능 연구를 위해 만들어졌으나 지금에 와서는 인공지능과 관련이 없는 분야에서도 사용되고 있다. 해커 문화도 인공지능 연구실에서 만들어졌는데, 이 중에서도 다양한 시기에 매카시, 민스키, 페퍼트, 위노그라드(SHRDLU를 만든 뒤에 인공지능을 포기했다)와 같은 유명인의 모태가 된 MIT 인공지능 연구소가 유명하다.

위에서 설명한 바와 같이, 인공지능은 다양한 분야에서 연구개발되고 있으며, 다양한 응용 분야에서 활용되고 있다. 본 장에서는 인공지능이 활용되는 다양한 응용분야 중, 스마트 농작업 시스템에서 활용되는 인공지능에 대해 특허 빅데이터 기반의 인사이트를 도출하고자 한다.

---

3) 이건한. 민간이 '인공지능 뉴딜'에 뛰어든 이유 Archived 2020년 6월 14일 - 웨이백 머신. 블로터. 2020년 6월 14일.
4) 인공지능의 주인이 되기 위해 반드시 알아야 할 것들 | 오혜연 KAIST 전산학부 교수 | 인공지능 AI 미래 강연 | 세바시 951회

2. R&D 전략 수립 사례 - 인공지능과 로봇기술을 활용한 스마트 농작업 시스템 기술

농업과 ICT 기술의 융복합으로 전통적인 농업방식은 점차 첨단산업으로 패러다임이 전환되고는 있으나, 국내 기술은 부족하여 스마트팜 관련 고가의 외국산제품 사용이 증가하는 추세이다. 데이터 기반의 통합정보시스템 및 의사결정시스템을 중심으로 전개될 미래 스마트 팜에 대비하여 체계적인 데이터관리 및 분석기술 확보가 필요하고, 외국인 및 고령인 작업자 증가에 따른 작업자보호와 동시에 농작업의 양과 질을 증대할 수 있는 자동화 기술이 필요하다.

구체적으로, IoT기반 농작업정보 수집체계 구축 및 활용을 위한 센서 기술, 데이터획득 기술, DB화 기술, 분석기술 개발이 필요하고, 이를 구현하기 위해 RF-tag, Lora 등의 기술을 활용하여 작업 정보 획득, 서버 기록 및 분석하는 방법, 딥러닝 기술을 활용한 식물 상태 및 농산물 품질 인식 방법 등을 개발해야 함. 또한, 고령인구 일자리 창출 및 근골격계 작업부담 경감을 위한 작업보조기 개발을 위해 밭농업 환경을 위한 주행 플랫폼, 농업용 웨어러블 기기 및 증강 기술에 대한 연구가 필요하다. 마지막으로, 농작물 수확, 선별, 포장 자동화를 위한 로봇 매니퓰레이터 설계 및 제어기술 개발이 요구되고, 이를 위해 농작물 고정, 이동을 위한 소프트로봇 기술과 농작물 절삭, 이동, 포장을 위한 로봇 자동화 기술 개발이 필요하다.

작업 기술, 로봇설계 및 제어기술, 센서 기술, 생산기술, 인공지능기술 융합을 통한 스마트팜 산업 글로벌 경쟁력 확보가 필요한 실정이므로, 관련 기술의 동향 파악과 향후 연구개발의 방향을 정할 필요가 있다.

본 분석은 "인공지능과 로봇기술을 활용한 스마트 농작업 시스템" 기술분야에 대한 현재 기술수준, 기술개발동향, 시장 및 산업동향 조사 등 사전 특허·기술 동향을 파악함으로써 R&D 방향성 검토를 지원하고자 한다.

인공지능과 로봇기술을 활용한 스마트 농작업 시스템에 대한 특허기술동향조사는 2017년 12월까지 출원 공개 및 등록된 한국, 미국, 일본, 유럽 및 중국의 특허를 대상으로 분석했다.

인공지능과 로봇기술을 활용한 스마트 농작업 시스템 기술분야는 중분류 2개(IoT기반 스마트팜 데이터획득 기술, 농업용 로봇매니퓰레이터 및 작업보조기 기술)와 소분류 5개(센서를 통한 데이터 획득 방법, 데이터 기반 생육환경 제어 방법, 수확 로봇/자동화 관련 기술, 선별 로봇/자동화 관련 기술, 포장 로봇/자동화 관련 기술)로 분류했다.

대분류	중분류	소분류
인공지능과 로봇기술을 활용한 스마트 농작업 시스템	IoT기반 스마트팜 데이터획득 기술	센서를 통한 데이터 획득 방법
		데이터 기반 생육환경 제어 방법
	농업용 로봇매니퓰레이터 및 작업보조기 기술	수확로봇/자동화 관련 기술
		선별로봇/자동화 관련 기술
		포장로봇/자동화 관련 기술

중분류	소분류	기술 정의
IoT기반 스마트팜 데이터획득 기술	센서를 통한 데이터 획득 방법	센서(ex. 적외선, 카메라 등)를 통해 농작물의 속도, 생육 등과 관련한 데이터 획득 방법 관련 기술
	데이터 기반 생육환경 제어 방법	센서를 통해 획득한 데이터에 기반하여 생육환경을 제어하는 방법 관련 기술
농업용 로봇매니퓰레이터 및 작업보조기 기술	수확로봇/자동화 관련 기술	수확 목적의 농업용 로봇매니퓰레이터 및 작업보조기 관련 기술
	선별로봇/자동화 관련 기술	선별 목적의 농업용 로봇매니퓰레이터 및 작업보조기 관련 기술
	포장로봇/자동화 관련 기술	포장 목적의 농업용 로봇매니퓰레이터 및 작업보조기 관련 기술

각 기술분류별 특허검색을 위한 핵심 키워드는 분석 대상 기술과 관련된 기술 정의서를 통한 기술내용에 근거하여 도출하였으며, 도출한 키워드를 조합하여 각 소분류 기술별 검색식을 작성했다.

중분류	소분류	검색식
IoT기반 스마트팜 데이터획득 기술	센서를 통한 데이터 획득 방법	KEY:((농산물* 농작물* 작물* 농수산물* 농축수산물* 채소* 과일* 곡식* 곡물* 화훼* 농산* (스마트 a/1 팜*) (스마트 a/1 농사*) (스마트 a/11 농업*) 재배* 농사* 농업* 경작* 농지* 농장* 원예* 하우스* 온실* 토마토* 파프리카* 식품* agricultur* cultivat* plantation* farm* crop* vegetable* fruit* grain* flower* (smart adj1 farm*) (green adj1 house*) tomato* paprika* food*) and (숙도* 품질* 상태* 생육* 생장* 성숙* maturit* matur* qualit* condition* state* grow* develop* ripen*) and (수집* 획득* 저장* collect* acquire* acquisition* obtain* 센싱* 센스* 센서* 쎈서* 탐지* 감지* 검지* 디텍트* 검출* 측정* 계측* 모니터* sense sensor* sensing* detect*measure* monitor*)) and MIPC:(G06Q* G01N* G06K* B25J* G06T*)
	데이터 기반 생육환경 제어 방법	
농업용 로봇매니퓰레이터 및 작업보조기 기술	수확로봇/자동화 관련 기술	KEY:((농산물* 농작물* 작물* 농수산물* 농축수산물* 채소* 과일* 곡식* 곡물* 화훼* 농산* (스마트 a/1 팜*) (스마트 a/1 농사*) (스마트 a/1 농업*) 재배* 농사* 농업* 경작* 농지* 농장* 원예* 하우스* 온실* 토마토* 파프리카* 식품* agricultur* cultivat* plantation* farm* crop* vegetable* fruit* grain* flower* (smart a/1 farm*) (green a/1 house*) tomato* paprika* food*) and (수확* harvest* 선별* 분류* sort* 포장* packing* packag* boxing* 선발* 집품* 피킹* pick*) and (로봇* 로보트* 매니퓰레이터* 자동* robot* manipulator* automat*)) OR KEY:((농산물* 농작물* 작물* 농수산물* 농축수산물* 채소* 과일* 곡식* 곡물* 화훼* 농산* (스마트 a/1 팜*) (스마트 a/1 농사*) (스마트 a/1 농업*) 재배* 농사* 농업* 경작* 농지* 농장* 원예* 하우스* 온실* 토마토* 파프리카* 식품* agricultur* cultivat* plantation* farm* crop* vegetable* fruit* grain* flower* (smart a/1 farm*) (green a/1 house*) tomato* paprika* food*) and (수확* harvest* 선별* 분류* sort* 포장* packing* packag* boxing* 선발* 집품* 피킹* pick*) and (근육* 근력* muscle* 골격* skelet* musculoskelet* ((자세* posture* position*) n/3 (센싱* 센스* 센서* 쎈서* 디텍트* 모니터* sense sensor* sensing* detect* monitor*)) 웨어러블* wearable*))
	선별로봇/자동화 관련 기술	
	포장로봇/자동화 관련 기술	

최종 검색식을 키워트 검색DB에 적용하여 얻은 로데이터(Raw Data)의 건수는 다음 표와 같음

중분류	소분류	KR	US	JP	EP	WO	total
IoT기반 스마트팜 데이터획득 기술	센서를 통한 데이터 획득 방법	599	675	1,504	268	381	3,427
	데이터 기반 생육환경 제어 방법						
농업용 로봇매니퓰레이터 및 작업보조기 기술	수확로봇/자동화 관련 기술	1,315	1,159	2,266	564	332	5,636
	선별로봇/자동화 관련 기술						
	포장로봇/자동화 관련 기술						
	총계	1,914	1,834	3,770	832	713	9,063

앞서 도출된 키워드 및 검색식을 적용하여 얻은 로데이터(Raw Data)에서 본 특허기술동향조사의 대상이 되는 인공지능과 로봇기술을 활용한 스마트 농작업 시스템과 무관한 내용의 특허는 분석에서 제외하고자 노이즈제거 기준을 설정하였으며, 이를 기준으로 각 소분류별 국가별 유효특허를 추출했다.

중분류	소분류	노이즈제거 및 유효특허 추출 기준
IoT기반 스마트팜 데이터획득 기술	센서를 통한 데이터 획득 방법	- 센서를 통해 생육환경정보를 측정하는 방법은 노이즈로 제거 - 센서를 통해 농산물의 숙도/품질 측정 방법 및 장치만 유효로 판별
	데이터 기반 생육환경 제어 방법	- 농산물의 숙도/품질 측정 데이터를 기반으로 생육환경을 제어하는 방법 및 장치만 유효로 판별
농업용 로봇매니퓰레이터 및 작업보조기 기술	수확로봇/자동화 관련 기술	- 수확 로봇/자동화 기술과 무관한 기술은 노이즈로 제거
	선별로봇/자동화 관련 기술	- 선별 로봇/자동화 기술과 무관한 기술은 노이즈로 제거
	포장로봇/자동화 관련 기술	- 포장 로봇/자동화 기술과 무관한 기술은 노이즈로 제거

위의 기준을 통해 선별된 유효특허는 총 679건이다.

중분류	소분류	KR	US	JP	EP	WO	total
IoT기반 스마트팜 데이터획득 기술	센서를 통한 데이터 획득 방법	42	34	155	15	32	278
	데이터 기반 생육환경 제어 방법	15	7	9	3	5	39
농업용 로봇매니퓰레이터 및 작업보조기 기술	수확로봇/자동화 관련 기술	49	70	38	37	24	218
	선별로봇/자동화 관련 기술	55	14	27	10	9	115
	포장로봇/자동화 관련 기술	15	4	4	1	5	29
	총계	176	129	233	66	75	679

도출된 유효특허를 기초로 특허기술 Landscape와 주요 출원인 분석, 세부기술별 Landscape로 나누어 분석한다.

특허기술 Landscape에서는 조사대상국인 한국(KIPO), 미국(USPTO), 일본(JPO), 유럽(EPO) 및 중국(SIPO) 등 주요 국가별 기술개발 활동현황, 내·외국인 특허출원 동향, 구간별 출원인수와 출원건수의 증감정도의 분석을 통한 특허 기술 성장 단계를 분석한다.

주요 출원인 분석에서는 상위 다출원인을 도출하여 해당 출원인의 기술 확보력, 주력 기술분야, 특허출원 밀집도 등을 분석한다.

세부기술별 Landscape에서는 세부기술별 국가별 특허점유율 및 증가율 등을 분석하여 각 기술별 특허출원 경향 및 기술 특성, 상대적인 유망함 정도를 파악한다.

① 특허기술 전체 Landscape

- 출원연도별 국가별 출원건수 분석

본 분석은 한국, 미국, 일본, 유럽 국가별 특허기술 출원 점유율을 통해 해당 기술을 선도하는 국가를 파악할 수 있다.

더불어, 과거부터 최근까지의 국가별 특허기술 출원의 양적 트렌드를 비교하여 타 국가 대비 국내의 기술적 위치를 파악할 수 있다.

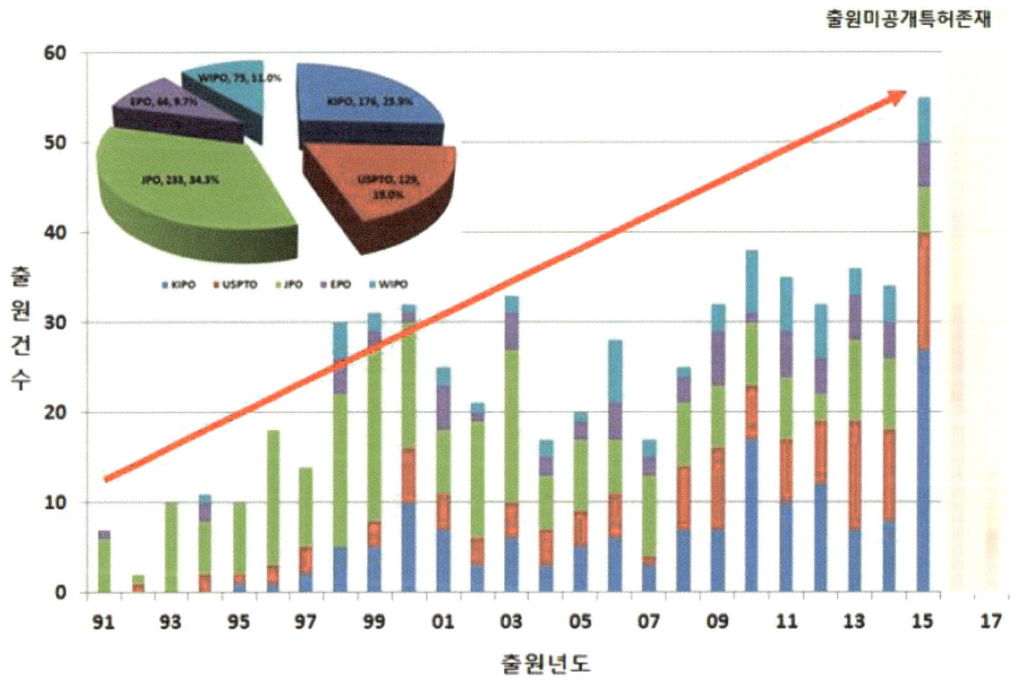

 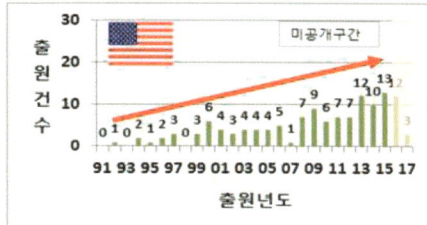
 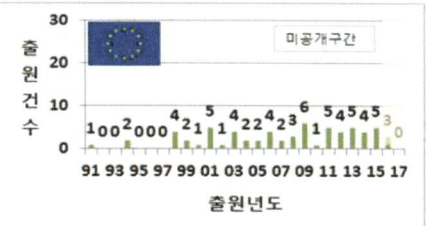

인공지능과 로봇기술을 활용한 스마트 농작업 시스템 분야의 주요시장국 전체 연도별 특허동향을 살펴보면, 1990년대 초반부터 현재까지 증감을 반복하면서 증가세를 보이고 있고, 특히 1990년대 후반 이후에 활발한 연구 개발이 진행되고 최근 구간에서 출원건수가 급증한 것을 알 수 있다. 2005년 이전에는 일본 특허 출원이 다수이고, 2005년 이후 한국 및 미국에서의 특허 출원이 다수를 차지하고 있다.

인공지능과 로봇기술을 활용한 스마트 농작업 시스템 분야에 대한 국가별 특허 점유 현황을 살펴보면, 한국(KIPO) 176건(25.9%), 미국(USPTO) 129건(19.0%), 일본(JPO) 233건(34.3%), 유럽(EPO) 66건(9.7%), 국제(WIPO) 75건(11.0%)의 특허가 출원되어, 본 기술은 일본과 한국이 많은 특허 출원을 점유하고 있는 것으로 나타나나 미국과 비교해 그 차이가 크지는 않고, 유럽에서는 특허 출원이 비교적 소수이다.

주요시장국의 연도별 특허동향을 살펴보면, 한국은 176건의 특허가 출원된 것으로 나타나며, 1990년대 후반부터 연구개발이 이루어지고 있으며, 특히 2010년 이후에 연구 활동이 가장 많은 것을 알 수 있다.
 일본은 233건의 특허가 출원된 것으로 나타나며, 1990년대 초반부터 활발한 연구개발이 이루어졌으며, 2000년 초반까지 특허 출원이 활발하다가 2005년 이후 연구 활동이 정체되거나 감소하는 모습이 보인다.
 미국은 558건의 특허가 출원된 것으로 나타나며, 2000년대 초반부터 활발한 연구개발이 이루어지고 있으며, 특히 2000년대 후반부터 최근까지 연구 활동이 다수 진행중이다.
 유럽은 본 분야에 대한 연구 활동이 타 국가에 비해 적은 편이다. 1990년대 후반부터 간헐적으로 특허 출원이 존재하고, 2010년 이후 연구 활동을 본격적으로 진행 중임을 알 수 있다.

분석구간 초기부터 최근까지의 전체 특허기술 흐름은 1990년대의 일본, 2000년대의 한국,미국의 흐름 형태와 유사하며, 특히 2010년 이후 구간은 한국 및 미국이 다출원 기준에서 주도적인 위치였음을 알 수 있다. 특히, 2015년이 타 년도에 비해 출원건수가 매우 많으며 이는 최근 들어 스마트팜 연구가 활발히 진행되고, 이와 관련한 관심이 매우 높아졌음을 보여주는 반증이다.

- 주요 국가별 내외국인 출원동향 분석

본 분석은 한국(KIPO), 미국(USPTO), 일본(JPO), 유럽(EPO) 국가별 출원인 국적을 구분하여 내국인과 외국인의 출원 분포를 파악한다.

그리고, 국가별 외국인 국적별 출원건수를 분석하여 해당 국가 내 국외 기술의 유입 상황 및 국외기술에 대한 의존도 여부, 자국 기술력 등을 유추할 수 있다.

마지막으로, 과거부터 최근까지의 국가별 내·외국인 출원건수를 비교하여 해당 국가 내에서 기술개발을 주도하는 내·외국인 여부의 변화 추이를 파악할 수 있다.

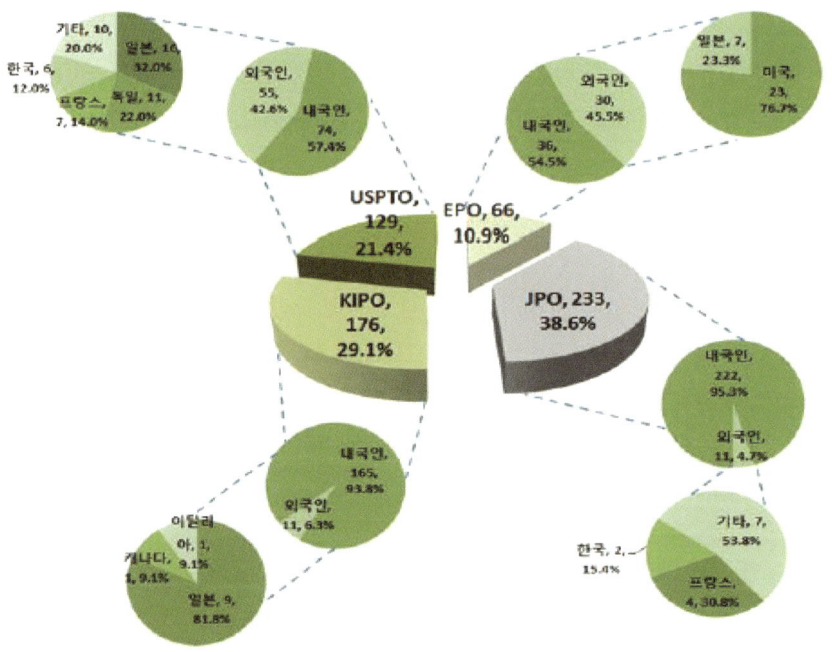

인공지능과 로봇기술을 활용한 스마트 농작업 시스템 분야에 대한 국가별 출원된 특허는 한국(KIPO) 176건, 미국(USPTO) 129건, 일본(JPO) 233건, 유럽(EPO) 66건이며, 내·외국인의 특허출원 비율 및 현황은 국가별로 상이하다.

한국(KIPO)의 내·외국인 특허출원 비율 및 현황을 살펴보면, 내국인 93.8%(165건), 외국인 6.3%(11건)의 비율이 나타난다. 타 기술 분야에서 통상적으로 나타나는 한국의 특허출원 경향이 내국인 출원 비율 약 70~75%인 것과 비교하여, 본 인공지능과 로봇기술을 활용한 스마트 농작업 시스템 분야는 내국인 중심의 출원 경향이 매우 강한 것으로 나타난다.

한국(KIPO)에 출원한 외국인의 국적을 살펴보면, 전체 구간에서 일본 국적의 출원인이 가장 많은 특허를 출원하였으며, 캐나다, 이탈리아 등 국적의 출원인이 한국 내 특허를 출원했다.

미국(USPTO)의 내·외국인 특허출원 비율 및 현황을 살펴보면, 내국인 57.4%(74건), 외국인 42.6%(55건)의 비율이 나타난다. 타 기술 분야에서 통상적으로 나타나는 미국의 특허출원 경향이 내국인 출원 비율 약 65% 내외인 것과 비교하여, 본 기술 분야는 외국 중심의 출원 경향이 강한 것으로 나타난다.

미국(USPTO)에 출원한 외국인의 국적을 살펴보면, 일본 국적의 출원인이 가장 많은 특허를 출원하였으며, 독일, 프랑스, 한국 등 국적의 출원인이 미국 내 특허를 출원했다.

일본(JPO)의 내·외국인 특허출원 비율 및 현황을 살펴보면, 내국인 95.3%(222건), 외국인 4.7%(11건)의 비율이 나타난다. 타 기술분야에서 통상적으로 나타나는 일본의 특허출원 경향이 내국인 출원 비율 약 85% 내외인 것과 비교하여, 일본은 내국인 중심의 출원 경향이 매우 강한 것으로 나타난다.

유럽(EPO)의 내·외국인 특허출원 비율 및 현황을 살펴보면, 내국인 54.5%(36건), 외국인 45.5%(30건)의 비율이 나타난다. 유럽 특허에서의 내국인은 유럽연합(EU)가입국 국적의 출원인을 의미하고 외국인은 그 외 국적의 출원인을 의미한다. 타 기술 분야에서 통상적으로 나타나는 유럽의 특허출원 경향과 비교하여, 본 분야는 외국인 중심의 출원 경향이 매우 강한 것으로 나타난다.

유럽(EPO)에 출원한 외국인의 국적을 살펴보면, 미국, 일본 국적의 출원인만이 특허를 출원한 것으로 나타난다. 인공지능과 로봇기술을 활용한 스마트 농작업 시스템 분야는, 한국과 일본에서 내국인 중심의 출원 경향이 매우 높게 나타나는데, 이는 농작업과 관련하여 개별 국가의 특수한 환경적 요소에 기인하여 연구 개발이 진행되기 때문이라 판단된다.

- 특허 기술 성장 단계 분석

본 분석은 분석 대상이 되는 전체 출원 기간을 일정한 구간으로 나누어 구간별 출원건수와 출원인수의 증감 변화를 토대로 해당 기술분야의 특허기술 성장단계를 파악하기 위한 것이다.

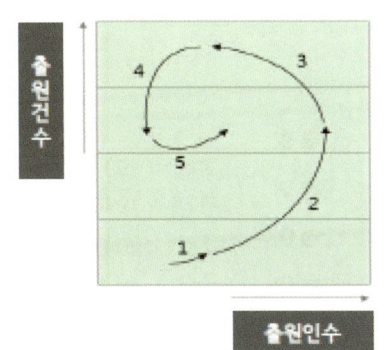

1. 태동	- 신기술의 출현 - 특허와 특허출원인의 적은 증가
2. 성장	- R&D의 급격한 증가, 경쟁의 격화 - 특허와 특허출원인의 빠른 증가
3. 성숙	- 지속적인 연구개발 활동, 일부 업체의 도태 - 특허 수의 정체, 특허출원인의 정체 또는 감소
4. 쇠퇴	- 대체기술의 출현, 기술발전의 불연속점 발생 - 특허 수의 감소, 특허출원인의 정체 또는 감소
5. 회복	- 기술의 유용성 재발견, 대체기술의 쇠퇴 - 특허와 출원인 수가 증가추세로 전환

특허기술 성장단계 분석에서 출원건수의 증가는 기술개발이 활발한 것을 의미하고 출원인수의 증가는 기술시장에의 신규 진입자가 증가하는 것을 의미하며, 종합적으로 출원건수와 출원인수의 동시 증가는 해당 기술 시장이 확대되고 있다는 것을 의미한다.

특허기술 성장단계 중 태동기 단계는 출원인과 출원건수의 증가가 시작되는 형태로 이후 연구개발 활동이 활발해질 것으로 예상할 수 있는 단계이며, 성장기 단계는 출원인과 출원건수가 급격하게 증가하는 형태로 본격적으로 해당 기술분야의 연구개발 활동이 이루어지고 있는 단계로 해석할 수 있다.

태동기와 성장기의 구분은 분석 데이터의 모수 대비 해당 구간의 증가 건수, 기술분야의 특성 및 출원인의 성격 등을 고려하여 판단할 수 있다.

성숙기 단계는 출원건수의 증가가 다소 주춤하고 출원인수가 감소하는 형태로 일부 선진 출원인만이 출원을 유지하고 그 외 진입자들은 도태가 되는 단계이다.

쇠퇴기 단계는 출원건수 및 출원인수 모두 감소하는 형태로 해당 기술의 시장이 위축되는 단계로 해석할 수 있으며, 회복기 단계는 원천기술을 이용하여 최근 기술 트렌드 및 신규 아이디어 등에 부합하는 기술이 개발되어 시장이 재형성되는 단계로 판단할 수 있다.

특허기술 성장단계 분석구간의 설정은 전체 기간을 일정한 연간 단위로 구간을 구분하되, 최근 급부상하거나 이슈가 있는 기술분야의 경우, 최근 기간 등으로 한정하여 구간을 설정하여 분석하는 것이 유의미할 수 있다.

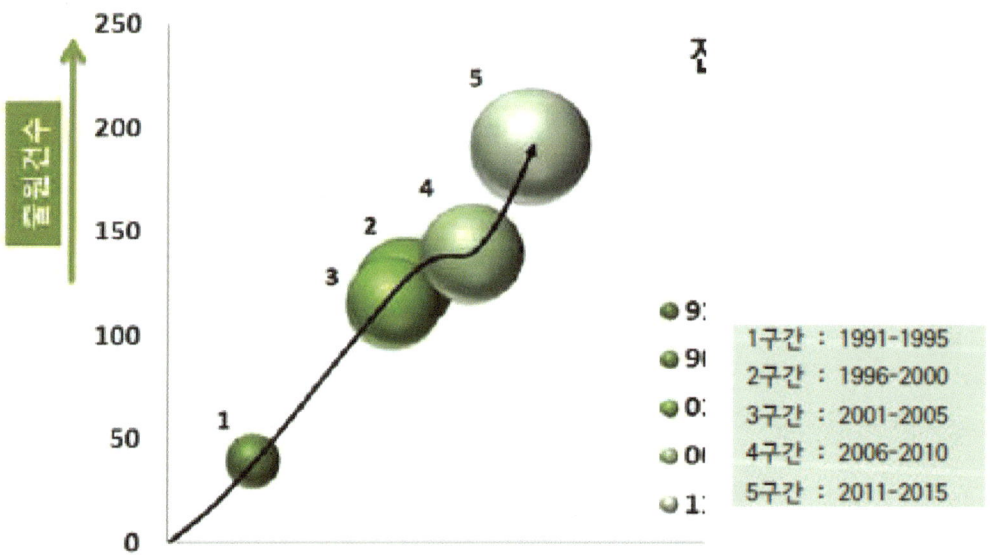

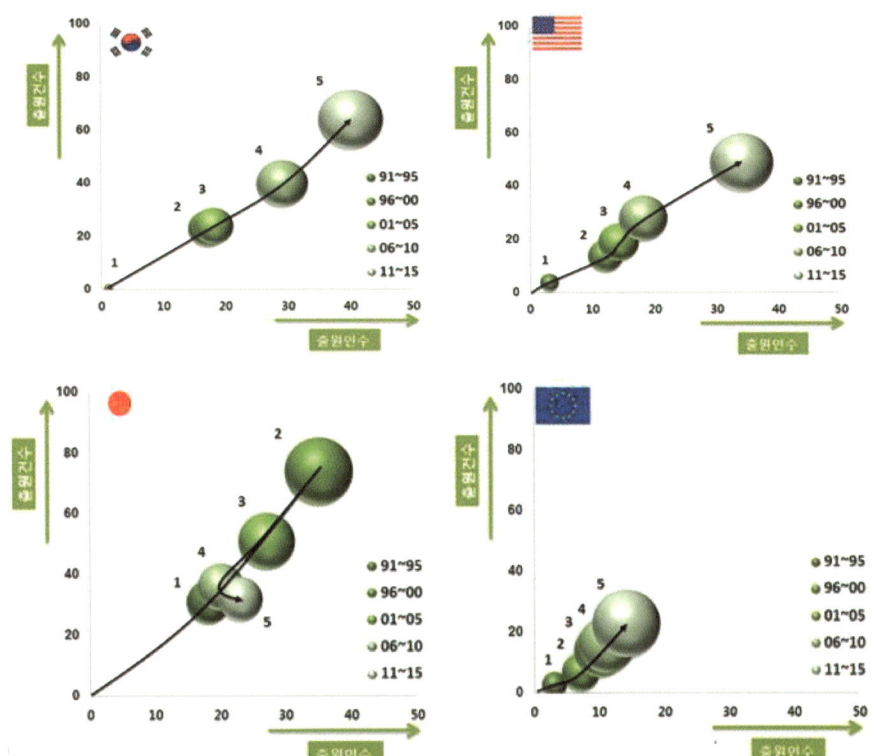

　인공지능과 로봇기술을 활용한 스마트 농작업 시스템 분야의 특허기술 성장단계를 분석하고자, 전체 분석구간 20년을 4년 단위 5개 구간으로 구분하여, 1구간(1991년~1995년), 2구간(1996년~2000년), 3구간(2001년~2005년), 4구간(2006년~2010년), 5구간(2011년~2015년)을 설정했다.

　특허기술을 기반으로 한 인공지능과 로봇기술을 활용한 스마트 농작업 시스템 분야의 성장단계는 그래프 상에서 출원인수와 출원건수가 증가하고 있는 형태로, 성장기로 해석할 수 있다.

　한국(KIPO)의 특허기술 성장단계는 이전 구간에 비해 최근 구간에서 출원인수와 출원건수가 증가하고 있으므로, 성장기가 진행 중인 것으로 나타난다.

　미국(USPTO)의 특허기술 성장단계는 최근 구간에서 출원인수와 출원건수가 급격히 증가하고 있으므로, 성장기가 급격하게 진행 중인 것으로 나타난다.

　일본(JPO)의 특허기술 성장단계는 2000년대 성장/성숙기를 거쳐 최근 구간에서 출원건수와 출원인수 모두 감소하고 있는 형태로 쇠퇴기인 것으로 해석할 수 있다.

　유럽(EPO)의 특허기술 성장단계는 출원건수가 출원인수가 모두 증가하고 있어 성장기인 것으로 해석할 수 있다.

2000년대 이후 한국 및 미국의 특허기술 성장단계는 전체구간의 전체 성장단계 형태에 영향을 미치고 있는 것으로 나타난다.

인공지능과 로봇기술을 활용한 스마트 농작업 시스템 분야의 주요 국가별 특허기술 성장 단계를 살펴본 결과, 일본을 제외하고 국가별 성장단계 형태가 비슷한 것으로 나타났으며, 이에 대한 원인을 짚어볼 필요가 있다.

본 기술 분야와 관련하여 일본에서는 1990년대 활발하게 연구가 진행되었고, 스마트팜 관련 제반 시스템이 일찍부터 갖추어 진 것으로 보이고, IT기술을 접목한 스마트팜 기술은 한국과 미국에서 주도적으로 활발하게 연구 활동이 이루어지는 것으로 판단된다. 결론적으로, 본 기술 분야는 현재의 성장기 단계가 일정기간 유지될 것으로 예상된다.

② 전체 주요 출원인 분석

- 다출원인 분석

본 분석은 특허의 정량적인 요소를 기준으로 하여, 한국(KIPO), 미국(USPTO), 일본(JPO), 유럽(EPO) 국가별 기술을 주도하는 기관 및 기업을 파악하기 위한 것이다.

타 국가 대비 국내 기관 및 기업의 출원 활동 현황 및 수준을 파악하여 거시적 관점의 향후 트렌드 예측할 수 있고, 연구개발에 있어 심층적인 사전 파악이 필요한 기관 및 기업을 파악할 수 있다.

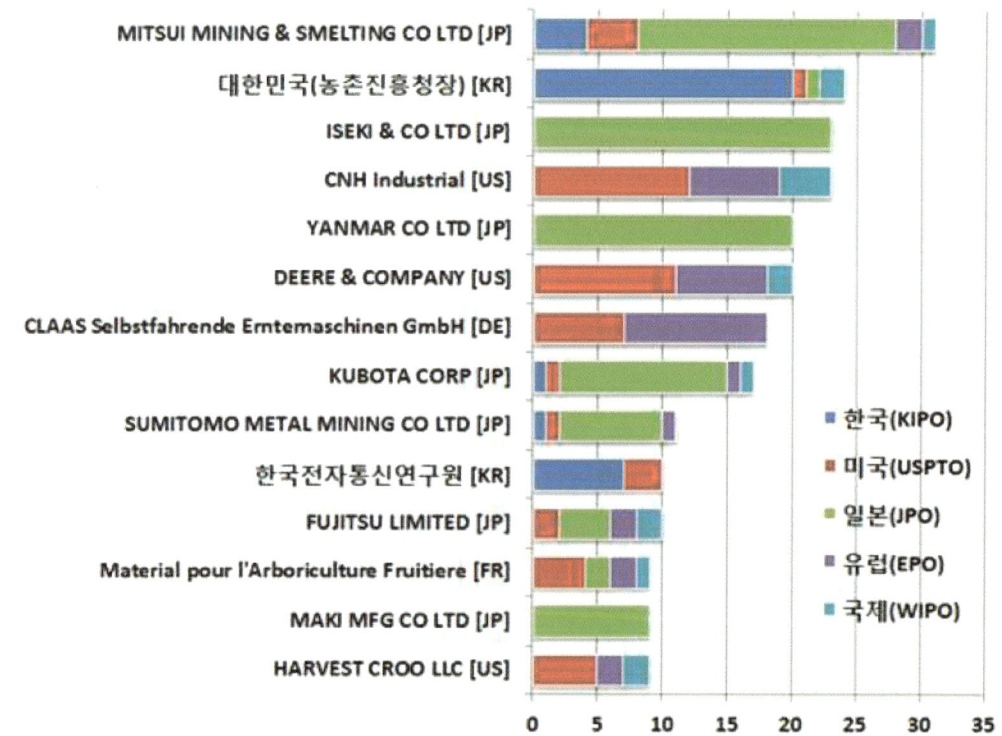

인공지능과 로봇기술을 활용한 스마트 농작업 시스템 분야의 주요 경쟁자별 출원 현황을 살펴보면, 일본의 MITSUI MINING & SMELTING社가 가장 많은 수의 특허를 보유하고 있다. 주요 출원인의 경우 대부분 일본 국적이며, 일본 농기계 생산 업체인 ISEKI, YANMAR, KUBOTA 등의 기업에서 관련 특허출원이 다수 진행되고 있고, 미국 기업인 CNH Industrial과 DEERE & COMPANY 등에서도 연구 활동이 활발한 것으로 확인된다. 또한 국내에서는 농촌진흥청, 한국전자통신연구원 등 연구소를 중심으로 한 연구 활동이 활발히 이루어지고 있다. 대부분의 다출원인은 자국중심의 특허활동을 하고 있고, 특히 일본과 한국국적의 출원인은 대부분의 출원이 자국 출원인 것이 특징이다.

- 다출원인 특허 동향 분석

본 분석은 주요 출원 기관 및 기업의 출원건을 세부기술별로 구분하고 보유 제품 및 연구개발 내용을 연결하여 각 기관 및 기업별 주력 세부기술분야 및 공백 영역을 파악하고자 함에 있다.

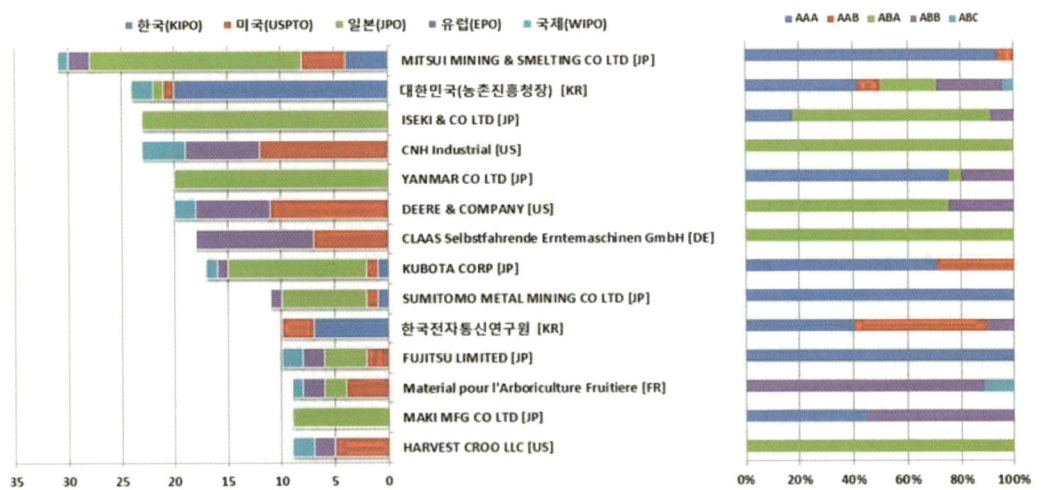

본 인공지능과 로봇기술을 활용한 스마트 농작업 시스템 분야와 관련하여 주요 출원인별 주력하는 세부 기술 분야를 살펴보면, 대부분의 다 출원인이 자국을 중심으로 특허활동을 하고 있다. 대부분의 다출원인은 센서를 통한 데이터 획득 방법(AAA)에서 특허활동이 활발하다.

주요 출원인 중 CNH Industrial, CLAAS, HARVEST CROOO LLC는 수확 로봇/자동화 시스템(ABA)기술 분야에서만 특허활동을 하고 있다.

종합하면, MITSUI MINING은 센서 통한 데이터 획득 분야, ISEKI는 수확 로봇/자동화 관련 분야, SUMITOMO, FUJITSU는 센서를 통한 데이터 획득 분야 등 각 출원인별 집중된 특허 출원 분야가 존재한다는 것을 알 수 있다.

③ 세부기술 Landscape

- 세부기술별 출원연도별 출원건수 분석

본 분석은 세부기술별 한국(KIPO), 미국(USPTO), 일본(JPO), 유럽(EPO) 국가별 특허기술 출원 점유율을 통해 각 세부기술을 선도하는 국가 파악하기 위함에 있다. 과거부터 최근까지의 세부기술별 국가별 특허기술 출원의 양적 트렌드를 비교하여 타 국가 대비 국내의 각 세부기술에서의 위치를 파악할 수 있다.

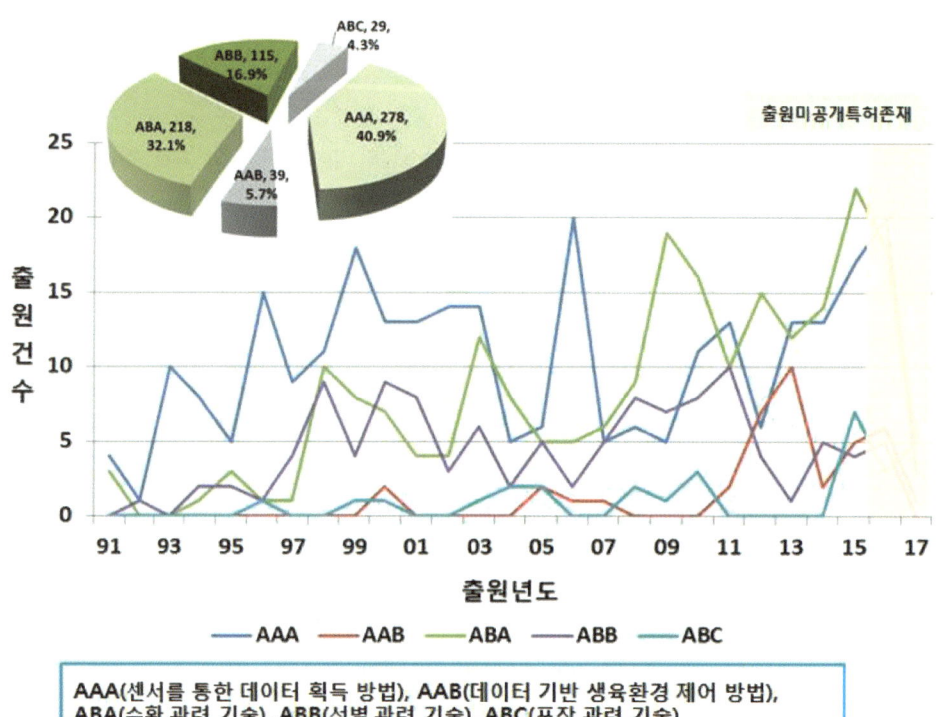

IoT기반 스마트팜 데이터획득 기술 분야와 관련한 전체 특허출원건수 중 센서를 통한 데이터 획득 방법(AAA)은 278건(40.9%), 데이터 기반 생육환경 제어 방법(AAB)은 39건(5.7%)으로 각 세부기술별 출원 비중을 파악할 수 있다.

농업용 로봇매니퓰레이터 및 작업보조기 기술 중 수확 로봇/자동화 관련 기술(ABA)과 관련된 특허의 비중이 32.1%(218건)으로 가장 높은 것으로 나타나고, 선별 로봇/자동화 관련 기술이 115건(16.9%)으로 나타난다.

전체적으로 특허출원건의 증가와 감소를 반복하면서 최근까지 연구 활동이 활발한 것으로 보이고, 2010년 전후로 센서를 통한 데이터 획득 분야, 데이터 기반 생육환경 제어 분야 및 수확 로봇/자동화 관련 분야는 증가하고, 선별 로봇/자동화 관련 분야는 특허건수가 감소하는 추세인 것으로 나타난다.

- 세부기술별 구간별 점유증가율 현황

본 분석은 세부기술 추세를 통한 부상기술을 파악하기 위해서 아래의 그래프에서는 세부기술별로 연도 구간별 특허기술의 출원 경향을 살펴본다.

왼쪽의 그래프는 출원건수를 통한 절대치를 나타내며, 오른쪽 그래프는 세부기술에 대한 연도구간별 상대비교를 보여주고 있다.

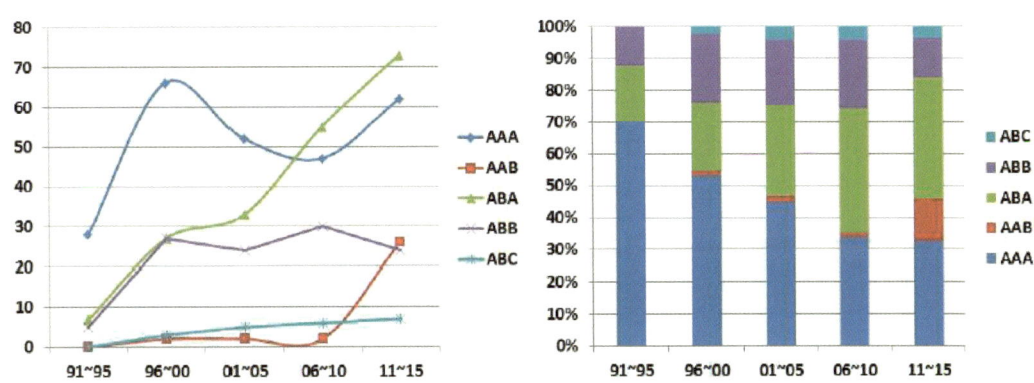

2000년 이후 구간별로 선별 로봇/자동화 관련 분야(ABB)를 제외한 세부 기술 모두 점유율이 증가하고 있다. 센서를 통한 데이터 획득 분야(AAA)는 96-00년에 집중적으로 연구가 진행되었고, 데이터 기반 생육환경 제어 분야(AAB)는 11-15년 이후에 집중적으로 연구가 진행되었으며, 향후 연구 활동이 활발할 것으로 예상된다.

- 시장별 세부기술 점유율 현황

본 분석은 시장별 세부기술 동향에서는 각국의 특허청에 출원된 출원 데이터를 기준으로 세부기술의 집중도 및 공백영역 등을 버블그래프로 나타내어 해당 시장의 관심도를 나타내고자 한다.

세부기술에 대한 전체적인 연도 구간별 흐름은 앞에서 제시하였음으로, 여기에서는 주요 시장에서 어떠한 세부기술이 중점적으로 특허 출원되고 있는가를 파악하고자 하며, 해당 세부기술에 대한 시장별(특허청별) 비교 분석한다.

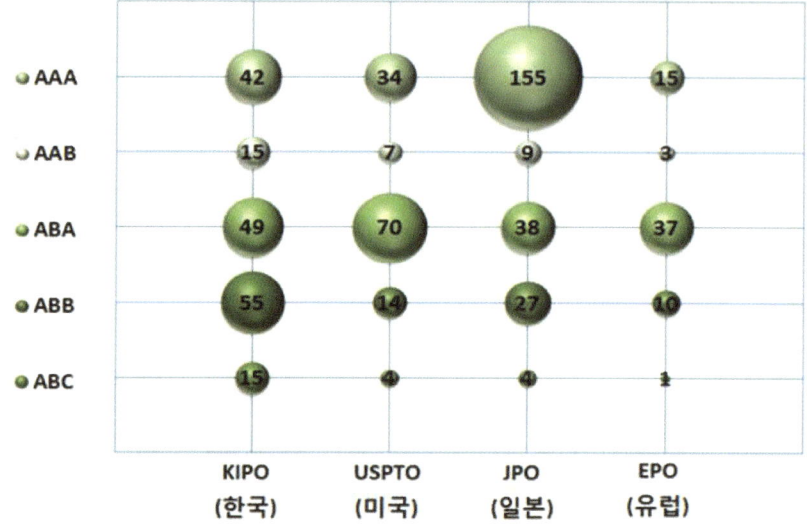

AAA(센서를 통한 데이터 획득 방법), AAB(데이터 기반 생육환경 제어 방법),
ABA(수확 관련 기술), ABB(선별 관련 기술), ABC(포장 관련 기술)

전체적으로 세부 기술 분야마다 다소 차이가 있기는 하지만 모든 국가의 점유율이 비슷한 양상을 보이고 있다.

센서를 통한 데이터 획득 분야(AAA)에서는 일본 155건, 한국 42건, 미국 34건으로 일본에 매우 집중되어 있다. 수확 로봇/자동화 관련 기술(ABA)에서는 미국 70건, 한국 49건, 일본 38건의 점유율을 나타내고 있다. 선별 로봇/자동화 관련 기술(ABB)에서는 한국 55건, 일본 27건의 점유율을 나타내고 있다. 포장 로봇/자동화 관련 분야(ABC)에서는 한국 15건, 일본 4건의 점유율을 나타내고 있다. 센서를 통한 데이터 획득 분야(AAA)는 일본, 수확 로봇/자동화 관련 기술(ABA)는 미국, 선별 로봇/자동화 관련 기술은 한국에서 각각 가장 높은 점유율을 보이고 있으며, 수확 로봇/자동화 관련 기술 분야와 센서를 통한 데이터 획득 분야에서 특허장벽이 구축될 경우 각 기술의 특성에 따라 미국, 일본 시장으로 신규 진입이 난관을 맞이할 가능성이 큰 것으로 판단된다.

④ 분석 결과 정리

인공지능과 로봇기술을 활용한 스마트 농작업 시스템 분야의 주요시장국 전체 연도별 특허동향을 살펴보면, 1990년대 초반부터 현재까지 증감을 반복하면서 증가세를 보이고 있고, 특히 1990년대 후반 이후에 활발한 연구 개발이 진행되고 최근 구간에서 출원건수가 급증한 편이다.

주요시장국의 연도별 특허동향을 살펴보면, 한국은 176건의 특허가 출원된 것으로 나타나며, 1990년대 후반부터 연구개발이 이루어지고 있으며, 특히 2010년 이후에 연구 활동이 가장 많다.

일본은 233건의 특허가 출원된 것으로 나타나며, 1990년대 초반부터 활발한 연구개발이 이루어졌으며, 2000년 초반까지 특허 출원이 활발하다가 2005년 이후 연구 활동이 정체되거나 감소하는 모습이 보이고, 미국은 558건의 특허가 출원된 것으로 나타나며, 2000년대 초반부터 활발한 연구개발이 이루어지고 있으며, 특히 2000년대 후반부터 최근까지 연구 활동이 다수 진행 중이다.

한국(KIPO)의 내·외국인 특허출원 비율 및 현황을 살펴보면, 내국인 93.8%(165건), 외국인 6.3%(11건)의 비율이 나타난다. 타 기술 분야에서 통상적으로 나타나는 한국의 특허출원 경향이 내국인 출원 비율 약 70~75%인 것과 비교하여, 본 인공지능과 로봇기술을 활용한 스마트 농작업 시스템 분야는 내국인 중심의 출원 경향이 매우 강한 것으로 나타난다.

특허기술을 기반으로 한 인공지능과 로봇기술을 활용한 스마트 농작업 시스템 분야의 성장단계는 그래프 상에서 출원인수와 출원건수가 증가하고 있는 형태로, 성장기로 해석할 수 있다.
한국(KIPO)의 특허기술 성장단계는 이전 구간에 비해 최근 구간에서 출원인수와 출원건수가 증가하고 있으므로, 성장기가 진행 중인 것으로 나타난다.

인공지능과 로봇기술을 활용한 스마트 농작업 시스템 분야의 주요 경쟁자별 출원 현황을 살펴보면, 일본의 MITSUI MINING & SMELTING社가 가장 많은 수의 특허를 보유하고 있다. 주요 출원인의 경우 대부분 일본 국적이며, 일본 농기계 생산 업체인 ISEKI, YANMAR, KUBOTA 등의 기업에서 관련 특허출원이 다수 진행되고 있고, 미국 기업인 CNH Industrial과 DEERE & COMPANY 등에서도 연구 활동이 활발한 것으로 판단된다.
또한 국내에서는 농촌진흥청, 한국전자통신연구원 등 연구소를 중심으로 한 연구 활동이 활발히 이루어지고 있다. 특히, MITSUI MINING은 센서 통한 데이터 획득 분야, ISEKI는 수확 로봇/자동화 관련 분야, SUMITOMO, FUJITSU는 센서를 통한 데이터 획득 분야 등 각 출원인별 집중된 특허 출원 분야가 존재한다.

IoT기반 스마트팜 데이터획득 기술 분야와 관련한 전체 특허출원건수 중 센서를 통한 데이터 획득 방법(AAA)은 278건(40.9%), 데이터 기반 생육환경 제어 방법(AAB)은 39건(5.7%)으로 각 세부기술별 출원 비중을 파악할 수 있다.

농업용 로봇매니퓰레이터 및 작업 보조기 기술 중 수확 로봇/자동화 관련 기술(ABA)과 관련된 특허의 비중이 32.1%(218건)으로 가장 높은 것으로 나타나고, 선별 로봇/자동화 관련 기술이 115건(16.9%)으로 나타난다.

전체적으로 특허출원건의 증가와 감소를 반복하면서 최근까지 연구 활동이 활발한 것으로 보이고, 2010년 전후로 센서를 통한 데이터 획득 분야, 데이터 기반 생육환경 제어 분야 및 수확 로봇/자동화 관련 분야는 증가하고, 선별 로봇/자동화 관련 분야는 특허건수가 감소하는 추세인 것으로 나타난다.

　인공지능과 로봇기술을 활용한 스마트 농작업 시스템 분야 중 센서를 통한 농작물 데이터 획득 분야는 다양한 센서를 이용하여 정보를 획득하고 이를 분석하는 연구가 계속적으로 이어져왔고 현재도 매우 활발하게 연구 중에 있다.

　특히, 딥러닝을 이용하여 이미지 내 농산물을 판단하고 분석하는 방법 관련 특허가 거의 존재하지 않으므로 특허확보가능성이 높다고 판단된다. 수확 로봇/자동화 시스템 분야에서 농업분야에 소프트로봇을 활용한 특허는 현재 검색되지 않으며, 소프트 로봇 기술 자체가 현재 초기단계이므로, 소프트로봇에 특화된 수확 로봇 구조를 연구한다면, 특허확보가능성이 매우 높다고 판단된다.

3. 신규 아이디어 창출 사례 - 웹툰에 적용된 AI 기술 사례

종이 만화만의 매력도 있지만, 요즘은 웹툰으로 만화를 접하는 분들도 많아졌다. 웹툰의 다양한 채널 중 우리나라에서 대표적인 건 바로 '네이버웹툰' 인데, 오늘은 네이버웹툰의 특허 현황과, 재미있는 특허에 대해 알아보고자 한다.

먼저, ㈜네이버웹툰의 국내 특허 출원 현황에 대해 간단히 알아보면, 네이버웹툰에서는 국내에 총 34개의 특허를 출원했다(미공개 특허 제외).

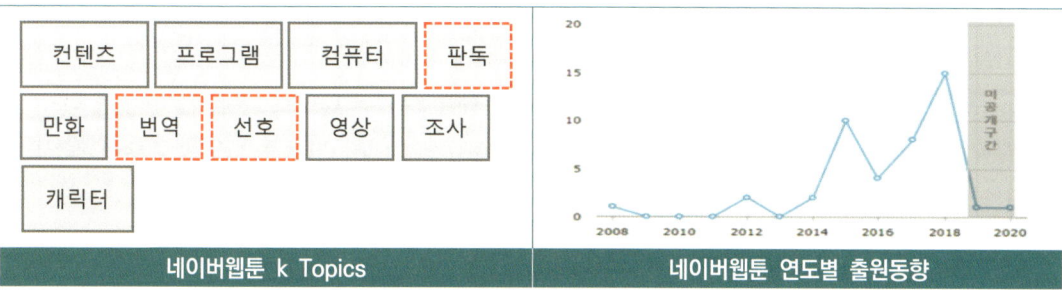

특허 검색 DB 키워트에서 실시간 통계로 제공되는 K Topics(좌)을 살펴보면, 콘텐츠 판독, 번역 및 선호도 등에 관련한 기술들을 주로 출원하고 있는 것을 알 수 있다. 연도별 출원 그래프(우)를 보면, 2008년 처음으로 특허를 출원해서 2015년, 2018년도에 가장 많은 특허 출원을 했다.

스마트폰 보급/사용량 증가와, 5)스낵컬처의 수단으로 웹툰이 자리잡으면서 특허 출원도 함께 증가한 것으로 분석된다.

㈜네이버웹툰의 보유특허를 정성적으로 분석한 결과, 아래와 같이 크게 4가지로 기술을 나눠볼 수 있다.

---
5) 스낵컬처(Snack Culture): 시간과 장소에 구애받지 않고 즐길 수 있는 스낵처럼, 짧은 시간에 간편하게 즐길 수 있는 문화

네이버 웹툰은 웹툰 콘텐츠 관련 기술을 통해 해외에도 영역을 넓혀가고 있는데, 2014년 해외 시장에 진출하여, 다양한 언어로 된 서비스를 추가하며 전 세계 독자를 공략하고 있다고 한다.

여기서 주목할 점은 미국과 동시에 출원한 특허가 단 1건 이라는 것이다. 네이버 웹툰의 핵심 기술이거나 독점권을 확보하고 싶은 독특한 기술일 것 같은데, 어떤 특허인지 알아보자.

그 답은 하일권 작가의 "마추쳤다"라는 웹툰에 있다. "마주쳤다"는 2017년 12월 연재가 시작된 네이버의 신개념 인터랙션툰(독자 상호작용 웹툰) 인데, 이 웹툰에 지금부터 소개드릴 네이버웹툰의 특허 신기술이 집약되어 있습니다.

최신 기술이 집약된 웹툰이라고도 알려져있는 '마주쳤다' 인터랙션툰은 사용자가 자신의 이름을 입력하면, 등장인물들의 말풍선에 자신이 이름이 불리며 작품이 완결될 때까지 독자가 극중 주인공으로 활약하거나, 웹툰을 보다가 셀카를 찍으면 독자의 얼굴이 작화풍으로 바뀌어 웹툰 주인공으로 나타나게 되는 등 다양하고 생생한 경험을 주는 것이 특징이라고 한다. 그 밖에도 AR, 360 파노라마 등 다양한 기술이 적용되어 몰입감이 높은 콘텐츠라고 한다.

독자의 이름과 얼굴을 기초로 웹툰을 전개하는 새로운 기술에 대해 특허 빅데이터로 알아보고자 한다.

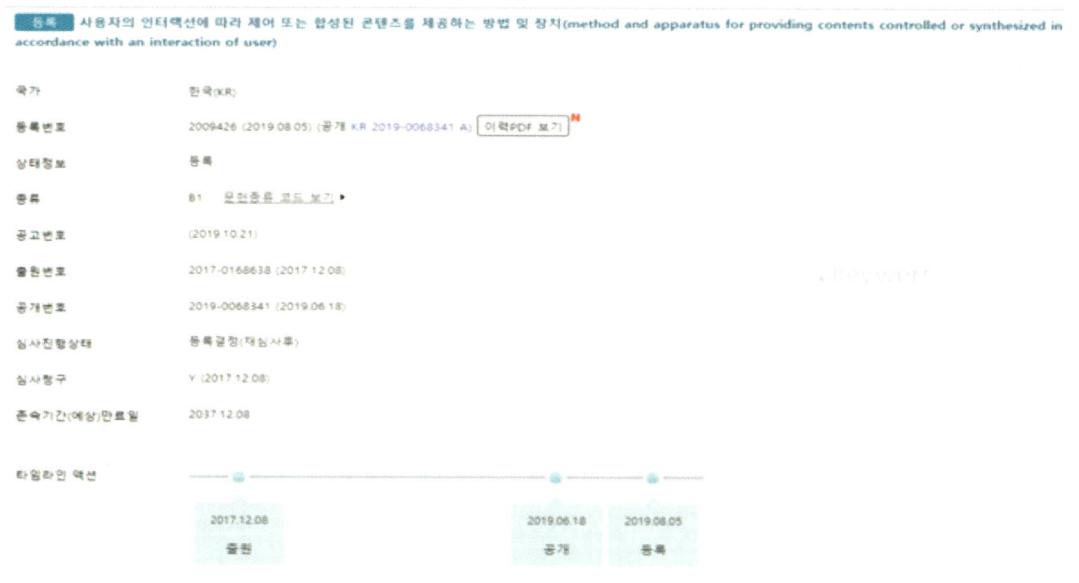

"사용자의 인터랙션에 따라 제어 또는 합성된 콘텐츠를 제공하는 방법 및 장치"라는 명칭의 특허인데, 위에서 말한 것 처럼 한국과 미국, 중국에 출원되어 있다. 2017년 12월에 출원해서, 2019년 8월에 등록 받았다는 기록이 있다.

관련 기술 내용의 도면을 보면, 사용자의 인터랙션에 기반하여 콘텐츠를 제어하거나 합성 콘텐츠를 제공하는 방법에 대한 부분이 도면 1, 9, 13 및 14에 제시되어 있는 것을 확인할 수 있다.

그럼 이 특허의 어떤 기술이 웹툰에 적용되었는지 특허 도면을 보면서 확인해보자.

① 스크롤에 반응하는 웹툰

: 전체적으로 모든 콘텐츠를 로딩하지 않고 스크롤 애니메이션을 이용해서 콘텐츠를 하나씩 로딩하는 방식, 독자의 얼굴을 합성하는 등 다양한 기술의 퍼포먼스를 보여주기 위함

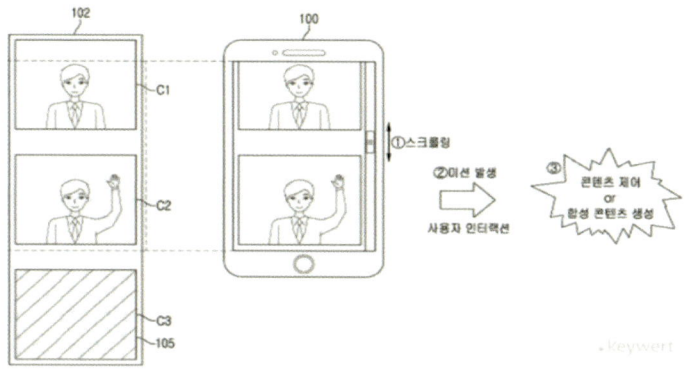

② 360° 파노라마 기술

: 360° 파노라마 이미지 기술을 도입해 독자가 스마트폰을 전후좌우로 돌리면 교실 속 풍경을 생생하게 비춰볼 수 있도록 구성했음

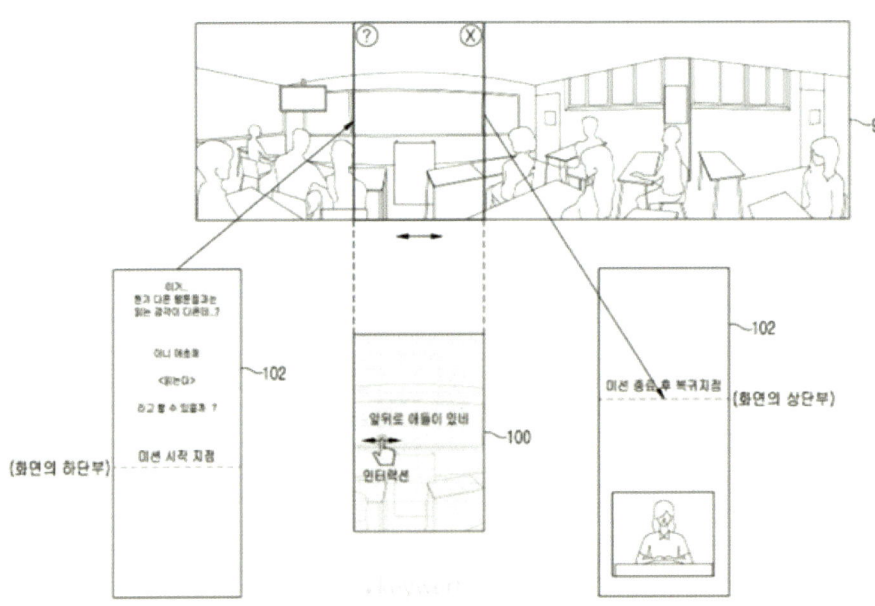

③ 사용자 얼굴인식 & 머신러닝 기술

: 사용자가 사진을 찍으면 사용자의 얼굴이 작화풍으로 바뀌어 웹툰의 주인공으로 나타나는 기술

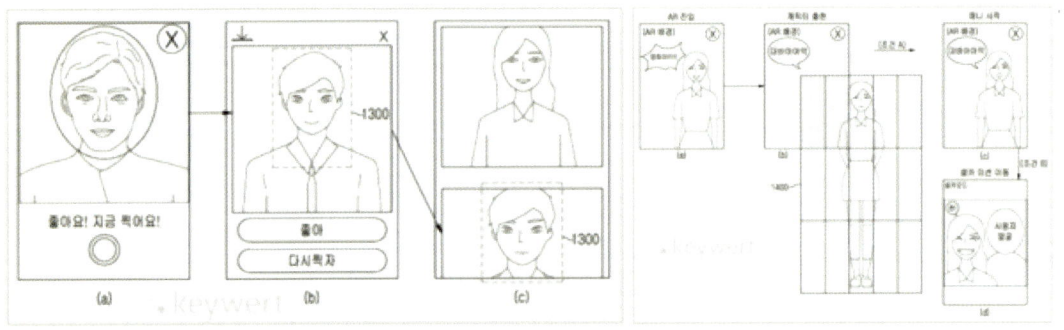

그럼 실제로 인공지능 기술(머신러닝 기술)이 어떻게 적용되는지 알아보자.

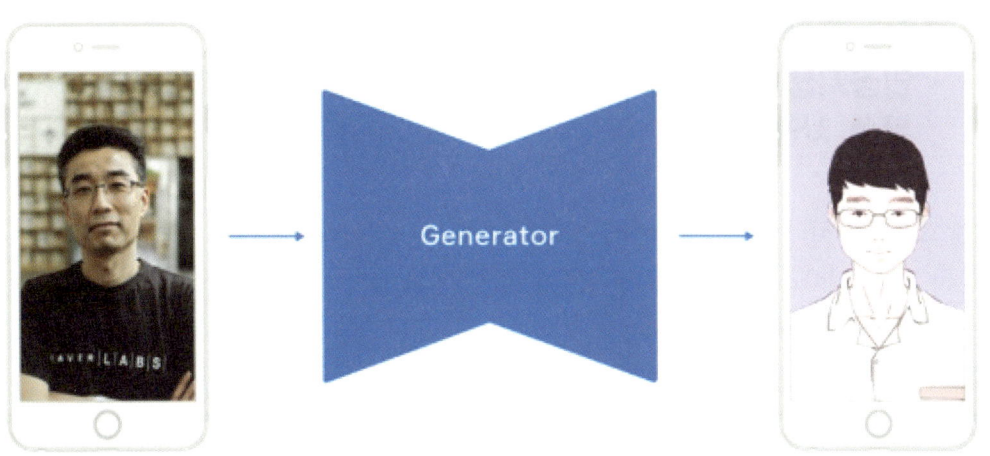

　독자가 사진을 찍으면 실제 얼굴형, 안경 유무 등을 얼굴인식기능을 통해 사진을 분석하고 인공지능의 한 종류인 머신러닝 기술을 통해 그림과 매칭한다. 이렇게 만들어진 내 모습이 웹툰에 직접 등장하게 되는 것이다.

　아래 그림은 인터랙션툰 마주쳤다에서 교실을 배경으로 하고 있는 장면인데, 이 장면에서 스마트폰을 회전해서 360도로 둘러보는 파노라마 기술을 이용하여 교실의 전체 모습을 볼 수 있다.

　이밖에도 증강현실(AR), 터치 기능 등 독자와 상호작용하는 기능들이 많다고 한다. 지금까지 ㈜네이버웹툰의 보유특허 현황에 대해 확인했다.

　인쇄된 만화에서는 할 수 없는 새로운 콘텐츠를 위해, 다양한 기술을 접목하는 등 활발한 특허 출원이 진행중인 것을 알 수 있으며, 이밖에도 인공지능으로 채색하는 방법 등 웹툰 제작 과정을 자동화하는 솔루션도 개발중이라고 한다.

신산업 분야 특허 빅데이터 분석방법 사례

4. R&D 전략 수립 사례
- 인공지능형 공장상태 진단 및 예지보전 기술 부상도 분석 사례

세계 스마트팩토리 수요시장은 2020년까지 연평균 8%의 성장하고 있으며, 스마트팩토리 공급 시장을 구성하고 있는 디바이스 및 ICT 시장도 각각 연평균 7.8%, 8.1%의 성장률을 보인다. 특히, 아시아의 경우 세계 주요기업들의 제조 공장이 낮은 인건비의 아시아내 개발 도상국에 위치하고 있어, 제조 공정의 생산성 향상을 위한 스마트팩토리 도입이 타지역 대비 빠를 것으로 예상된다.

아울러, 국내 스마트팩토리 시장은 2020년까지 연 평균 10% 이상의 고성장을 보이고 있으며, 구조적인 변화에 따른 제조업의 경쟁력 확보를 위해 정부 차원의 지원정책이 확대되고 있으며, 제조업 부문의 대기업도 자체적인 생산성 확보 및 효율성 증대를 위한 스마트팩토리 도입이 가속화 될 것으로 예상된다.

본 분석에서는 빅데이터 기반 인공지능형 공장상태 진단 및 예지보전 기술 개발함에 있어, 빅데이터 기반 인공지능형 공장상태 진단 및 예지보전 기술에 대하여 특허동향분석을 실시하고자 한다.

구체적으로, 국제 특허현황 및 국가별 기술경쟁력 등의 분석을 실시하고, 최근 부상기술 등을 도출하여, 전략적인 연구개발 계획 수립에 활용할 수 있도록 하고자 한다.

본 사례는 2017년도에 분석된 결과로, 부상도 분석 결과에 대해서 설명한다.

본 분석에서는 빅데이터 기반 인공지능형 공장상태 진단 및 예지보전 기술에 대하여 1997년 01월~2016년 12월 까지 공개된 한국, 미국, 일본 및 유럽의 공개특허와 1997년 01월~2016년 12월까지 출원등록 된 미국등록특허를 분석 대상으로 한다.

대분류	핵심요소기술	기술정의
빅데이터 기반 인공지능형 공장상태 진단 및 예지보전 기술	공장 상태 진단 및 예지보전 기술	공장상태 진단 및 설비이상 예측을 위한 설비 자가진단 데이터 수집 및 빅데이터 저장/관리 기술
	CPS/디지털트윈 기술	디지털 트윈/CPS 기반 설비자원 가상화 모델 및 실데이터-가상모델 동기화 기술
	데이터 스트림 관리 기술	대용량/다변량 스트림 데이터 전처리 및 인공지능 기법을 활용한 설비 이상치 탐지 기술

핵심요소기술	검색개요(기술범위)
공장 상태 진단 및 예지보전 기술	- 스마트 공장 또는 스마트 플랜트에 관한 기술 포함 - 빅데이터 또는 클라우드에 관한 기술 포함 - 공장 상태 진단, 센싱, 측정 등에 관한 기술 포함 - 설비 자가진단, 파악, 평가에 관한 기술 포함 - 빅데이터 수집 및 빅데이터 저장/관리에 관한 기술 포함
CPS/트지털트윈 기술	- 스마트 공장 또는 스마트 플랜트에 관한 기술 포함 - 사이버 물리 시스템, CPS에 관한 기술 포함 - 디지털 트윈에 관한 기술 포함 - 설비자원 가상화 모델 및 실데이터-가상모델 동기화 기술 포함
데이터 스트림 관리 기술	- 데이터 스트림 또는 인공지능에 관한 기술 포함 - 스트림 데이터 전처리에 관한 기술 포함 - 인공지능 기법을 활용한 설비 이상 탐지 기술 포함

위의 표에서 정의된 빅데이터 기반 인공지능형 공장상태 진단 및 예지보전 기술의 기술 분류 및 핵심 키워드를 바탕으로 특허분석을 위한 1차 키워드를 도출하였으며, 추가적으로 해당 전문가 검토를 통한 2차 키워드를 도출했다.

본 분석에 사용된 검색식은 상기 방법을 통해 도출된 핵심키워드를 바탕으로 해당 기술 분류를 포함할 수 있는 검색식을 작성하였으며, 특허 전문가의 검토를 반영하여 최종 검색식을 완성했다.

핵심요소기술	검색식
공장 상태 진단 및 예지보전 기술	TAC:((공장* or 플랜트* or 플렌트* or 산업* or 공업* or 빌딩* or 건물* or plant* or industry* or building*) and ((빅 N/1 데이터) or (빅 N/1 데이터) or (big N/1 data) or 클라우드* or cloud*) and ((상태* or 상황* or condition* or state* or situation*) and (파악* or 점검* or 검증* or 감지* or 센스* or 센서* or 평가* or 센싱* or 측정* or 파악* or 판단* or 판독* or 검출* or 추정* or 예측* or 측정* or 측량* or 계측* or 예지* or 예상* or 보전* or sens* or detect* or estimat* or control* or predict* or presupposit* or foretell*))) and AD:(19970101~20161231)
CPS/트지털트윈 기술	TAC:((공장* or 플랜트* or 플렌트 * or 산업* or 공업* or 빌딩 * or 건물* or plant* or industry* or building*) and (CPS* or (cyber* and physical* and system*) or (사이버* and 물리* and 시스템*) or (디지털* and 트윈*) or (digital* and twin*))) and AD:(19970101~20161231)
데이터 스트림 관리 기술	TAC:((공장* or 플랜트* or 플렌트* or 산업* or 공업* or 빌딩* or 건물* or plant* or industry* or building*) and ((데이터 and 스트림) or (data and stream) or (DSMS) or (인공 N/1 지능) or AI* or (artificial N/1 intelligence))) and AD:(19970101~20161231)

최종 검색식을 키워트 검색DB에 적용하여 얻은 로데이터(Raw Data)의 건수는 다음 표와 같음

핵심요소기술	KR	US	JP	EP	total
공장 상태 진단 및 예지보전 기술	61	276	15	28	380
CPS/트지털트윈 기술	98	299	112	82	591
데이터 스트림 관리 기술	254	1,271	81	221	1,827

신산업 분야 특허 빅데이터 분석방법 사례

앞서 도출된 키워드 및 검색식을 적용하여 얻은 로데이터(Raw Data)에서 본 특허기술동향조사의 대상이 되는 빅데이터 기반 인공지능형 공장상태 진단 및 예지보전 기술무관한 내용의 특허는 분석에서 제외하고자 노이즈제거 기준을 설정하였으며, 이를 기준으로 각 소분류별 국가별 유효특허를 추출했다.

대분류	핵심요소기술	기술정의
빅데이터 기반 인공지능형 공장상태 진단 및 예지보전 기술	공장 상태 진단 및 예지보전 기술	- IPC 기반한 비관련분야 특허 제거 - 특허청구범위/요약서 상의 기재를 기초로 공장 상태 진단 및 예지보전 기술을 유효특허로 추출
	CPS/트지털트윈 기술	- IPC 기반한 비관련분야 특허 제거 - 특허청구범위/요약서 상의 기재를 기초로 CPS/트지털트윈 기술을 유효특허로 추출
	데이터 스트림 관리 기술	- IPC 기반한 비관련분야 특허 제거 - 특허청구범위/요약서 상의 기재를 기초로 데이터 스트림 관리 기술을 유효특허로 추출

위의 기준을 통해 선별된 유효특허는 총 988건이다.

핵심요소기술	KR	US	JP	EP	total
공장 상태 진단 및 예지보전 기술	57	236	14	23	330
CPS/트지털트윈 기술	17	74	13	16	120
데이터 스트림 관리 기술	57	378	32	71	538
Total	131	688	59	110	988

이하에서는 유효특허를 기준으로 IP 분상도 분석을 수행한다.

IP 부상도 분석에서는 조사대상국인 한국, 미국, 일본 및 유럽에서의 이전 구간 대비 출원 증가율, 출원 점유율 및 국가별 외국인 출원 증가율을 분석하여 특허 관점에서의 해당 기술 분야 부상 정도를 판단한다.

① 국가별 Landscape

- 출원증가율 분석

	이전구간 07~11	최근구간 12~16	증가율
한국	19	87	357.9%
미국	133	381	186.5%
일본	9	27	200.0%
유럽	25	43	72.0%
총계	186	538	189.2%

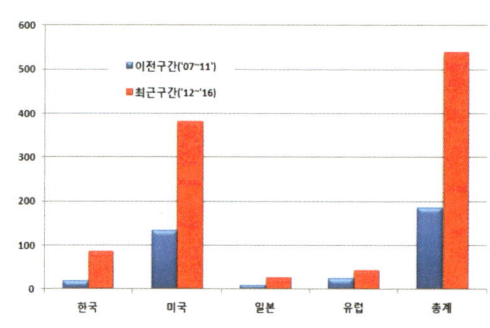

최근과 이전구간 대비 출원증가율을 살펴보면, 이전구간('06~'10)부터 최근구간('11~'15)까지 미국이 한국, 일본 및 유럽에 비하여 비교적 다수의 특허를 출원하고 있으며, 다만, 최근구간 증가율은 한국이 가장 높은 것으로 판단된다.

구체적으로, 이전대비 최근구간 증가율을 살펴보면, 한국이 357.9%로 가장 높고, 다음으로 일본이 200.0%, 미국이 186.5%, 유럽이 72.0%로 나타난다.

글로벌 금융위기 이후 세계 제조업은 장기적인 경기침체와 노동 원가 및 원자재 비용 상승 등으로 성장 한계에 봉착함에 따라, 독일·미국 등 제조강국을 중심으로 새로운 패러다임을 통한 생산효율 증대, 친환경 고객 맞춤형 생산으로 제조업 경쟁력 강화 필요성이 증대되고 있는 것으로 해석되며, 특허동향에도 이러한 시장의 영향이 작용했을 것으로 예측된다.

빅데이터 기반 인공지능형 공장상태 진단 및 예지보전 기술의 전체 출원증가율은 189.2%로 매우 높은 수준에 해당한다.

구분	이전구간 건수	최근구간 건수	출원 증가율(%)
전체(대분류)	186	538	189.2%

* 출원증가율(X)

$$= \left(\frac{최근구간 특허출원건수 - 이전구간 특허출원건수}{이전구간 특허출원건수} \right) \times 100 \, (\%)$$

- 최근 출원 점유율 분석

본 분석을 통해 전체구간대비 최근 구간에서의 출원점유율을 살펴봄으로써 각 기술요소별 최근 가장 부상하는 기술에 대해 살펴 볼 수 있다.

	최근구간 12~16	전체구간 97~16	증가율
공장상태 진단 및 예지보전 기술 (AA)	284	330	86.1%
CPS/트지털트윈 기술 (AB)	52	120	43.3%
데이터 스트럼 관리 기술 (AC)	202	538	37.5%
총계	538	938	54.5%

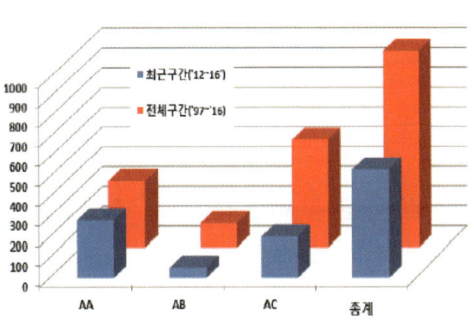

신산업 분야 특허 빅데이터 분석방법 사례

출원 점유율을 살펴보면, 공장 상태 진단 및 예지보전 기술(AA)이 86.1%로 점유율이 높은 것으로 나타났으며, 다음으로 CPS/트지털트윈 기술(AB)이 43.3%, 데이터 스트림 관리 기술(AC)이 37.5%로 나타남. 공장 상태 진단 및 예지보전 기술(AA)은 빅데이터를 기반으로 공장의 운행 상태와 이를 기초로 향후의 공장 상태를 예측하고, 머신러닝 기술을 활용한 설비 상태 진단 기술에 관련하여 많은 특허가 출원되고 있으며, 향후에도 출원이 증가할 분야이기 때문으로 예상된다.

빅데이터 기반 인공지능형 공장상태 진단 및 예지보전 기술의 최근구간('12~'16) 전체 점유율은 54.5%로 최근에 관련 기술에 대한 특허출원이 점점 활발해지고 있는 것으로 분석된다.

구분	최근구간 건수	전체구간 건수	출원 증가율(%)
전체(대분류)	538	988	54.5%

* 출원점유율(Y)

$$= \left(\frac{해당기술 건(최근구간)}{대분류상 전체 건(전체구간)} \right) \times 100 \, (\%)$$

- 특허 시장확보력 분석

본 분석을 통해 해당국의 내외국인 출원점유율 변화를 살펴봄으로써, 최근구간에 외국인 출원점유율 변화를 통해 시장확보력과 연구개발과제의 시장매력도를 살펴볼 수 있다.

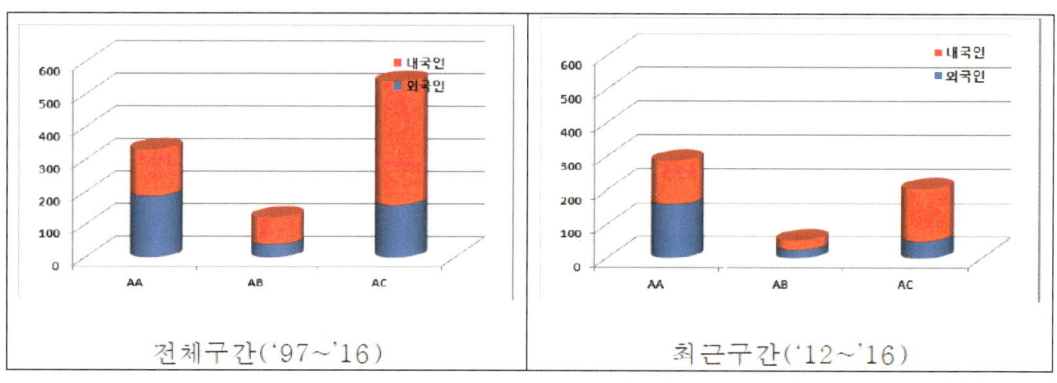

공장 상태 진단 및 예지보전 기술(AA), CPS/트지털트윈 기술(AB) 및 데이터 스트림 관리 기술(AC)의 이전구간('06~'10)과 최근구간('11~'15)을 참조하면, 공장 상태 진단 및 예지보전 기술(AA)의 외국인 출원의 건수가 내국인 출원의 건수에 비하여 많은 것으로 조사되나, 이와 반대로, CPS/트지털트윈 기술(AB) 및 데이터 스트림 관리 기술(AC)의 내국인 출원의 건수가 외국인 출원의 건수에 비하여 많은 것으로 조사되었다.

국가별 이전구간('07~'11)과 최근구간('12~'16)을 비교하면, 한국은 외국인 출원건수가 이전 대비 상당히 증가한 것으로 나타났으나, 미국 및 일본, 유럽에서도 모두 약 2배 이상 증가한 것으로 나타난다. 한국, 미국, 일본 및 유럽 시장에 대한 외국인의 진출이 점점 활발해지고 있는 것으로 예상된다.

외국인 출원건수	한국	미국	일본	유럽	전체
최근구간(건수)	38	151	19	26	234
이전구간(건수)	8	48	6	12	74
특허시장확보력(%)			216.2%		

* 특허 시장확보력(Z)

$$= \left(\frac{\text{최근구간 외국인 특허출원건수} - \text{이전구간 외국인 특허출원건수}}{\text{이전구간 외국인 특허출원건수}} \right) \times 100\,(\%)$$

② 경쟁자 Landscape

출원인	출원인 국적	주요 IP시장국(건수,%)				IP시장국 종합	특허출원 증가율 (최근 5년)	주력 기술 분야
		한국 KIPO	미국 USPTO	일본 JPO	유럽 EPO			
FISHER ROSEMOUNT SYSTEMS INC	US	0 (0%)	39 (70.9%)	15 (27.3%)	1 (1.8%)	미국	311.1%	데이터 스트림 관리 기술 (AC)
International Business Machines Corporation	EP	0 (0%)	31 (100%)	0 (0%)	0 (0%)	미국	325.0%	데이터 스트림 관리 기술 (AC)
엘지전자 주식회사	KR	11 (37.9%)	15 (51.7%)	0 (0%)	3 (10.4%)	미국	150.0%	데이터 스트림 관리 기술 (AC)
Honeywell International Inc.	KR	9 (33.3%)	18 (66.7%)	0 (0%)	0 (0%)	미국	450.0%	공장 상태 진단 및 예지보전 기술 (AA)
Siemens Aktiengesellschaft	EP	0 (0%)	18 (66.7%)	0 (0%)	9 (33.3%)	미국	266.6%	데이터 스트림 관리 기술 (AC)
General Electric Company	US	0 (0%)	15 (100%)	0 (0%)	0 (0%)	미국	500.0%	데이터 스트림 관리 기술 (AC)
Microsoft Corporation	US	1 (6.7%)	12 (80.0%)	2 (13.3%)	0 (0%)	미국	200.0%	데이터 스트림 관리 기술 (AC)
삼성전자주식회사	KR	4 (50.0%)	3 (37.5%)	0 (0%)	2 (12.5%)	한국	266.6%	데이터 스트림 관리 기술 (AC)
Cisco Technology, Inc	US	0 (0%)	8 (100%)	0 (0%)	0 (0%)	미국	-33.3%	데이터 스트림 관리 기술 (AC)
ExxonMobil Chemical Patents Inc.	US	0 (0%)	5 (62.5%)	1 (12.5%)	2 (25.0%)	미국	-75.0%	데이터 스트림 관리 기술 (AC)
ITERIS, INC.	US	0 (0%)	7 (100%)	0 (0%)	0 (0%)	미국	420.0%	데이터 스트림 관리 기술 (AC)
SCHNEIDER ELECTRIC INDUSTRIES SAS	JP	0 (0%)	2 (28.6%)	5 (71.4%)	0 (0%)	일본	500.0%	공장 상태 진단 및 예지보전 기술 (AA)
FANUC CORPORATION	JP	0 (0%)	2 (40.0%)	3 (60.0%)	0 (0%)	일본	266.6%	공장 상태 진단 및 예지보전 기술 (AA)
INTEL CORP	US	0 (0%)	3 (60.0%)	0 (0%)	2 (40.0%)	미국	320.0%	공장 상태 진단 및 예지보전 기술 (AA)

빅데이터 기반 인공지능형 공장상태 진단 및 예지보전 기술의 주요출원인 Top14를 추출한 결과, 미국의 FISHER ROSEMOUNT SYSTEMS INC가 가장 많은 특허를 출원하였고, 주요 출원국으로는 미국(70.9%)인 것으로 나타났다.

또한, 유럽의 International Business Machines Corporation, 한국의 엘지전자와 Honeywell International Inc.가 뒤를 이어 본 기술의 다수 출원인으로 랭크되었다.

이들 주요출원인들의 주요 시장국과 최근 연구활동 및 기술력, 주력 기술분야의 파악을 위하여, 주요 시장국별 출원건수, 3국 패밀리수(미국, 일본, 유럽 공동 출원 특허수), 최근 5년간의 특허출원 증가율을 비교분석한 결과, 전체적으로 대부분의 출원인들의 5년 증감율이 높은 편이였으며, 그 중에서도 미국의 General Electric Company가 500%로 가장 높은 증가율을 보인바, General Electric Company 등의 동향을 살펴볼 필요가 있다.

또한, 다수의 주요 출원인들은 미국 시장에 많이 진출한 것을 볼 수 있는데 이는, 미국이 관련분야에서 경쟁력이 높게 평가되기 때문인 것으로 보인다.

주요출원인의 주력분야를 살펴보면 공장 상태 진단 및 예지보전 기술(AA)와 데이터 스트림 관리 기술(AC)에 집중하여 주력하고 있는 것으로 나타난다.

위와 같이 해당 기술의 부상도를 분석한 결과, 국내 출원인 출원건수 증가율이 357.9%를 나타내며 높은 수준의 부상도를 보였고, 출원증가율 및 최근 출원 점유율은 각각 189.2%, 54.5%를 나타내며 높은 수준의 부상도를 나타낸다.

또한 특허 시장 확보력(외국인 출원 증가율)도 216.2%로 매우 높은 수준을 나타내는바, 한국, 미국, 일본 및 유럽 각국의 사장에 대한 외국인의 진출이 활발한 것으로 분석된다.

한편, 출원증가율과 국내 출원인 출원건수 증가율을 비교해 보면, 국내 출원인 증가율이 상대적으로 높은데, 이는 빅데이터 기반 인공지능형 공장상태 진단 및 예지보전 기술 개발 과제에 대해 국내 기업이 꾸준한 연구 및 투자를 통하여 지속적으로 해당 기술 분야를 선도하고 핵심 기술을 확보할 수 있도록 노력해야 할 것으로 보인다.

제2장

신재생에너지

신산업 분야 특허 빅데이터 분석방법 사례

제2장 | 신재생에너지

1. 신재생에너지란?

신재생에너지란 6)기존의 화석연료를 변환시켜 이용하거나 햇빛·물·지열·강수·생물유기체 등을 포함하여 재생 가능한 에너지를 변환시켜 이용하는 에너지를 의미한다.

▶ **신재생에너지 종류**
- 신에너지 : 연료전지, 수소, 석탄액화·가스화 및 중질잔사유 가스화
- 재생에너지 : 태양광, 태양열, 바이오, 풍력, 수력, 해양, 폐기물, 지열

신재생에너지는 크게 3가지 이유로 중요성이 높아지고 있다.

▶ **신재생에너지의 중요성**
- 화석연료의 고갈로 인한 자원확보 경쟁 및 고유가의 지속 등으로 에너지 공급방식의 다양화 필요
- 기후변화협약 등 환경규제에 대응하기 위한 청정에너지 비중 확대의 중요성 증대
- 신재생에너지산업은 IT, BT, NT 산업과 더불어 차세대 산업으로 시장규모가 급격히 팽창하고 있는 미래 산업

이러한 신재생에너지에 대하여 특허 빅데이터를 활용해 R&D 전략을 수립한 사례, 권리범위와 침해 분석 사례, 신규 아이디어 창출 및 포트폴리오 관리 사례에 대해 알아보자.

---

6) '신에너지 및 재생에너지 개발·이용·보급촉진법' 제2조

2. R&D 전략 수립 사례 - 플라스틱 재활용 기술 분야

신재생에너지 기술분야에서는 플라스틱 재활용 기술분야에 대한 R&D 전략을 수립한 사례를 소개한다. 특정 기술 영역에 대한 R&D 전략을 수립하기 위해서는 다양한 부분들을 검토해야하며, 그 중 가장 중요하면서도 우선적으로 검토해야 하는 것이 해당 기술 영역의 트렌드 분석이다.

R&D 전략을 수립하기 이전에, 특허 빅데이터를 통해 전세계 기술의 트렌드를 확인해야만, 어떠한 부분에 집중적인 연구가 이루어지고 있는지, 누가 해당 기술 영역을 선도하고 있는지, 연구개발이 이루어지지 않은 영역은 어디인지 등을 확인할 수 있다. 그리고 이러한 정보를 토대로 최적의 R&D 전략을 수립함으로써 비즈니스의 성공을 이룰 수 있다.

이번 섹션에서 분석하고자 하는 "플라스틱 재활용" 기술은 7)폐플라스틱을 회수, 선별, 가공하여 재이용하거나 원료·연료로서 활용하는 기술을 말한다.

플라스틱 재활용은 재활용 방식에 따라 구분할 경우, 물리적 재활용(Mechanical Recycling), 열적 재활용(Thermal Recycling), 화학적 재활용(Chemical Recycling)으로 구분할 수 있다.

▶ **플라스틱 재활용 기술 구분**
- (물리적 재활용) 선별, 파쇄, 성형 등을 통하여 플라스틱 펠릿 및 제품으로 전환하는 방식
- (열적 재활용) 폐플라스틱의 가연성과 발열량을 이용하여 연료화하거나 소각하여 활용하는 방식
- (화학적 재활용) 화학적 분해를 통하여 연료를 회수하거나 원료 형태로 전환하는 방식

특허 빅데이터를 통해 트렌드를 분석하기 위해서는 기술트리를 작성하고, 각 기술분류 별 검색식을 통해 분석 대상 기술의 모집단을 구축해야 한다. 이후, 노이즈 제거 등을 통해 모집단을 확정하고 나서 트렌드를 분석해야만 분석하고자 하는 기술 분야에 대한 정확하고 의미있는 가치를 찾아낼 수 있다.

앞서 설명한 플라스틱 재활용 기술의 주요 내용들을 기초로 "플라스틱 재활용"이라는 대분류의 하위에 "물리적 재활용", "열적 재활용", "화학적 재활용"이라는 3개의 중분류를 도출할 수 있다.

여기에, 각 중분류별 세부적인 분류(소분류)를 추가할 수도 있다. 8)화학적 재활용의 경우, 열적 분해 또는 화학 반응을 통하여 폐플라스틱 물질을 오일과 가스로 분해하여 연료 및 화합물 원료 등으로 활용하는 방법으로서, "열분해", "가스화", "해중합" 등이 대표적인 기술이다. 즉, 화학적 재활용은 또 3개의 소분류로 분류할 수 있다.

본 예시에서는 "플라스틱 재활용" 기술에서 "화학적 재활용" 중분류에 대해, 3개의 소분류(열분해, 가스화, 해중합)에 대한 검색식을 작성하고, 이를 기초로 한국 특허 기반 트렌드 분석을 진행한다. 특허 검색 DB는 키워트를 활용한다.

---

7) GTC BRIEF, 2022 vol.3 No 20.
8) 폐플라스틱의 열화학적 재활용 분야에 대한 국내 동향, 한국신재생에너지학회 vol 01 No 02 October 2021

대분류	중분류	소분류
플라스틱 재활용 기술	물리적 재활용	-
	열적 재활용	-
	화학적 재활용	열분해
		가스화
		해중합

중분류	소분류	검색식
화학적 재활용	열분해	tac:((플라스틱 프래스틱 플러스틱 합성수지 plastic 합성 수지 풀라스틱 푸라스틱 플래스틱 프라스틱 폴리스티렌 ((폴리* poly) A/1 (스티렌 스타이렌* styren)) 폴리스틸렌 폴리스타이렌 폴리아세탈 polyacetal ((폴리 poly) A/1 (아세탈 acetal)) 폴리에틸렌 polyethylene ((폴리 poly) A/1 (ethylene 에틸렌)) 폴리염화비닐 polyvinylchloride 피브이씨 피브이시 폴리카보네이트 polycarbonate 폴리탄산에스테르 ((poly 폴리) A/1 (carbonate 카보네이트)) 폴리카프로락톤 폴리비닐알코올 ((폴리비닐 polyvinyl) A/1 (알코올* 알콜 alcohol)) (폴리 A/1 비닐 A/1 알코올) 폴리비닐알콜 폴리프로필렌 polypropene 폴리프로펜 polypropylene 폴리에스테르 polyester 폴리에스터 ((폴리 poly) A/1 (ester 에스테르 에스터))) N/3 (재활용 recycling 리싸이클 리사이클 재순환 재생이용 리사이클링 재생과정 재생 reproduc* 재사용 recycl)) AND dsc:(열분해 pyrolysis 파이랄러시스 thermal-decomposit 열분해반응 파이롤라이시스 열-분해 피롤리시스 파이롤리시스 (열 A/1 분해) (thermal A/1 decomposit) (heat A/1 degradat) 서멀 디캄퍼지션 (thermal A/1 decomposition) thermal decomposition)
	가스화	tac:((플라스틱 프래스틱 플러스틱 합성수지 plastic 합성 수지 풀라스틱 푸라스틱 플래스틱 프라스틱 폴리스티렌 ((폴리* poly) A/1 (스티렌 스타이렌* styren)) 폴리스틸렌 폴리스타이렌 폴리아세탈 polyacetal ((폴리 poly) A/1 (아세탈 acetal)) 폴리에틸렌 polyethylene ((폴리 poly) A/1 (ethylene 에틸렌)) 폴리염화비닐 polyvinylchloride 피브이씨 피브이시 폴리카보네이트 polycarbonate 폴리탄산에스테르 ((poly 폴리) A/1 (carbonate 카보네이트)) 폴리카프로락톤 폴리비닐알코올 ((폴리비닐 polyvinyl) A/1 (알코* 알콜 alcohol)) (폴리 A/1 비닐 A/1 알코올) 폴리비닐알콜 폴리프로필렌 polypropene 폴리프로펜 polypropylene 폴리에스테르 polyester 폴리에스터 ((폴리 poly) A/1 (ester 에스테르 에스터))) N/3 (재활용 recycling 리싸이클 리사이클 재순환 재생이용 리사이클링 재생과정 재생 reproduc* 재사용 recycl)) AND dsc:(가스화 gasificat 개시피케이션 개서퍼케이션 기체화 vaporizat*)
	해중합	tac:((플라스틱 프래스틱 플러스틱 합성수지 plastic 합성 수지 풀라스틱 푸라스틱 플래스틱 프라스틱 폴리스티렌 ((폴리* poly) A/1 (스티렌 스타이렌* styren)) 폴리스틸렌 폴리스타이렌 폴리아세탈 polyacetal ((폴리 poly) A/1 (아세탈 acetal)) 폴리에틸렌 polyethylene ((폴리 poly) A/1 (ethylene 에틸렌)) 폴리염화비닐 polyvinylchloride 피브이씨 피브이시 폴리카보네이트 polycarbonate 폴리탄산에스테르 ((poly 폴리) A/1 (carbonate 카보네이트)) 폴리카프로락톤 폴리비닐알코올 ((폴리비닐 polyvinyl) A/1 (알코올* 알콜 alcohol)) (폴리 A/1 비닐 A/1 알코올) 폴리비닐알콜 폴리프로필렌 polypropene 폴리프로펜 polypropylene 폴리에스테르 polyester 폴리에스터 ((폴리 poly) A/1 (ester 에스테르 에스터))) N/3 (재활용 recycling 리싸이클 리사이클 재순환 재생이용 리사이클링 재생과정 재생 reproduc* 재사용 recycl*)) AND dsc:(해중합 디포리머리재이션 디폴리머리제이션 (중합 A/1 역반응) depolymerization 중합역반응 디폴리메리제이션)

위의 검색식을 통해 한국 특허를 검색하고, 노이즈를 제거하여 분석 대상 데이터를 구축한 결과는 아래와 같다.

중분류	소분류	검색건수
화학적 재활용	열분해	743 건
	가스화	118 건
	해중합	220 건
Total		1,151 건

"플라스틱 재활용" 기술분야 중 화학적 재활용 기술에 대한 트렌드 분석은 아래의 항목들을 진행한다.

▶ **"플라스틱 재활용" 분석 항목**
① 화학적 재활용 전체 Landscape
② 화학적 재활용 전체 주요 출원인 분석
③ 화학적 재활용 세부기술 Landscape

① 화학적 재활용 전체 Landscape

- 출원연도별 출원건수 분석

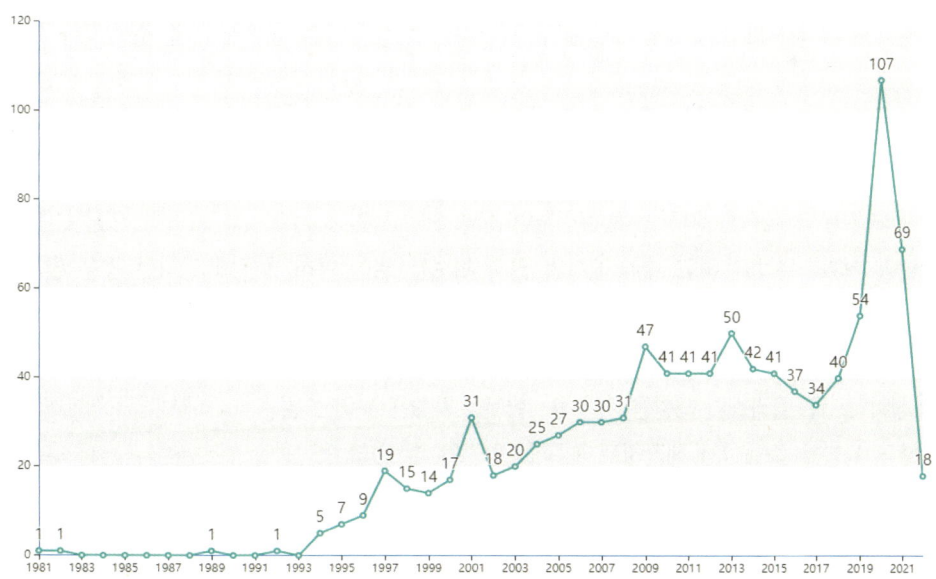

플라스틱 재활용 기술 중, 화학적 재활용 분야는 1990년대 중후반부터 연구개발이 이루어지기 시작했으며, 2010년대에 들어서면서 매년 출원건수가 40건 내외로 증가하였으며, 최근(2019년 이후)에 들어서면서 급격한 출원건수 증가를 나타낸다.

신산업 분야 특허 빅데이터 분석방법 사례

- 출원인 국적 분포

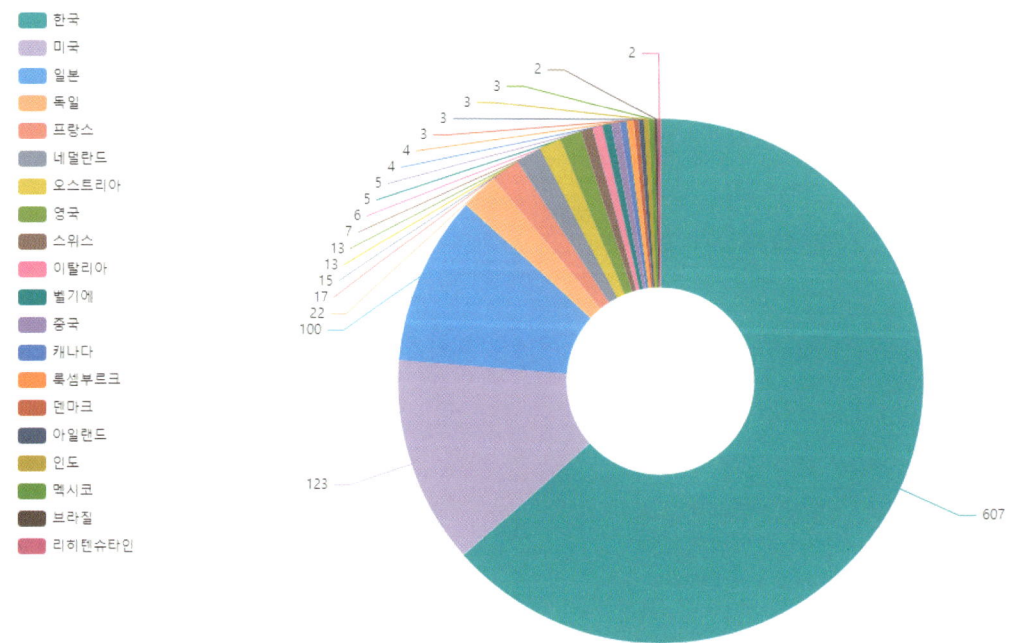

플라스틱 재활용 기술 중, 화학적 재활용 분야의 출원인 국적 분포를 살펴보면, 한국 국적의 출원인인 특허가 607건으로, 과반수 이상의 특허의 출원인이 한국 국적을 보유하고 있다. 다만, 분석 모집단을 한국 특허로 한정했기 때문에, 한국 국적의 출원인이 많은 것은 당연한 결과라고 볼 수 있다.

여기서 중요하게 봐야 하는 부분은, 크게 두 가지이다.

하나는 한국 이외에 출원인의 국적 중, 미국, 일본이 100건 이상의 특허를 출원하고 있다는 점이다. 즉, 미국과 일본의 국적을 가지는 출원인들이 플라스틱 재활용 기술 중, 화학적 재활용 분야에 대한 연구개발이 활발함은 물론이고, 한국에서의 권리 확보를 위한 특허 활동이 높다는 것을 알 수 있다.

다른 하나는, 독일, 프랑스, 네덜란드 등 다양한 국적을 가진 출원인들이 한국에서 특허 활동을 하고 있다는 점이다. 즉, 플라스틱 재활용 기술 중, 화학적 재활용 분야는 많은 국가에서 연구개발이 이루어지고 있고, 한국 시장을 중요하게 생각하고 있다고 판단할 수 있다.

② 전체 주요 출원인 분석

- 다출원인 분석

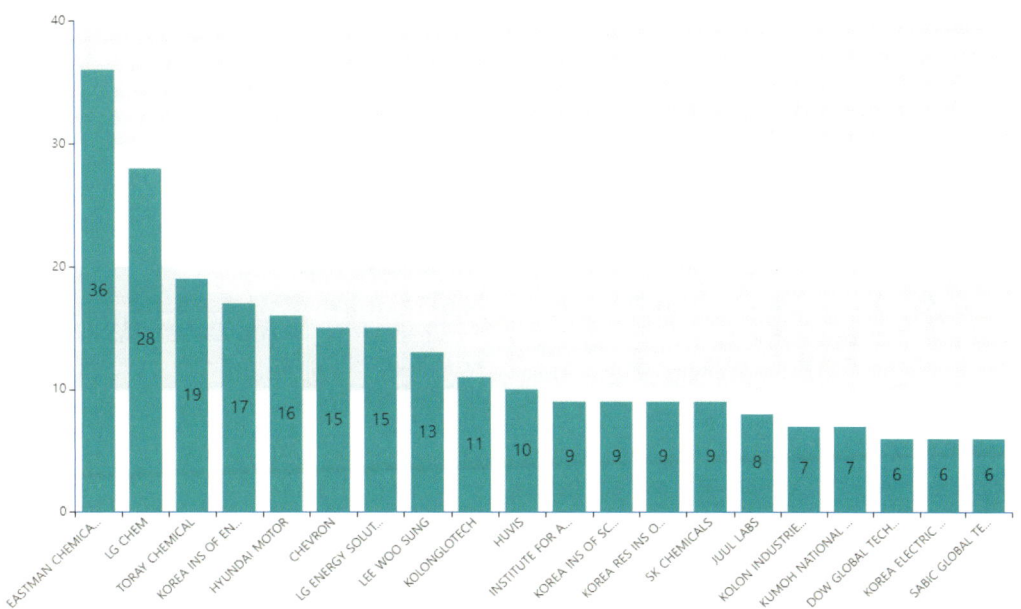

플라스틱 재활용 기술 중, 화학적 재활용 분야의 다출원인을 살펴본 결과, "Eastman Chemical"이라는 기업이 36건의 특허 출원으로 가장 상위 출원인인 것을 알 수 있다. Eastman Chemical 社는 미국 기업이라는 점에서 특이점을 확인할 수 있다. 왜냐하면, 분석 대상 특허를 한국 특허로 한정하고 진행했으나 한국 시장에서 가장 많은 특허를 보유하고 있기 때문이다.

한국국적 기업으로는 LG화학, 한국에너지기술연구원, 현대자동차 등 한국 국적의 기업의 상위 출원인에 위치된 것을 알 수 있다.

여기서 재미있는 포인트는, 글로벌 완성차 기업인 현대자동차가 플라스틱 재활용 기술 중, 화학적 재활용 분야에서 상위 출원인으로 도출된 것이다. 현대자동차의 보유 특허들을 보면, 에어백 등에 활용되는 재활용 폴리프로필렌에 대한 연구개발이 이루어진 것을 알 수 있다.

- 출원인별 특허평가등급 분석

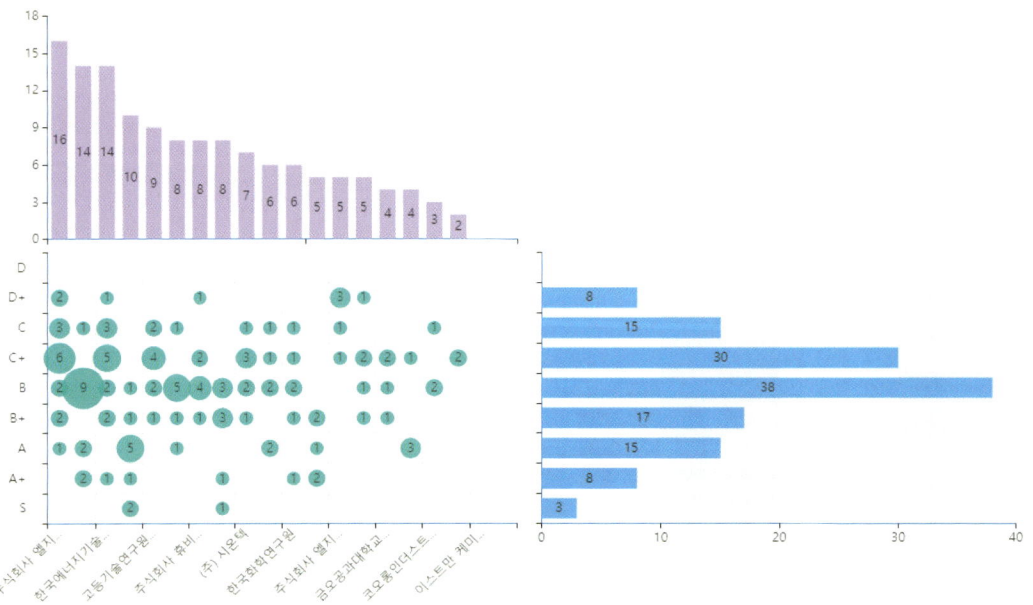

플라스틱 재활용 기술 중, 화학적 재활용 분야의 출원인별 특허평가등급을 살펴본 결과, S급 특허가 3건, A+ 등급의 특허가 8건으로, 전체 모집단 건수 대비 약 1% 정도만이 상위 등급을 가지고 있는 것으로 나타난다.

그리고, 앞선 다출원인 분석에서 최상위 출원인으로 도출된 "Eastman Chemical"은 특허 등급이 A+ 등급인 두 건만 특허평가등급 분포에서 확인된다. "Eastman Chemical"의 경우, 37건의 보유 특허 중, 1건만 등록되어 있고 나머지 36건은 공개 상태에 있다. 즉, 아직 심사중인 특허가 많기 때문에, 특허평가등급에서는 높은 등급의 특허는 적게 보유하고 있으며, 아직 심사중에 있는 특허가 다수임으로 최근 해당 기술 분야에 집중적인 연구를 하고 있는 기업임을 알 수 있다.

③ 화학적 재활용 세부기술 Landscape

- 세부기술별 출원연도별 출원건수 분석

소분류(세부기술)	그래프
열분해	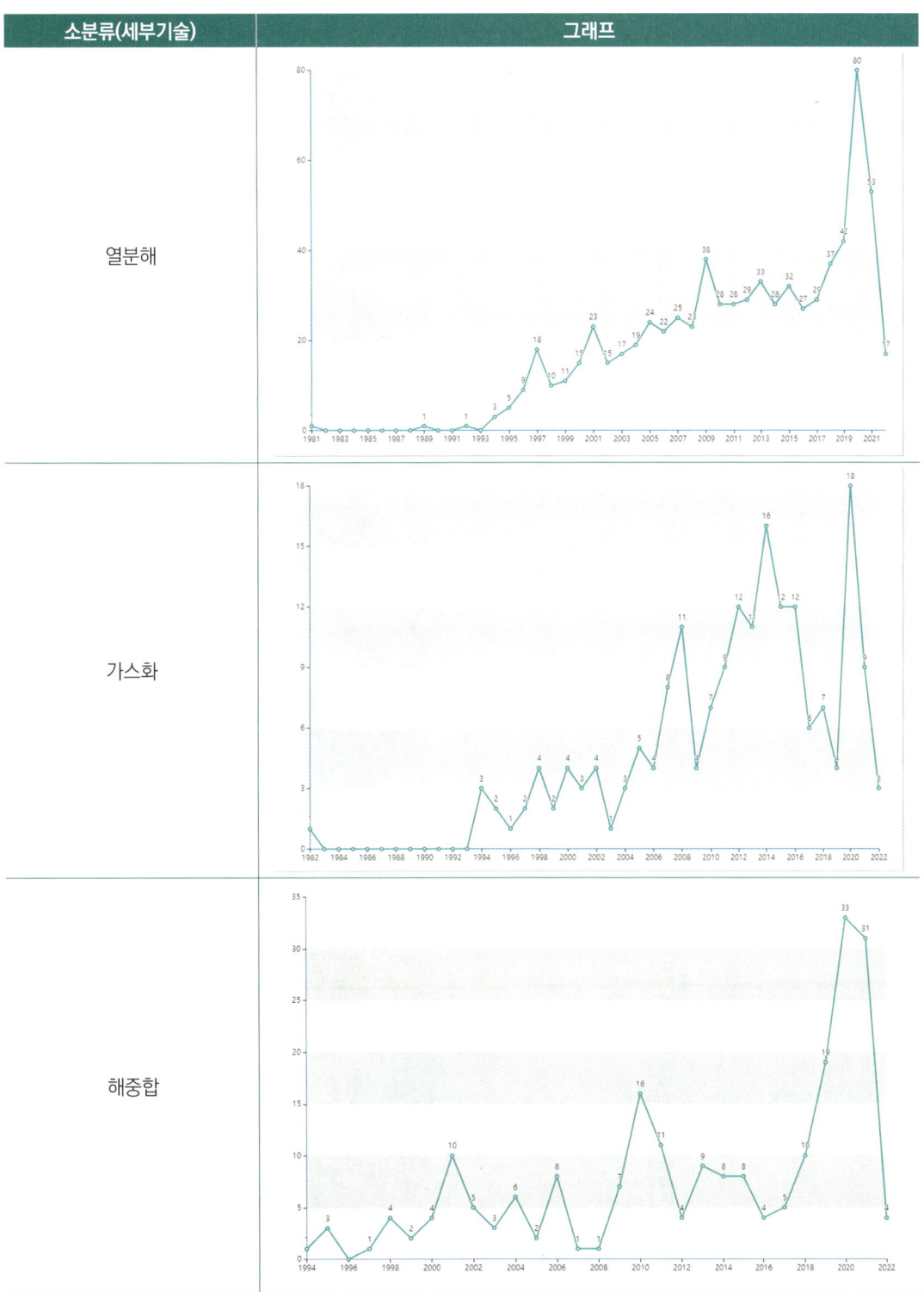
가스화	
해중합	

신산업 분야 특허 빅데이터 분석방법 사례

- 세부기술별 출원인 국적 분포

소분류(세부기술)	그래프
열분해	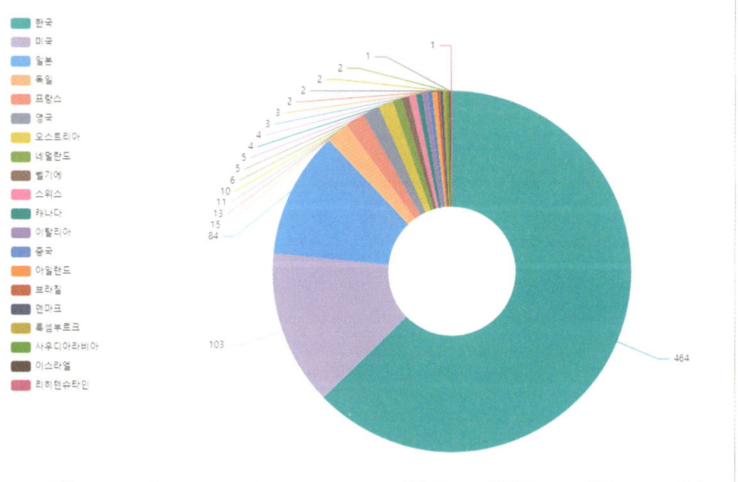
가스화	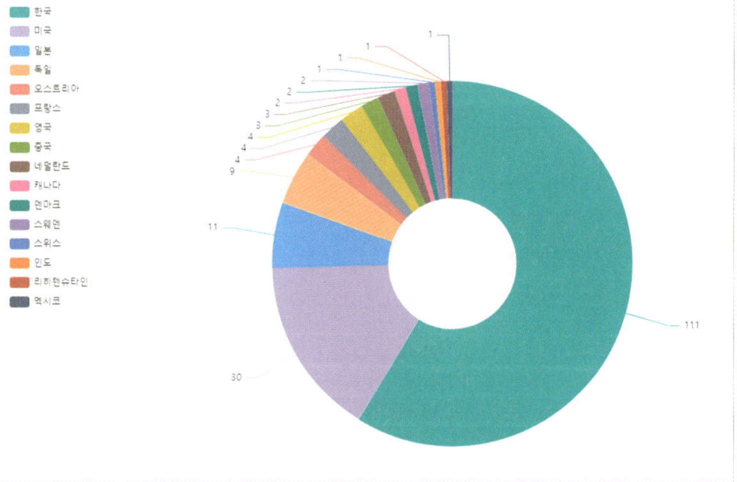
해중합	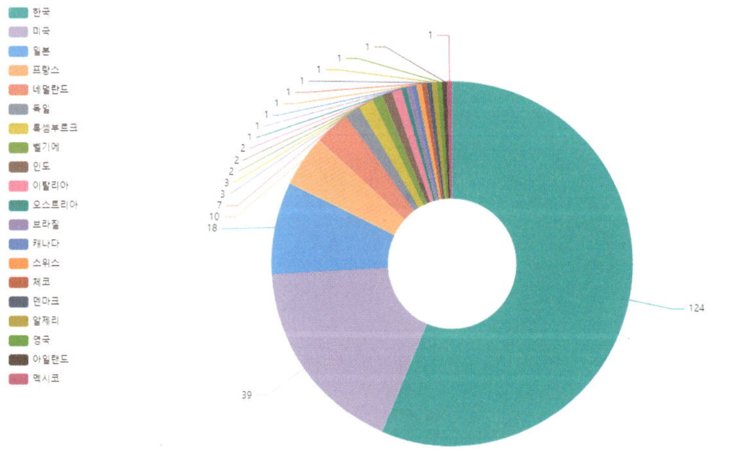

86

플라스틱 재활용 기술 중, 화학적 재활용 분야의 세부 기술인 열분해, 가스화, 해중합에 대해 각각 출원연도별 출원건수 그래프와 출원인 국적 분포 그래프를 도출했다.

먼저, 세부기술별 출원연도별 출원건수 분석을 통해, 화학적 재활용 분야 전체 연도별 출원건수를 견인하는 기술은 열분해 기술이다. 그리고 해중합은 열분해와 유사한 형태의 출원건수 동향을 보이고 있다는 점에서, 두 개의 기술이 동시에 연구개발되어지는 특징을 보인다. 다만, 열분해의 출원건수가 해중합의 2배 이상 차이가 난다는 점에서, 열분해가 화학적 재활용 분야의 메인 기술로써 연구되고 있으며, 해중합은 추가 연구 분야라고 볼 수 있다.

가스화의 경우, 출원 건수 자체도 적거니와, 출원 경향이 다른 소분류와는 차이가 나는 것을 알 수 있다. 구체적으로, 다른 소분류는 모두 최근 구간에서 크게 출원건수가 증가하는 경향을 보이는 반면, 가스화는 2010년대에 들어서면서 10건에서 20건 내외의 출원건수를 유지하는 경향을 보이고 있다. 이는 가스화가 해중합 기술과 유사한 시점에서 연구개발 되기 시작했으나, 최근에는 해중합보다 연구개발 비중이 현저히 줄어들었음을 의미한다.

다음으로, 세부기술별 출원인 국적 분포 분석을 통해, 모든 영역에서 한국 국적 출원인의 출원건수가 높다는 것을 알 수 있으며, 그 외에 미국, 일본 순으로 특허 활동이 있음을 알 수 있다. 모든 소분류에 대해 한국, 미국, 일본을 제외하고도 다양한 국적의 기업이 한국에서 특허 활동을 하고 있다는 점에서, 플라스틱 재활용 분야 중 화학적 재활용 분야에 대해서 한국 시장이 메리트를 가지고 있는 시장이라는 판단을 할 수 있다.

■ 트렌드분석 정리

제시된 플라스틱 재활용 예시와 같이, 트렌드 분석을 통해 모집단 특허 활동이 연도별로 어떠한 변화를 보이고 있는지, 어떠한 출원인이 연구개발을 주도하고 있는지 등 다양한 인사이트를 얻을 수 있음을 알 수 있다.

④ 추가 분석 – 트렌드 분석 및 신규 아이디어 창출
　　(특허 빅데이터에, 데이터 분석 기법을 적용한 트렌드 분석)

앞선 트렌드 분석을 통해 플라스틱 재활용의 화학적 재활용 기술의 전반적인 특허 트렌드를 살펴보았다. R&D 전략을 수립하기 위해서는 앞서 살펴본 트렌드 전략과 더불어 다양한 분석들을 추가로 진행해야 한다.

예를 들면, 기술 흐름도 분석이나, 기술 경쟁력/특허 장벽도 분석 그리고, OS 매트리스 분석 등이 있다. 이러한 분석들은 타 기술분야에서 자세히 설명하며, 이번 신재생에너지 파트에서는 특허 빅데이터에 데이터 분석 기법을 적용해 R&D 전략을 수립하는 방법을 간단하게 소개하고자 한다.

여기서 소개하는 데이터 분석 기법은 2가지이다. 하나는 SNA(Social Network Analysis) 분석 기법이고, 다른 하나는 워드클라우드 분석 기법이다.

SNA 분석 기법은 특허 각각에 부여된 IPC(International Patent Classification, 국제 특허 분류) 코드 데이터를 활용하여, 모집단 내의 특허들이 어떠한 기술적 연결관계를 가지고 연구개발이 진행되고 있는지를 확인할 수 있는 분석 기법이다. 여기서는 IPC 코드를 활용하는 것으로 설명하지만, SNA 분석은 이에 한정되는 것은 아니며, 다양한 데이터(인용/피인용 데이터, CPC 코드 데이터, 텍스트 동시 출현 데이터 등)에 적용하여 다양한 인사이트를 도출할 수 있는 분석 기법이다.

SNA 분석 기법을 통해서, 시간이 지남에 따라 어떤 기술군의 연결관계가 중요성이 높아지는지, 새롭게 등장한 기술군의 연결관계는 무엇인지 등을 통해, 시장의 니즈를 파악하고, R&D 전략 수립에 활용할 수 있다.

워드클라우드 분석 기법은 모집단 내의 특허들을 단어 단위로 쪼개고, 어떠한 단어가 중요한 모집단에서 중요한 비중을 차지하고 있는지를 확인할 수 있는 기법이다. 이를 분석 모집단에 적용할 경우, 시간이 지남에 따라 중요해지고 있는 기술 요소가 무엇인지, 과거에는 중요했는데 지금은 중요도가 낮아진 기술요소가 무엇인지를 확인함으로써, R&D 전략 수립에 기초 데이터로 활용할 수 있다.

- 열분해 특허 빅데이터 분석
■ SNA 분석

시계열 구간	그래프
2010 ~ 2013	
2014 ~ 2017	
2018 ~ 2022	

열분해 기술의 특허를 3개 구간으로 구분해 살펴본 결과, "유기고분자 혼합 방법" 기술과 "플라스틱 성형 전처리" 기술이 지속적으로 중요한 기술인 것을 확인할 수 있다. 즉, 위 2개 기술이 열분해 기술의 기반 기술이라는 것을 알 수 있다.

이러한 기반 기술을 기준으로, 2014년도에서 2017년도에 "플라스틱 성형제" 기술이 새롭게 연결되었으며, 2018년에서 2022년도에는 기반기술과 "플라스틱 성형제" 기술과 더불어, "한화 수소유 분해 증류" 기술과 "고체 폐기물 처리 기술" 등이 새롭게 연결성을 보였다.

열분해 기술 분야 최근 연구되는 신융합기술

최근 이러한 신규 연결성을 보이는 기술군들에 속하는 특허들을 검토한 결과, 열분해 기술은 최근 "염소함량 저감을 통한 플라스틱 열분해 효과 향상 기술"에 대한 연구 개발이 이루어지고 있는 것을 알 수 있다. 도출된 신기술은 염소함량이 높은 경우, 플라스틱 열분해가 잘 이루어지지 않는 문제점을 해결하기 위한 것이다.

SNA 분석을 통해 재활용 플라스틱의 화학적 재활용 기술 중, 열분해 기술에서 지속적으로 중요한 기반 기술군과 더불어 새롭게 등장한 융합 신기술을 확인했다. 기업에서는 이러한 융합 신기술을 통해 신규 아이디어를 창출할 수 있다. 이러한 융합 신기술들은 연구개발이 최근에 이루어진 것이기 때문에, 보유 기술을 기초로 해당 융합 신기술의 적용이 가능한지부터 시작해서, 신규 융합 기술이 해결하고자 하는 과제를 다른 기술적 요소로 풀어낼 수 있는지 등을 추가로 검토함으로써 신규아이디어를 창출할 수 있다.

이어서, 워드클라우드 분석을 통해 재활용 플라스틱의 화학적 재활용 기술 중, 열분해 기술에서 기술적으로 중요해지는 핵심 기술요소를 찾아보자.

■ 워드클라우드 분석

시계열 구간	그래프
2010 ~ 2013	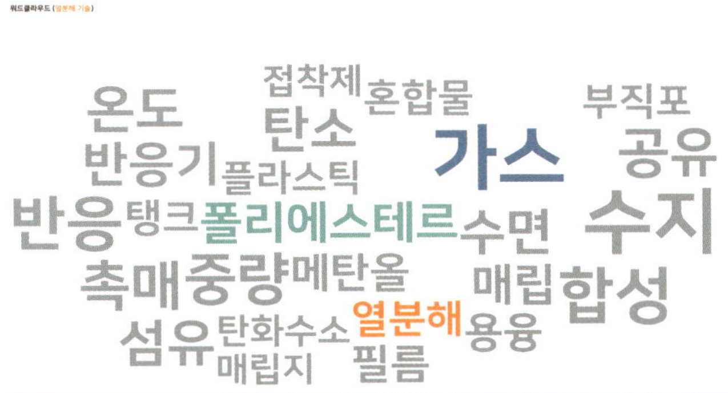 워드클라우드 (입문격 기술) 접착제 혼합물 부직포 온도 탄소 가스 공유 반응기 플라스틱 반응 탱크 폴리에스테르 수면 수지 촉매 중량 메탄올 매립 합성 섬유 탄화수소 열분해 용융 매립지 필름
2014 ~ 2017	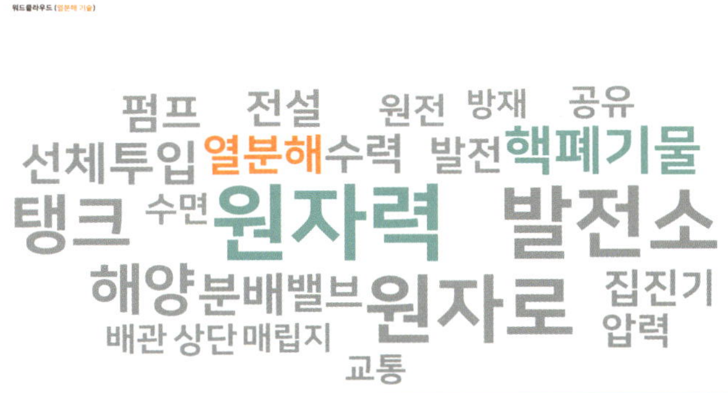 워드클라우드 (입문격 기술) 펌프 전설 원전 방재 공유 선체투입 열분해 수력 발전 핵폐기물 탱크 수면 원자력 발전소 해양 분배 밸브 원자로 집진기 배관 상단 매립지 교통 압력
2018 ~ 2022	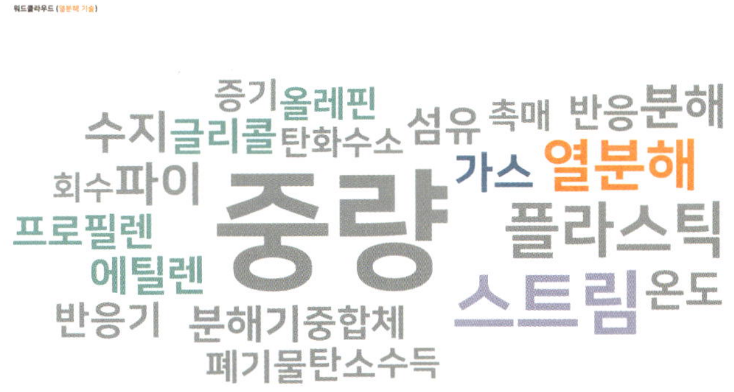 워드클라우드 (입문격 기술) 증기 올레핀 섬유 촉매 반응 분해 수지 글리콜 탄화수소 가스 열분해 회수 파이 프로필렌 중량 플라스틱 에틸렌 스트림 온도 반응기 분해기 중합체 폐기물 탄소 수득

위 그림은 열분해 기술의 특허를 3개 구간으로 구분해, 핵심 기술요소를 찾기 위한 키워드 분석 결과를 시각화한 것이다.

시간이 지남에 따라, 열분해를 이용해 처리되는 플라스틱 종류가 증가되고 있으며, 그에 따라, 각 플라스틱의 중량을 활용해 분류하는 기술의 연구개발 집중되고 있는 것을 알 수 있다.

다음으로, 최근구간에서 폐기물 스트림 처리에 대한 중요도가 급격히 증가하고 있는 것을 통해, 기반 기술에서의 연구개발 포인트는 폐기물 스트림 처리라는 것을 알 수 있다.

- 가스화 특허 빅데이터 분석
- SNA 분석

시계열 구간	그래프
2010 ~ 2013	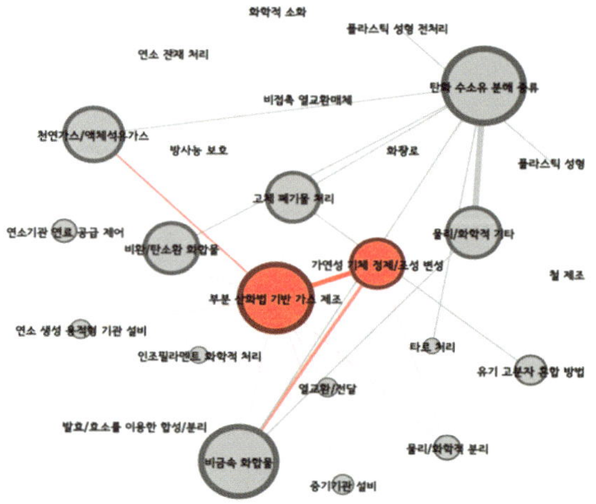
2014 ~ 2017	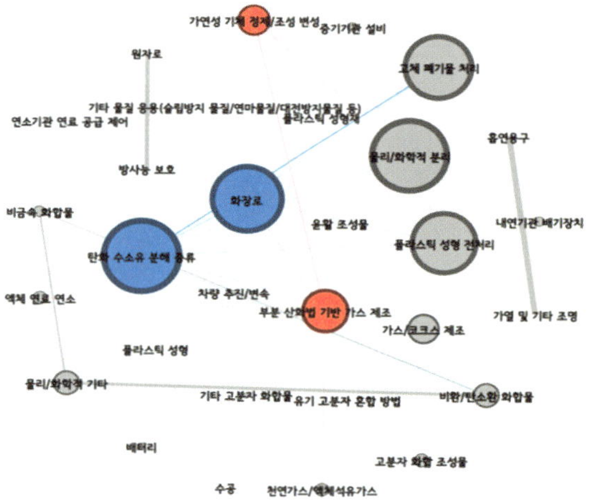
2018 ~ 2022	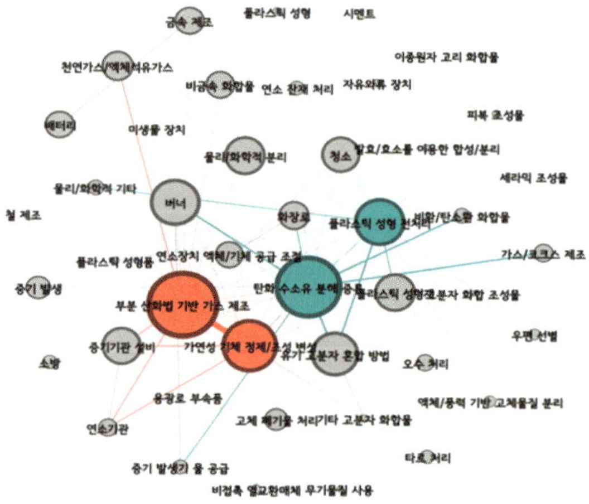

■ 워드클라우드 분석

시계열 구간	그래프
2010 ~ 2013	워드클라우드 (가스화 기술) 스트림, 흐름압력, 탄화수소연료, 산소석탄, 반응, 환원수소, 촉매, 냉각, 가스, 회수, 액체, 합성, 탄소, 메탄올냉각기, 반응기온도, 재순환, 챔버트롭, 피셔
2014 ~ 2017	워드클라우드 (가스화 기술) 매립지, 밸브공유, 압력, 상단, 원전, 방재분배, 선체수력, 수면, 핵폐기물, 탱크펌프, 원자력, 발전소, 가스, 해양, 원자로, 집진기, 부양매립발전, 교통, 전설
2018 ~ 2022	워드클라우드 (가스화 기술) 수득유출물, 당물, 에틸렌탄화수소, 프로판글리콜, 파이, 분해기, 합성코일, 열분해, 액체, 중량, 증기, 스트림, 올레핀, 플라스틱온도, 분해, 가스, 반응기, 반응, 프로필렌, 폐기물

가스화 기술 분야 최근 연구되는 신융합기술(열분해 + 가스화)

가스화 기술의 특허를 3개 구간으로 구분해 살펴본 결과, "타 물질로부터 플라스틱을 분리하는 기술"과 "부분 산화법을 기초로 일산화탄소와 수소를 포함하는 가스 제조 기술" 및 "탄소 수소유의 분해 증류 기술"의 결합을 통해 "처리하지 못했던 폐기물 스트림에 대한 처리 기술"이 새롭게 등장한 신기술로 확인된다.

신산업 분야 특허 빅데이터 분석방법 사례

또한, 핵심 기술요소를 찾기 위한 키워드 분석을 통해 확인한 결과, 시간이 지남에 따라, 가스를 활용해 플라스틱을 재활용하는 기술에서 열분해와 가스화의 결합을 통한 분해 기술에 대한 연구개발로 발전되어지는 모습을 볼 수 있다.

최근에는, 가스화를 이용해 처리하는 플라스틱 종류의 증가하고 있으며, 그에 따라 각 플라스틱의 중량을 활용해 분류하는 기술의 연구개발 집중하고 있다.

- 해중합 특허 빅데이터 분석
 ■ SNA 분석

시계열 구간	그래프
2010 ~ 2013	
2014 ~ 2017	
2018 ~ 2022	

■ 워드클라우드 분석

시계열 구간	그래프
2010 ~ 2013	워드클라우드 (해중합 기술) 촉매 올리고머 에폭시 용해 히드록시 반응중량 **해중합** 중축합 반응기 **폴리에스테르** 섬유 회수 혼합물 수지 에스테르 온도 글리콜 테레프탈 에틸 용매 용융 에틸렌글리콜 에틸렌 중합
2014 ~ 2017	워드클라우드 (해중합 기술) 용융 락티드 용매 합성 에틸렌 온도 에스테르 **해중합** 중합체 페놀 테레프탈 폴리우레탄 폴리에스테르 회수 반응기 혼합물 수지 중량 글리콜 반응 가열 촉매 락트산 분해 탄소
2018 ~ 2022	워드클라우드 (해중합 기술) 회수 혼합물 촉매 중합체 폴리에스터 수지 글리콜 부산물 폴리에스테르 반응기 **중량** 플라스틱 **열분해** 온도 테레프탈 스트림 단량체 반응 폴리에틸렌 에틸렌 분해 고체 프로필렌 **해중합** 섬유

해중합 기술 분야 최근 연구되는 신융합기술

해중합 기술의 특허를 3개 구간으로 구분해 살펴본 결과, "타 물질로부터 플라스틱을 분리하는 기술"과 "고분자 물질 처리 기술" 및 "플라스틱 가공 성형재 기술"의 결합을 통해 "효소의 가수분해반응 향상을 위한 화학적 전처리를 통한 플라스틱 생물학적 재활용 기술"이 새롭게 등장한 신기술로 확인된다.

또한, 핵심 기술요소를 찾기 위한 키워드 분석을 통해 확인한 결과, 시간이 지남에 따라, 다양한 플라스틱에 해중합 기술을 적용하기 위한 연구개발이 이루어지고 있으며, 최근에는 열분해와 해중합 기술의 기술적 결합을 통한 성능 향상 기술이 높은 비중으로 연구되고 있는 것을 알 수 있다.

플라스틱 재활용 분야를 분석한 것과 같이, 특정 사업 영역에 대한 기술 분석을 특허 빅데이터 분석을 통해 진행한다면, 과거부터 지금까지의 기술개발 트렌드를 확인할 수 있음은 물론이고, 새롭게 연구개발 되어지는 신융합기술을 도출할 수 있으며, 이를 기초로 우리 기업의 R&D 방향 등을 제시할 수 있다.

3. R&D 전략 수립 사례
- 풍력발전시스템의 고장진단 및 예지보전 기술 분석 사례

풍력 산업은 기계, 전기, 화학, 조선, 건설, IT 등 광범위한 산업과의 연계가 가능한 산업이다. 이러한 풍력발전기의 대형화 및 해상 운영 환경은 운영 유지비용의 증가 요인으로 작용되기 때문에 그에 대한 대책 마련이 필요한 실정이다.

최근 신재생 에너지원으로서의 선두주자인 풍력발전은 다수의 풍력발전 회사들로 하여금 모니터링 및 고장진단 시스템의 개발을 가속화시키고 있다. 현재 풍력 발전기의 고장진단을 위한 연구들이 활발히 진행되고 있으나, 고장 예지 및 잔여수명 예측 수준에는 미치지 못하고 있다.

국내 풍력발전 시스템의 고장진단 기술은 아직 시작단계로, 더 나아가 풍력발전기의 고장이나 잔여주명의 예지기술로 이어지지 못하고 있는 실정이다. 따라서, 기계적 고장으로 인한 정지를 미연에 방지해 가동률을 극대화하고 유지보수 비용을 절감하고자 다양한 부속 부품의 고장진단 및 예지, 잔여수명 예측 기술의 개발이 시급하다.

본 특허동향조사는 풍력발전시스템의 고장진단 및 예지보전 기술에 대하여 특허동향을 분석함으로써, 우리나라의 기술 수준, 국가의 연구개발 동향을 파악하고, 본 연구개발과제 수행의 타당성에 대한 객관적인 정보를 제공하기 위함이다.

이를 위해, 풍력발전시스템의 고장진단 및 예지보전 기술을 개발함에 있어, 상태감시 기술, 고장진단 기술 및 예지보전 기술에 대하여 특허동향 분석을 실시한다.

본 분석에서는 "풍력발전시스템의 고장진단 및 예지보전 기술"의 필요성을 고려하여 선택된 3개의 기술 분야를 특허분석대상으로 하였으며, 2015년 11월(검색일)까지 출원 및 공개된 한국, 미국, 일본, 유럽 및 PCT 공개특허와 등록특허를 분석 대상으로 한다.

본 분석에서는 해당 기술의 기반 설명을 기초로 연구범위내의 기술을 정량분석 대상으로 하여 동향분석(정량분석)을 실시했다.

대분류	중분류	소분류
풍력발전시스템의 과장진단 및 예지보전 기술	상태감시 기술	베어링
		기어
		발전기
	고장진단 기술	베어링
		기어
		발전기
	예지보전 기술	플랜트
		풍력발전시스템

중분류	소분류	검색개요(기술범위)
상태감시 기술	베어링	베어링의 상태를 감시하는 기술
	기어	기어의 상태를 감시하는 기술
	발전기	발전기의 상태를 감시하는 기술
고장진단 기술	베어링	베어링의 고장을 진단하는 기술 베어링의 고장원인을 분석하는 기술
	기어	기어의 고장을 진단하는 기술 기어의 고장원인을 분석하는 기술
	발전기	발전기의 고장을 진단하는 기술 발전기의 고장원인을 분석하는 기술
예지보전 기술	플랜트	플랜트를 예지 보전하는 기술 플랜트의 고장발생을 사전에 예지 또는 예측하는 기술
	풍력발전시스템	풍력발전시스템을 예지 보전하는 기술 풍력발전시스템의 고장발생을 사전에 예지 또는 예측하는 기술

풍력발전시스템의 고장진단 및 예지보전 기술 분야의 기술분류 및 핵심키워드를 바탕으로 특허분석을 위한 키워드를 도출했다. 아울러, 도출된 핵심키워드를 바탕으로 해당 기술분류를 포함할 수 있는 검색식을 작성했다.

중분류	소분류	검색식
상태감시 기술	베어링	key:(((풍력* wind*) n/2 (발전* 파워* 제너레이* 터빈* 터어빈* 에너지* 해상* power* generat* turbin* energy* offshore* marine*)) and (상태* 상황* 컨디션* 감시* 모니터링* 모니타링* 주시* 응시* 관찰* 관측* condition* situation* monitering monitoring gaze* observ*) and (베어링* 배어링* 베아링* 배아링* bearing*))
	기어	key:(((풍력* wind*) n/2 (발전* 파워* 제너레이* 터빈* 터어빈* 에너지* 해상* power* generat* turbin* energy* offshore* marine*)) and (상태* 상황* 컨디션* 감시* 모니터링* 모니타링* 주시* 응시* 관찰* 관측* condition* situation* monitering monitoring gaze* observ*) and (기어* 증속기* gear*))
	발전기	key:(((풍력* wind*) n/2 (발전* 파워* 제너레이* 터빈* 터어빈* 에너지* 해상* power* generat* turbin* energy* offshore* marine*)) and (상태* 상황* 컨디션* 감시* 모니터링* 모니타링* 주시* 응시* 관찰* 관측* condition* situation* monitering monitoring gaze* observ*) n/3 (발전기* 제너레이터* generator* generater*))
고장진단 기술	베어링	key:(((풍력* wind*) n/2 (발전* 파워* 제너레이* 터빈* 터어빈* 에너지* 해상* power* generat* turbin* energy* offshore* marine*)) and (고장* 결함* 결점* 파손* 손상* 파괴* 불량* 진단* ((비정상* 이상*) a/1 (상태* 상황*)) diagnos* fail* fault* defect* deflect* flaw* deficien* trouble* malfunction* breakdown*

중분류	소분류	검색식
		damage* destroy* breakage* destruct* ((abnormal* unusual*) n/1 (state* status* condition* situation*))) and (베어링* 배어링* 베아링* 배아링* bearing*))
	기어	key:(((풍력* wind*) n/2 (발전* 파워* 제너레이* 터빈* 터어빈* 에너지* 해상* power* generat* turbin* energy* offshore* marine*)) and (고장* 결함* 결점* 파손* 손상* 파괴* 불량* 진단* ((비정상* 이상*) a/1 (상태* 상황*)) diagnos* fail* fault* defect* deflect* flaw* deficien* trouble* malfunction* breakdown* damage* destroy* breakage* destruct* ((abnormal* unusual*) n/1 (state* status* condition* situation*))) and (기어* 증속기* gear*))
	발전기	key:(((풍력* wind*) n/2 (발전* 파워* 제너레이* 터빈* 터어빈* 에너지* 해상* power* generat* turbin* energy* offshore* marine*)) and (고장* 결함* 결점* 파손* 손상* 파괴* 불량* 진단* ((비정상* 이상*) a/1 (상태* 상황*)) diagnos* fail* fault* defect* deflect* flaw* deficien* trouble* malfunction* breakdown* damage* destroy* breakage* destruct* ((abnormal* unusual*) n/1 (state* status* condition* situation*))) n/3 (발전기* 제너레이터* generator* generater*))
예지보전 기술	플랜트	key:((플랜트* 장비* 설비* 기계* plant* equipment* machine* machinery*) and ((예지* 예측* 예견* 짐작* 예방* 사전* prognos* prevent* predict* forecast* foresight*) n/2 (고장* 결함* 결점* 파손* 손상* 파괴* 불량* 수명* 건전* 헬스* 헬씨* 헬쓰* 위험* 리스크* ((비정상* 이상*) a/1 (상태* 상황*)) 신뢰* 열화* ((데이터*) adj (기반*)) fail* fault* defect* flaw* deficiency* trouble* malfunction* breakdown* damage* destroy* breakage* destruct* life* health* risk* danger* ((abnormal* unusual*) n/1 (state* status* condition* situation*)) reliab* degrad* ((data*) n/1 (driven*))))) and IPC:(F22* F25* F28* B61* B64* C10* F02* F03*)
	풍력발전시스템	key:(((풍력* wind*) n/2 (발전* 파워* 제너레이* 터빈* 터어빈* 에너지* 해상* power* generat* turbin* energy* offshore* marine*)) and ((예지* 예측* 예견* 짐작* 예방* 사전* prognos* prevent* predict* forecast* foresight*) n/2 (고장* 결함* 결점* 파손* 손상* 파괴* 불량* 수명* 건전* 헬스* 헬씨* 헬쓰* 위험* 리스크* ((비정상* 이상*) a/1 (상태* 상황*)) 신뢰* 열화* ((데이터*) adj (기반*)) fail* fault* defect* flaw* deficiency* trouble* malfunction* breakdown* damage* destroy* breakage* destruct* life* health* risk* danger* ((abnormal* unusual*) n/1 (state* status* condition* situation*)) reliab* degrad* ((data*) n/1 (driven*)))))

신산업 분야 특허 빅데이터 분석방법 사례

최종 검색식을 키워트 검색DB에 적용하여 얻은 로데이터(Raw Data)의 건수는 다음 표와 같음

중분류	소분류	KR	US	JP	EP	WO	total
상태감시 기술	베어링	127	130	132	44	45	478
	기어	185	120	173	33	47	558
	발전기	180	176	101	60	39	556
고장진단 기술	베어링	93	91	137	33	45	399
	기어	141	88	141	26	43	439
	발전기	138	177	96	54	47	512
예지보전 기술	플랜트	80	141	843	68	38	1,170
	풍력발전시스템	43	183	455	67	83	831
Total		987	1,106	2,078	385	387	4,943

앞서 도출된 키워드 및 검색식을 적용하여 얻은 로데이터(Raw Data)에서 본 특허기술동향조사의 대상이 되는 풍력발전시스템의 고장진단 및 예지보전 기술과 무관한 내용의 특허는 분석에서 제외하고자 노이즈제거 기준을 설정하였으며, 이를 기준으로 각 소분류별 국가별 유효특허를 추출했다.

중분류	소분류	노이즈제거 및 유효특허 추출 기준
상태감시 기술	베어링	풍력발전시스템의 베어링 상태를 감시하는 기술을 유효특허추출기준으로 하였으며, 이외의 부품 관련 키워드는 노이즈로 분류함
	기어	풍력발전시스템의 기어 상태를 감시하는 기술을 유효특허추출기준으로 하였으며, 이외의 부품 관련 키워드는 노이즈로 분류함
	발전기	풍력발전시스템의 발전기 상태를 감시하는 기술을 유효특허추출기준으로 하였으며, 이외의 부품 관련 키워드는 노이즈로 분류함
고장진단 기술	베어링	풍력발전시스템의 베어링의 고장을 진단하는 기술을 유효특허추출기준으로 하였으며, 이외의 부품 관련 키워드는 노이즈로 분류함
	기어	풍력발전시스템의 기어의 고장을 진단하는 기술을 유효특허추출기준으로 하였으며, 이외의 부품 관련 키워드는 노이즈로 분류함
	발전기	풍력발전시스템의 발전기의 고장을 진단하는 기술을 유효특허추출기준으로 하였으며, 이외의 부품 관련 키워드는 노이즈로 분류함
예지보전 기술	플랜트	플랜트의 고장 및 수명을 예측하는 기술을 유효특허추출기준으로 하였으며, 이외의 풍력발전시스템과 관련된 키워드는 노이즈로 분류함
	풍력발전시스템	풍력발전시스템의 고장 및 수명을 예측하는 기술을 유효특허추출기준으로 하였으며, 이외의 플랜트, 장비설비 및 기계와 관련된 키워드는 노이즈로 분류함

위의 기준을 통해 선별된 유효특허는 총 931건이다.

중분류	소분류	KR	US	JP	EP	WO	total
상태감시 기술	베어링	9	20	23	10	7	69
	기어	13	21	29	11	13	87
	발전기	99	58	62	23	22	264
고장진단 기술	베어링	3	8	31	5	14	61
	기어	10	14	25	6	11	66
	발전기	70	54	81	18	42	265
예지보전 기술	플랜트	8	18	58	9	4	97
	풍력발전시스템	7	8	4	2	1	22
Total		219	201	313	84	114	931

이하에서는 유효특허를 기준으로 기술 트렌드 분석을 수행한다.

구체적으로, 조사대상국인 한국, 미국, 일본 및 유럽에서의 주요시장국 기술개발 활동현황, 구간별 출원인수와 출원건수의 증감정도의 분석을 통한 기술시장 성장단계 파악 등의 분석을 통한 국가간 기술경쟁력 현황 분석 등을 통해 국가별, 경쟁자별, 세부기술별 Landscape를 분석한다.

① 특허기술 전체 Landscape

- 출원연도별 국가별 출원건수 분석

본 분석은 한국, 미국, 일본, 유럽 국가별 특허기술 출원 점유율을 통해 해당 기술을 선도하는 국가를 파악할 수 있다.

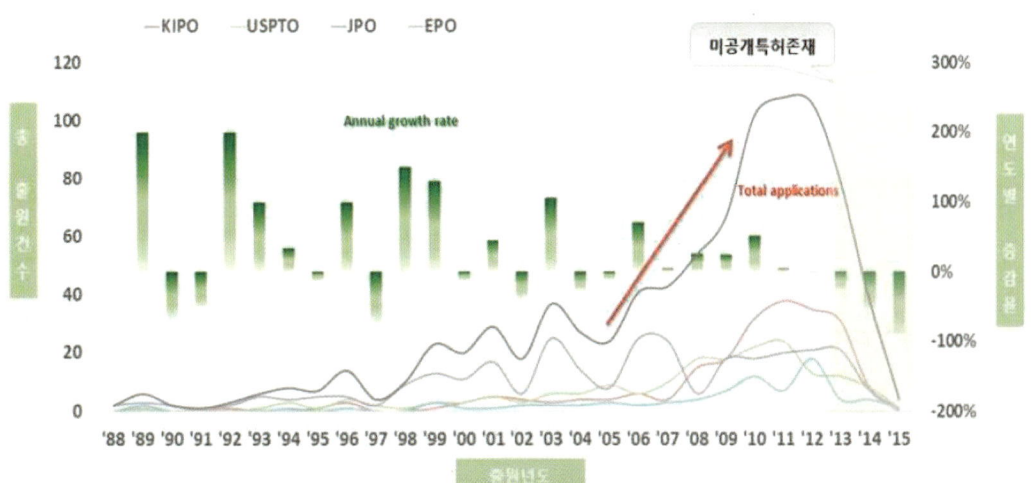

신산업 분야 특허 빅데이터 분석방법 사례

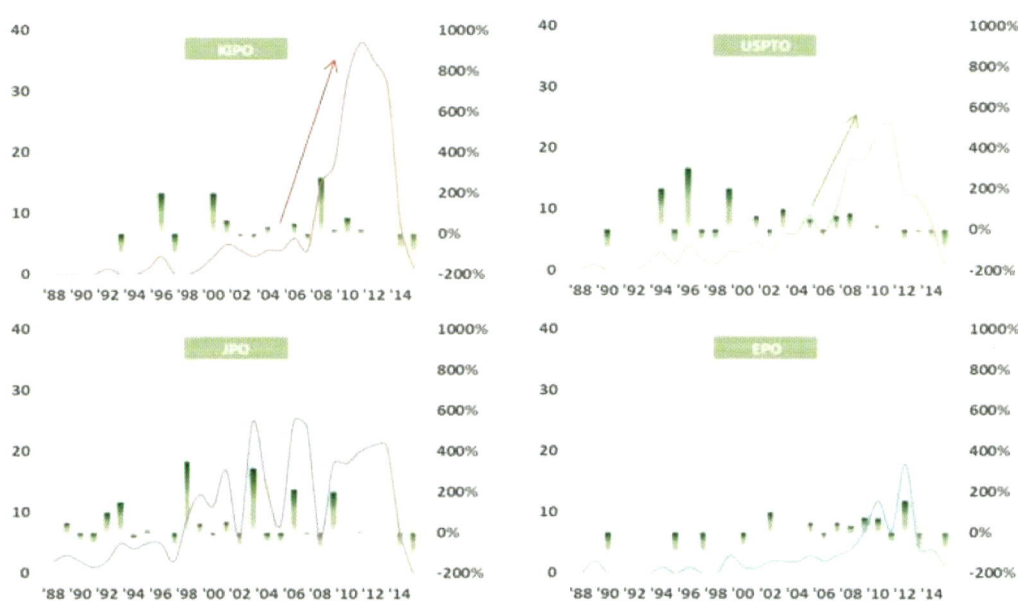

주요 특허청의 출원건을 기준으로 풍력발전시스템의 고장진단 및 예지보전 기술 분야의 연도별 전체 특허동향을 살펴봄으로써, 각국에서의 특허출원 Trend를 알아보고자 한다.

[TOTAL] 풍력발전시스템의 고장진단 및 예지보전 기술 분야의 연도별 전체 출원동향을 살펴보면, 1990년대의 태동기를 거쳐, 1990년 후반 이후로 본격적인 출원 증가세가 나타났으며, 2000년대 중반에 급격한 양적 성장을 이룸. 이는 이 시기에 고유가로 인해 신재생에너지에 대한 관심이 증가하면서, 이와 함께 풍력발전시스템의 고장진단 및 예지보전 기술에 대한 관심이 증가한 것으로 보인다.

[KIPO] 1990년대 초반부터 관련 기술의 특허출원 활동을 나타내기 시작하였으며, 2000년대 중반에 급격한 증가율을 보이며 특히 2008년부터 폭발적인 출원량을 기록하고 있는 것으로 나타난다.

[USPTO] 1980년대 후반부터 관련 기술의 특허출원 활동을 나타내며, 1990년대부터 최근까지 일정 수준의 증가세가 유지되고 있음. 최근 2007년부터 2011년 사이에 양적 성장을 이루는 것을 알 수 있다.

[JPO] 분석 초기구간부터 출원활동을 한 것으로 나타나고 있으며, 1998년부터 다수의 출원이 이루어졌고, 2000년대에 들어서면서 활발한 특허출원을 나타내고 있다. 주요 4개 시장국 중 관련 출원이 가장 활발한 것으로 나타난다.

[EPO] 1990년대 중후반 다수의 출원이 이루어졌고, 2000년부터 최근까지 출원 증가세가 이어지는 것으로 나타난다.

- 주요 국가별 내외국인 출원동향 분석

본 분석은 한국(KIPO), 미국(USPTO), 일본(JPO), 유럽(EPO) 국가별 출원인 국적을 구분하여 내국인과 외국인의 출원 분포를 파악한다.

그리고, 국가별 외국인 국적별 출원건수를 분석하여 해당 국가 내 국외 기술의 유입 상황 및 국외기술에 대한 의존도 여부, 자국 기술력 등을 유추할 수 있다.

마지막으로, 과거부터 최근까지의 국가별 내·외국인 출원건수를 비교하여 해당 국가 내에서 기술개발을 주도하는 내·외국인 여부의 변화 추이를 파악할 수 있다.

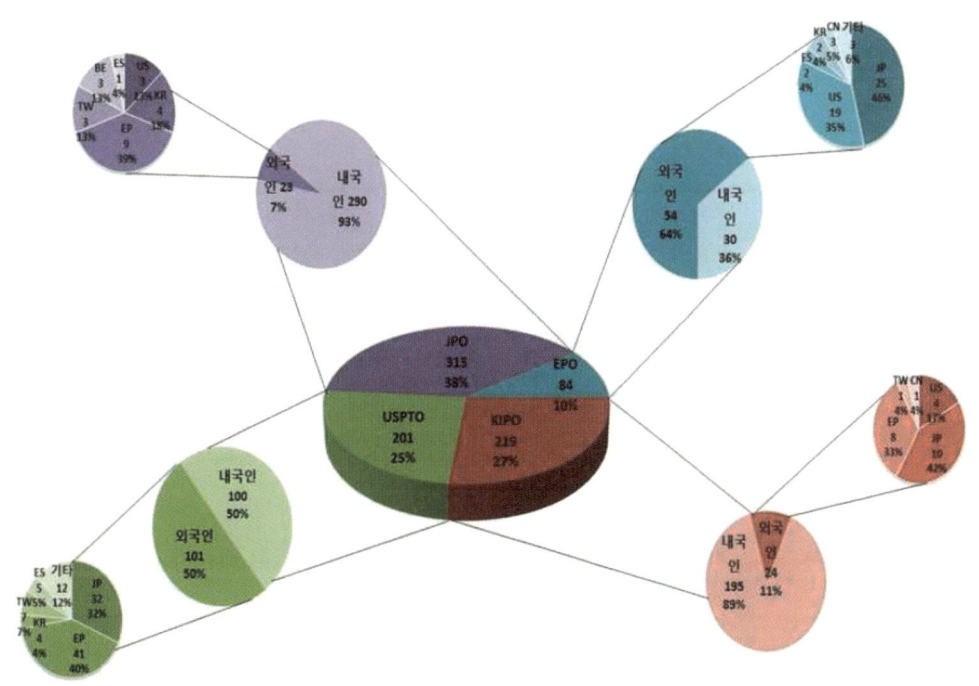

풍력발전시스템의 고장진단 및 예지보전 기술 분야의 국가별/출원인 국적별 특허동향을 살펴보면, 일본에서의 출원이 전체 분석대상 국가 출원 규모의 38%를 차지하는 것으로 나타나, 풍력발전시스템의 고장진단 및 예지보전 기술 분야의 연구개발은 대부분 일본에서 주도하고 있는 것으로 분석된다.

일본의 뒤를 이어 한국, 미국 및 유럽이 전체 분석 대상 국가 출원규모의 27%, 25% 및 10%를 각각 차지하고 있는 것으로 나타난다.

주요시장국의 내·외국인 특허출원현황을 살펴보면, 일본과 한국은 내국인의 점유율이 각각 93% 및 89%로서 자국민 중심의 기술개발이 주로 이루어지고 있는 것으로 나타났으며, 미국 및 유럽은 외국인의 점유율이 각각 50% 및 64%로서 외국인에 의한 출원활동이 활발한 것으로 나타난다.

한국, 미국 및 유럽의 외국인 출원인 비중을 살펴보면 일본 국적의 출원인의 비중이 높은 것으로 볼 때, 일본 국적 출원인들의 경우 풍력발전시스템의 고장진단 및 예지보전 기술을 주도하고 있기 때문에 자국 중심의 특허출원 활동을 활발하게 하면서 한국, 미국 및 유럽 등 해외 시장 진출을 염두에 둔 출원도 활발히 진행하고 있는 것으로 분석된다.

일본은 외국인의 점유율이 7%로 자국민에 의한 특허활동이 활발한 것으로 나타난다. 미국에서는 내국인과 외국인의 점유율이 각각 50%로 점유율이 비슷하게 나타났으며, 유럽 국적의 출원인들이 점유율 40%의 외국인 점유율을 기록하여, 가장 활발한 특허활동을 하고 있는 것으로 나타났으며, 일본 국적, 대만 국적, 스페인 국적 및 한국 국적의 출원인들은 각각 32%, 7%, 5% 및 4%의 점유율을 차지하고 있는 것으로 나타난다.

한국에서는 일본 국적의 출원인들이 42%, 유럽 국적의 출원인들이 33%의 점유율을 기록하여, 일본 국적의 출원인들이 한국 시장에도 적극적인 것으로 분석된다. 유럽에서는 일본 국적의 출원인들이 46%, 미국 국적의 출원인들이 35%의 점유율을 기록하여, 일본 국적의 출원인들이 한국 시장뿐만 아니라 유럽 시장에의 진출이 활발한 것으로 분석된다.

- 연도별 주요출원국 내외국인 특허출원동향

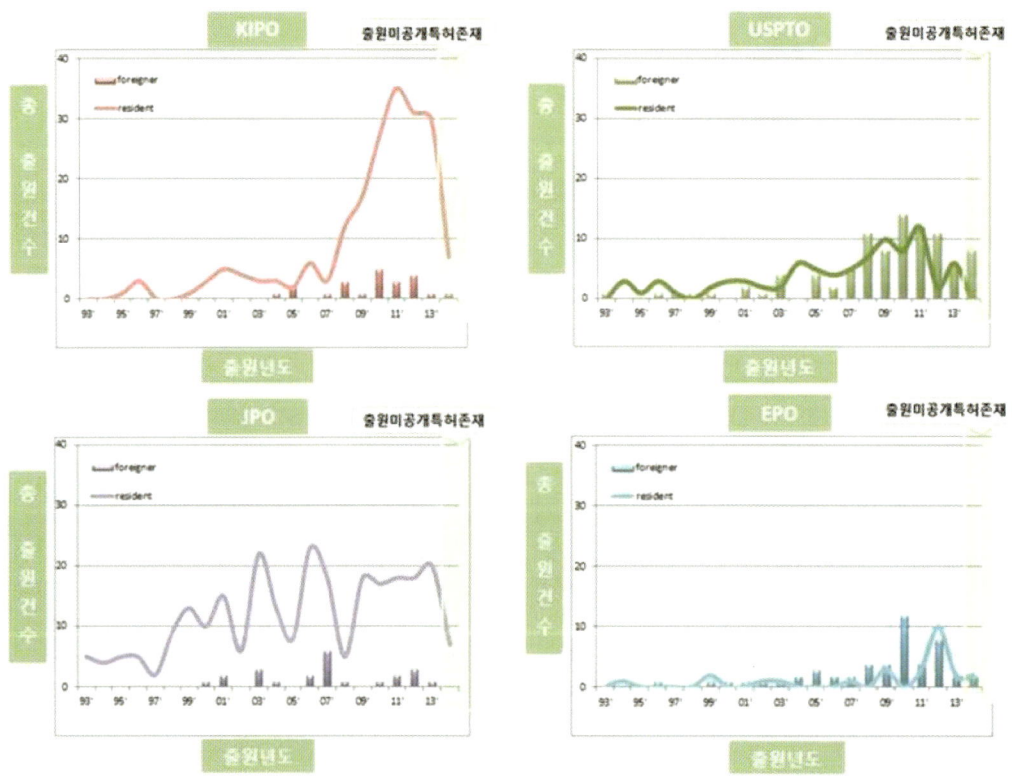

연도별 주요출원국 내·외국인 특허출원현황을 보면, 한국 및 일본의 경우 외국인에 비해 내국인의 출원 비중이 높으며, 내국인의 특허 출원이 증가하면 외국인의 출원도 함께 증가하는 경향을 나타낸다.

미국 및 유럽의 경우 내·외국인 특허출원 비중이 비슷하게 나타났으며, 특히 2008년도 및 2010년도에는 미국 및 유럽 모두 내국인에 비해 외국인의 특허 출원이 활발한 것으로 나타난다.

연도별 동향그래프에서 2013년 이후 데이터는 특허출원 후 1년 6개월이 경과하여야 공개되는 특허제도의 특성상, 실제 출원이 이루어졌으나 아직 공개되지 않아 특허분석 데이터상에 포함되지 않은 특허출원도 있으므로 명확한 의미를 부여하기 어렵다.

- 특허 기술 성장 단계 분석

본 분석은 분석 대상이 되는 전체 출원 기간을 일정한 구간으로 나누어 구간별 출원건수와 출원인수의 증감 변화를 토대로 해당 기술분야의 특허기술 성장단계를 파악하기 위한 것이다.

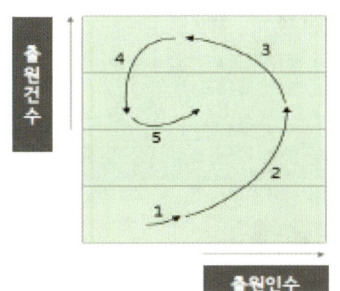

특허기술 성장단계 분석에서 출원건수의 증가는 기술개발이 활발한 것을 의미하고 출원인수의 증가는 기술시장에의 신규 진입자가 증가하는 것을 의미하며, 종합적으로 출원건수와 출원인수의 동시 증가는 해당 기술 시장이 확대되고 있다는 것을 의미한다.

특허기술 성장단계 중 태동기 단계는 출원인과 출원건수의 증가가 시작되는 형태로 이후 연구개발 활동이 활발해질 것으로 예상할 수 있는 단계이며, 성장기 단계는 출원인과 출원건수가 급격하게 증가하는 형태로 본격적으로 해당 기술분야의 연구개발 활동이 이루어지고 있는 단계로 해석할 수 있다.

태동기와 성장기의 구분은 분석 데이터의 모수 대비 해당 구간의 증가 건수, 기술분야의 특성 및 출원인의 성격 등을 고려하여 판단할 수 있다.

성숙기 단계는 출원건수의 증가가 다소 주춤하고 출원인수가 감소하는 형태로 일부 선진 출원인만이 출원을 유지하고 그 외 진입자들은 도태가 되는 단계이다.

쇠퇴기 단계는 출원건수 및 출원인수 모두 감소하는 형태로 해당 기술의 시장이 위축되는 단계로 해석할 수 있으며, 회복기 단계는 원천기술을 이용하여 최근 기술 트렌드 및 신규 아이디어 등에 부합하는 기술이 개발되어 시장이 재형성되는 단계로 판단할 수 있다.

특허기술 성장단계 분석구간의 설정은 전체 기간을 일정한 연간 단위로 구간을 구분하되, 최근 급부상하거나 이슈가 있는 기술분야의 경우, 최근 기간 등으로 한정하여 구간을 설정하여 분석하는 것이 유의미할 수 있다.

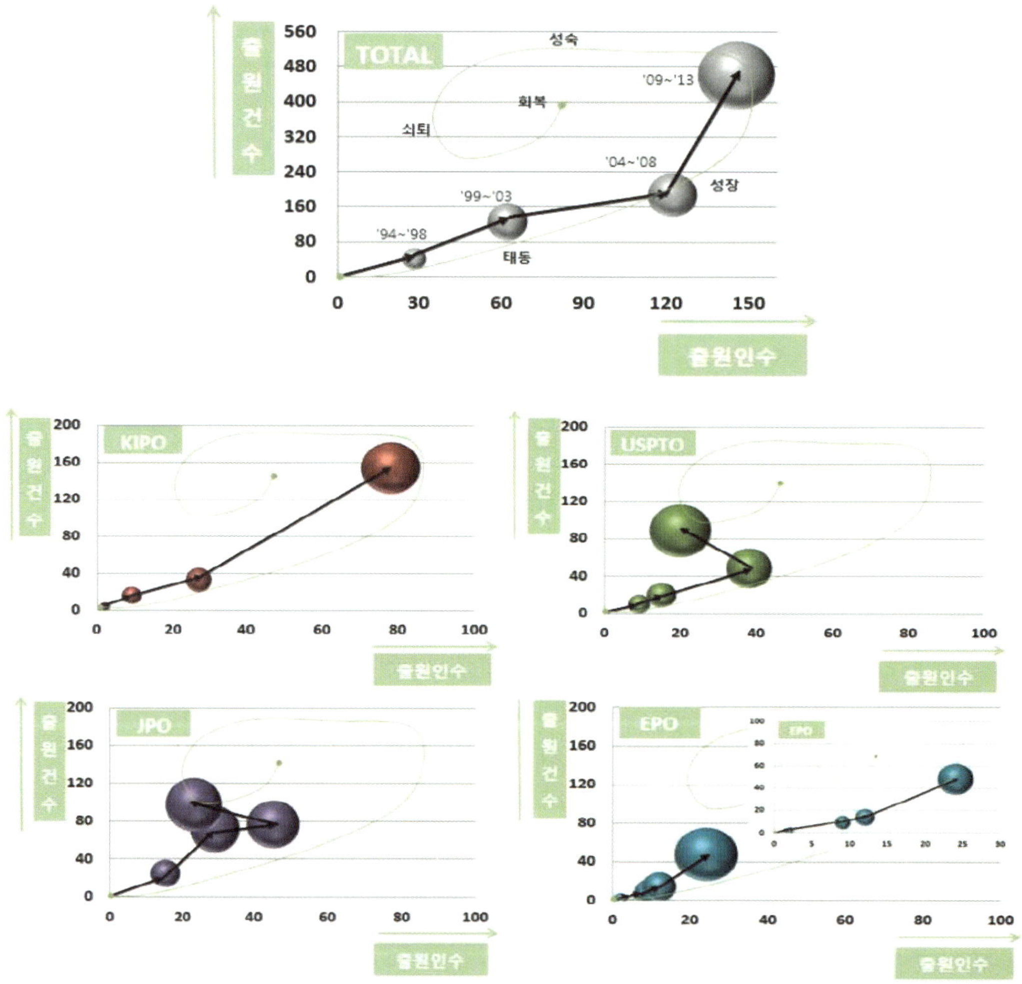

풍력발전시스템의 고장진단 및 예지보전 기술 관련 분야의 전체 및 해당 국가의 기술 위치를 포트폴리오로 나타낸 것으로 전체 출원 중 최근의 출원 동향을 4개의 구간으로 나누어 각각의 구간별 특허 출원인 수 및 출원 건수를 나타내어 특허 출원 동향을 통한 기술의 위치를 살펴볼 수 있다. 각 구간은 1구간(1994년~1998년), 2구간(1999년~2003년), 3구간(2004년~2008년), 4구간(2009년~2013년)으로 나누었다.

[TOTAL] 본 그래프는 전 세계 기술 위치를 포트폴리오로 나타낸 것으로 1구간(1994년~1998년)부터 4구간(2009년~2013년)까지 출원 건수와 출원인의 수가 계속 증가하는 성장기의 단계에 있으며, 특히 3구간(2004년~2008년)부터 4구간(2009년~2013년)까지 출원건수 및 출원인 수가 크게 증가하고 있어 이 시기에 급격한 기술 개발이 이루어진 것으로 분석된다.

[KPO] 포트폴리오로 나타낸 한국특허의 기술위치는 1구간(1994년~1998년)부터 4구간(2009년~2013년)까지 출원 건수와 출원인의 수가 계속 증가하는 성장기의 단계에 있다. 또한 3구간(2004년~2008년) 부터 4구간(2009년~2013년)까지 출원 건수와 더불어 출원인 수가 크게 증가하고 있어 이 시기에 활발한 기술 개발이 이루어진 것으로 분석된다.

[USPTO] 포트폴리오로 나타낸 미국특허의 기술위치는 1구간(1994년~1998년)부터 3구간(2004년~2008년)까지 출원 건수와 출원인의 수가 계속 증가하는 성장기의 단계로 활발한 기술 개발이 이루어지고 있다고 분석되며, 3구간(2004년~2008년)부터 4구간(2009년~2013년)까지는 출원 건수는 증가하나 출원인 수가 감소하고 있어 성장단계 후반기 또는 성숙단계 초입기로 보여진다.

[JPO] 포트폴리오로 나타낸 일본특허의 기술위치는 1구간(1994년~1998년)부터 3구간(2004년~2008년)까지 출원 건수와 출원인의 수가 계속 증가하는 성장기의 단계로 활발한 기술개발이 이루어지고 있다고 분석되며, 3구간(2004년~2008년)부터 4구간(2009년~2013년)까지는 출원 건수는 증가하나 출원인 수가 감소하고 있어 성장단계 후반기 또는 성숙단계 초입기로 보여진다.

[EPO] 포트폴리오로 나타낸 유럽특허의 기술위치는 전체 특허 건수가 적어서 기술위치 분석의 타당성이 낮으나 1구간(1994년~1998년)부터 4구간(2009년~2013년)까지 출원 건수와 출원인 수가 계속 증가하는 성장기 단계의 양상을 보이고 있는 것으로 나타났으며, 좀 더 정확한 양상을 알기 위해서는 이후 출원 동향을 지속적으로 모니터링해야 할 것이다.

② 전체 주요 출원인 분석

- 다출원인 분석

본 분석은 특허의 정량적인 요소를 기준으로 하여, 한국(KIPO), 미국(USPTO), 일본(JPO), 유럽(EPO) 국가별 기술을 주도하는 기관 및 기업을 파악하기 위한 것이다.

타 국가 대비 국내 기관 및 기업의 출원 활동 현황 및 수준을 파악하여 거시적 관점의 향후 트렌드 예측할 수 있고, 연구개발에 있어 심층적인 사전 파악이 필요한 기관 및 기업을 파악할 수 있다.

신산업 분야 특허 빅데이터 분석방법 사례

출원인	출원인 국적	주요 IP시장국(건수,%)				IP출원국 종합	특허 출원 증가율 (최근5년)	주력기술 분야
		한국	미국	일본	유럽			
MITSUBISHI HEAVY IND LTD	일본	9 13.24%	13 19.21%	31 45.59%	15 22.06%	일본	223.08%	상태감시기술 베어링
NTN CORP	일본	0 0.00%	1 2.94%	32 94.12%	1 2.94%	일본	-65.22%	고장진단기술 베어링
GENERAL ELECTRIC COMPANY	미국	0 0.00%	21 65.63%	1 3.13%	10 31.25%	미국	125.00%	고장진단기술 발전기
삼성중공업㈜	한국	21 95.45%	0 0.00%	0 0.00%	1 4.55%	한국	2100%	상태감시기술 발전기
VESTAS WIND SYSTEMS A/S	유럽	0 0.00%	14 66.67%	2 9.52%	5 23.81%	미국	225%	고장진단기술 발전기
SIEMENS AG	유럽	1 5.56%	9 50.00%	1 5.56%	7 38.89%	미국	350%	상태감시기술 베어링
HITACHI LTD	일본	0 0.00%	1 5.88%	16 94.12%	0 0.00%	일본	66.67%	고장진단기술 발전기
대우조선해양㈜	한국	17 100%	0 0.00%	0 0.00%	0 0.00%	한국	1700%	상태감시기술 발전기
MITSUBISHI ELECTRIC CORP	일본	0 0.00%	5 31.25%	10 62.50%	1 6.25%	일본	100%	상태감시기술 발전기
한국전력공사	한국	11 91.67%	0 0.00%	1 8.33%	0 0.00%	한국	50%	고장진단기술 발전기
JTEKT CORP	일본	0 0.00%	1 10.00%	8 80.00%	1 10.00%	일본	250%	상태감시기술 기어
SUMITOMO HEAVY IND LTD	일본	0 0.00%	0 0.00%	9 100.00%	0 0.00%	일본	800%	고장진단기술 기어
TOSHIBA CORP	일본	0 0.00%	0 0.00%	9 100.00%	0 0.00%	일본	300%	예지보전기술 플랜트
Honeywell International Inc.	미국	0 0.00%	6 85.71%	0 0.00%	1 14.29%	미국	-75%	상태감시기술 발전기
ROMAX TECHNOLOGY LIMITED	유럽	1 16.67%	3 50.00%	2 33.33%	0 0.00%	미국	500%	상태감시기술 기어
LS전선㈜	한국	6 100.00%	0 0.00%	0 0.00%	0 0.00%	한국	400%	상태감시기술 발전기
TOKYO ELECTRIC POWER CO INC:THE	일본	0 0.00%	0 0.00%	6 100.00%	0 0.00%	일본	0%	상태감시기술 발전기
Westinghouse Electric Corp.	미국	0 0.00%	4 66.67%	0 0.00%	2 33.33%	미국	0%	상태감시기술 발전기
김웅필	한국	6 100.00%	0 0.00%	0 0.00%	0 0.00%	한국	0%	고장진단기술 발전기
유니슨㈜	한국	4 66.67%	1 16.67%	1 16.67%	0 0.00%	한국	0%	상태감시기술 베어링

풍력발전시스템의 고장진단 및 예지보전 기술 개발 과제의 주요출원인 Top20을 추출한 결과, 일본 MITSUBISHI HEAVY IND LTD이 전체 다출원인 1위로 나타났으며, 그 뒤를 이어 일본의 NTN CORP 및 미국 GENERAL ELECTRIC COMPANY 등이 이 분야에서 다수의 특허를 출원하고 있는 것으로 나타난다.

특히, 주요출원인 Top20 중 일본 국적의 출원인이 8명으로 나타나 풍력발전시스템의 고장진단 및 예지보전 기술 분야에서 일본이 두각을 나타내는 것으로 분석된다.

이들 주요출원인들의 주요 시장국과 최근 연구활동 및 기술력, 주력 기술분야의 파악을 위하여, 주요 시장국별 출원건수, 최근 5년간의 특허출원 증가율을 비교분석한 결과, 주요 출원인들은 전반적으로 자국내 시장에서 활발한 특허활동을 하고 있는 것으로 나타난다.

특히 대우조선해양㈜, SUMITOMO HEAVY IND LTD, TOSHIBA CORP, LS전선㈜ 및 TOKYO ELECTRIC POWER의 경우 자국 내에서만 특허 출원을 하고 있는 것으로 파악된다.

풍력발전시스템의 고장진단 및 예지보전 기술 분야에서는 일본의 주요출원인들이 세계 시장에서의 연구개발을 주도하고 있는 것으로 분석되며, 미국, 한국 및 유럽의 주요 시장국에 진출하고 있는 것으로 분석된다.

특허출원증가율(5년 구간)을 살펴보면, 이전구간(2004년~2008년) 보다 최근구간(2009년~2013년)의 특허출원이 급증한 기업으로, 삼성중공업㈜, 대우조선해양㈜, SUMITOMO HEAVY IND LTD, ROMAX TECHNOLOGY LIMITED 및 LS전선㈜ 등이 이전구간(2004년~2008년) 보다 최근구간(2009년~2013년)의 특허출원이 급격하게 증가한 것으로 나타나, 최근 관련 기술 개발을 활발히 진행하고 있는 것으로 분석된다.

주력기술분야를 살펴보면 Top20 기업 중 상태감시_발전기 기술(AAC)이 주력분야인 기업이 7개 기업으로 해당 분야의 기술개발이 활발한 것으로 분석되며, 주요출원인들 간 경쟁 관계에 있음을 알 수 있다.

다출원인 1위인 MITSUBISHI HEAVY IND LTD 및 6위인 SIEMENS AG는 공통적으로 주요시장국 모두에서 특허출원을 하고 있는 것으로 나타나 국제적인 시장경쟁력을 확보한 것으로 판단된다.

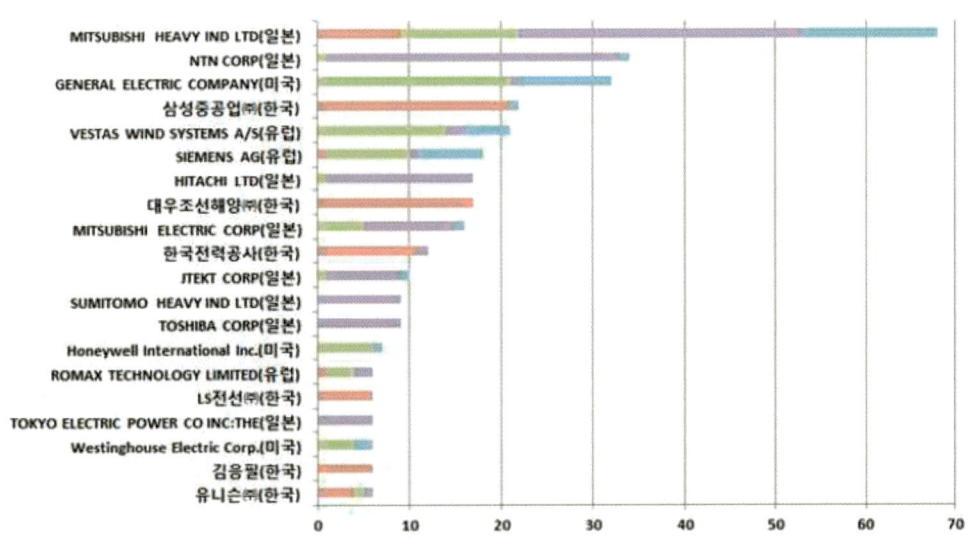

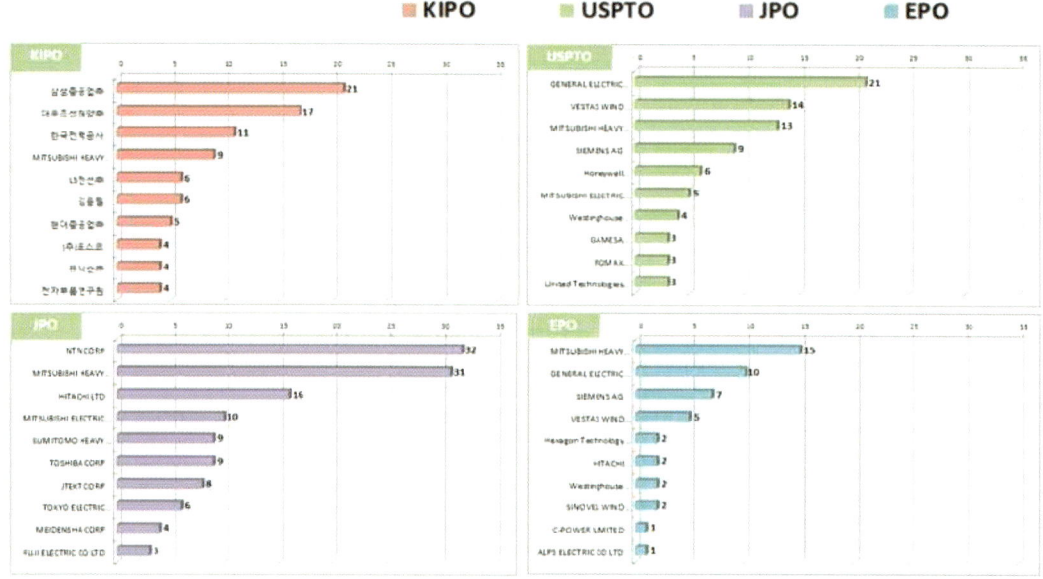

　IP 시장국별 주요 경쟁자 현황을 살펴본 결과, 일본의 MITSUBISHI HEAVY IND LTD 및 NTN CORP과 미국의 GENERAL ELECTRIC COMPANY들이 다수 특허출원을 확보하며, 주요 Key Player로 분석된다.

　특히, MITSUBISHI HEAVY IND LTD의 경우 자국뿐만 아니라 미국, 한국 및 유럽에서도 특허를 고르게 확보하고 있는 것으로 나타난다.

　[KIPO] 한국의 주요 경쟁자 현황을 살펴보면, 주로 한국 기업 및 연구소에서 특허 출원되고 있으며 특히, 일본 기업으로는 유일하게 MITSUBISHI HEAVY IND LTD 기업이 Top 4를 차지하며 주요 출원인으로 나타난다.

　[USPTO] 미국의 주요 경쟁자 현황을 살펴보면, 미국의 GENERAL ELECTRIC COMPANY, Honeywell International Inc., 유럽의 VESTAS WIND SYSTEMS A/S, SIEMENS AG 및 일본의 MITSUBISHI HEAVY IND LTD, MITSUBISHI ELECTRIC CORP 등 기업들이 고르게 주요 출원인으로 나타난다.

　[JPO] 일본의 주요 경쟁자 현황을 살펴보면, NTN CORP, MITSUBISHI HEAVY IND LTD 및 HITACHI LTD 등 Top 10 출원인이 모두 일본 기업으로 나타난다.

　[EPO] 유럽의 주요 경쟁자 현황을 살펴보면, 일본의 MITSUBISHI HEAVY IND LTD 기업과 미국의 GENERAL ELECTRIC COMPANY 기업이 Top 1 & 2를 차지하는 것으로 나타난다.

③ 세부기술 Landscape

- 세부기술별 출원연도별 출원건수 분석

본 분석은 세부기술별 한국(KIPO), 미국(USPTO), 일본(JPO), 유럽(EPO) 국가별 특허기술 출원 점유율을 통해 각 세부기술을 선도하는 국가 파악하기 위함에 있다. 과거부터 최근까지의 세부기술별 국가별 특허기술 출원의 양적 트렌드를 비교하여 타 국가 대비 국내의 각 세부기술에서의 위치를 파악할 수 있다.

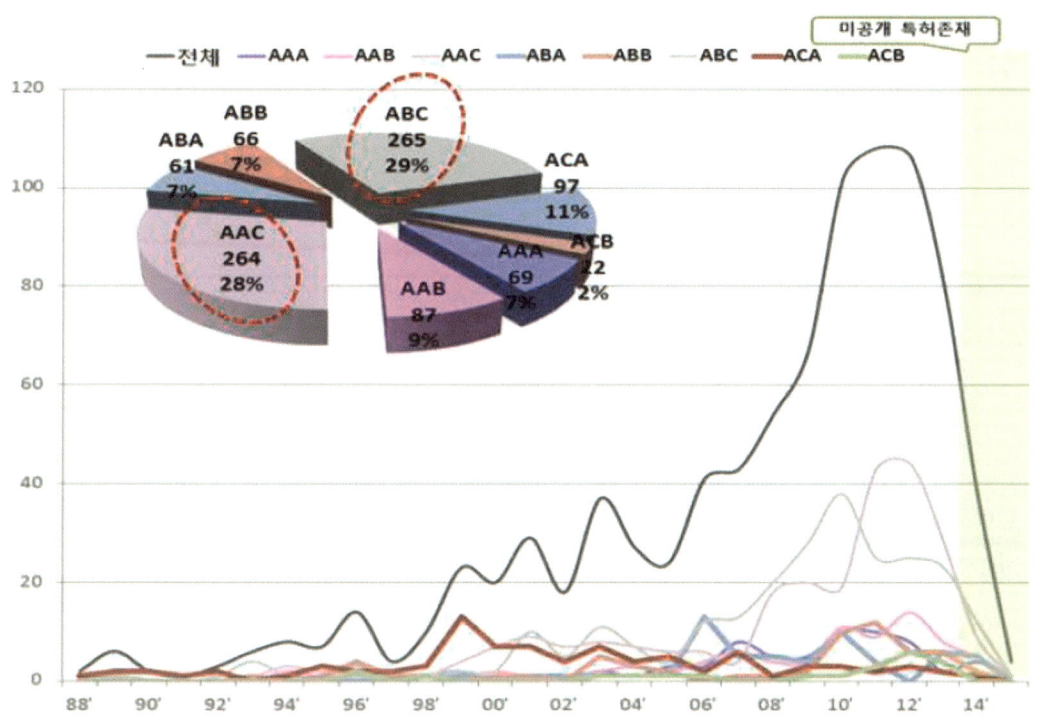

풍력발전시스템의 고장진단 및 예지보전 기술 분야에서 가장 높은 출원율을 나타낸 기술분야는 고장진단_발전기 기술(ABC)로 전체 출원 중 29%(265건)를 차지하고 있는 것으로 나타났으며, 그 뒤로 상태감시_발전기 기술(AAC)이 28%(264건)로 두 번째로 높은 점유율을 차지하는 것으로 나타난다.

대체적으로 예지보전_플랜트 기술(ACA)을 제외한 나머지 세부 기술 모두 출원건수가 전반적으로 증가하고 있는 것으로 나타나고 있으며, 이 중 고장진단_발전기 기술(ABC) 및 상태감시_발전기 기술(AAC)에 대한 출원이 최근 활발히 이루어지고 있는 것으로 나타난다.

신산업 분야 특허 빅데이터 분석방법 사례

- 세부기술별 추세선을 통한 출원증가율 분석

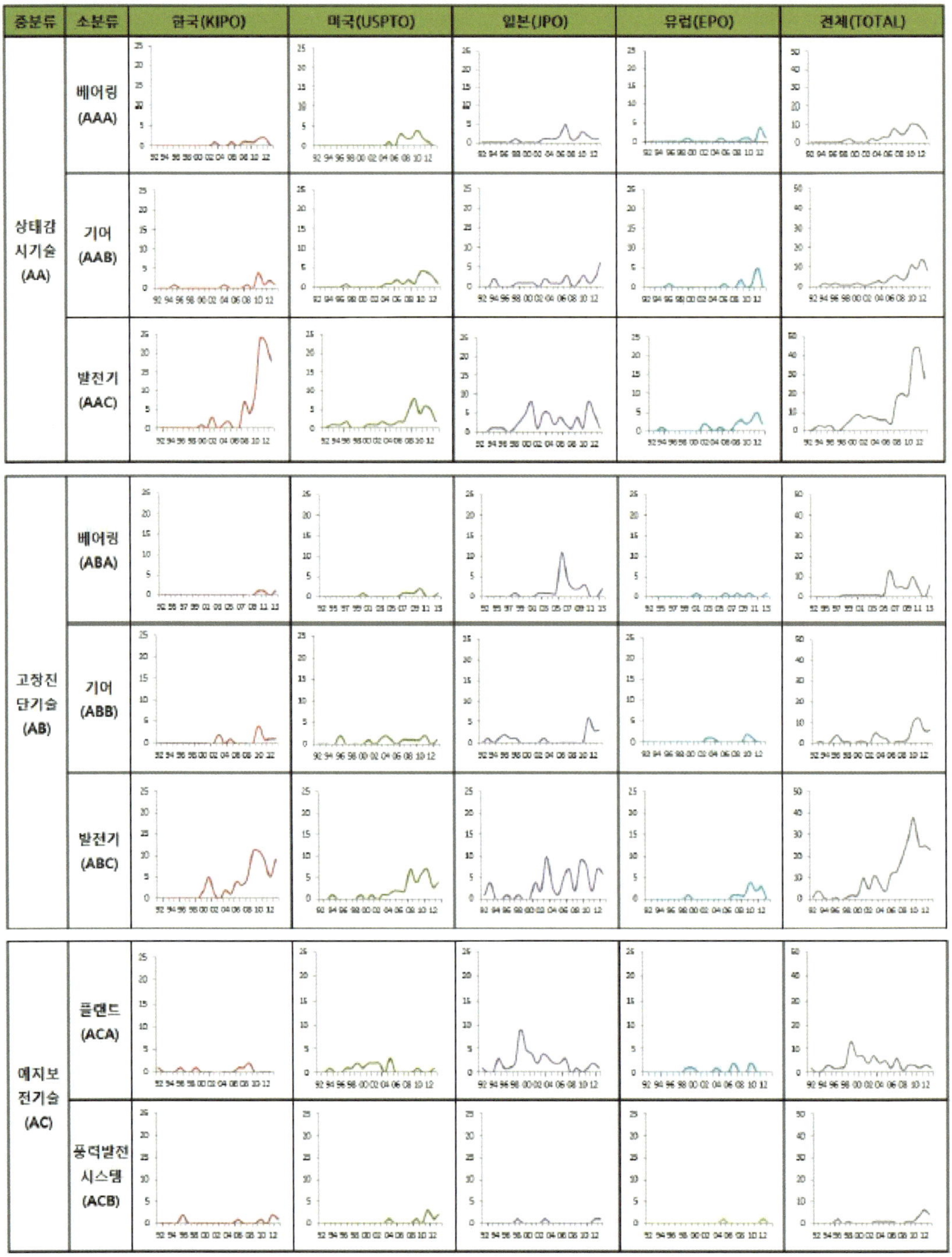

중분류	소분류	한국(KIPO)	미국(USPTO)	일본(JPO)	유럽(EPO)	전체(TOTAL)
상태감시기술 (AA)	베어링 (AAA)					
	기어 (AAB)					
	발전기 (AAC)					
고장진단기술 (AB)	베어링 (ABA)					
	기어 (ABB)					
	발전기 (ABC)					
예지보전기술 (AC)	플랜트 (ACA)					
	풍력발전시스템 (ACB)					

세부기술별 추세선을 통한 출원증가율을 분석한 결과, 상태감시_발전기 기술(AAC) 및 고장진단_발전기 기술(ABC)에 관한 출원건수가 가장 많게 나타났으며, 분석구간 초기부터 최근구간까지 꾸준한 증가세를 나타내고 있다.

특히, 2000년대 중후반부터 상태감시_발전기 기술(AAC) 및 고장진단_발전기 기술(ABC) 분야에서 한국의 출원이 급격히 증가한 것으로 나타나 이 시기에 연구개발 활동이 활발히 이루어진 것으로 추정된다. 다른 세부기술들과는 달리 예지보전_플랜트 기술(ACA)에 관한 출원은 감소세를 나타내고 있다.

전체적으로 주요 시장국별 세부기술별 추세선을 분석한 결과, 상태감시_발전기 기술(AAC) 및 고장진단_발전기 기술(ABC)을 제외하고는 일본의 추세가 가장 활발한 것으로 나타나 본 분야를 주도하고 있는 것으로 판단된다.

- 세부기술별 구간별 점유증가율 현황

본 분석은 세부기술 추세를 통한 부상기술을 파악하기 위해서 아래의 그래프에서는 세부기술별로 연도 구간별 특허기술의 출원 경향을 살펴본다. 왼쪽의 그래프는 출원건수를 통한 절대치를 나타내며, 오른쪽 그래프는 세부기술에 대한 연도구간별 상대비교를 보여주고 있다.

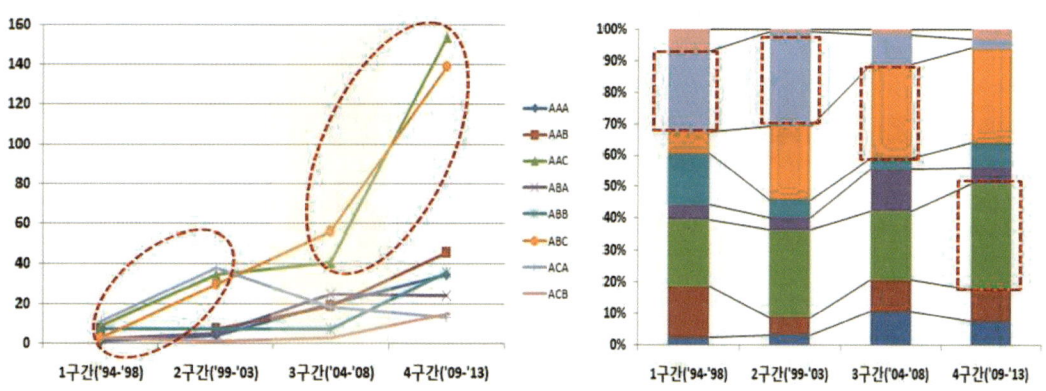

1구간부터 4구간까지 전 구간에 걸쳐 예지보전_플랜트 기술(ACA)를 제외한 나머지 세부기술 분야의 출원율이 증가하고 있는 것으로 나타났으며, 특히 3구간부터 출원 활동이 크게 증가하고 있는 것으로 나타난다.

연도 구간별 상대 비교 그래프 분석 결과, 1구간과 2구간에서는 예지보전_플랜트 기술(ACA)이 높은 비중을 차지하며 출원활동이 이루어진데 반해, 3구간에서는 고장진단_발전기술(ABC) 그리고 4구간에서는 상태감시_발전기 기술(AAC)이 30%이상 되는 비중을 차지하는 것으로 나타난다.

- 시장별 세부기술 점유율 현황

본 분석은 시장별 세부기술 동향에서는 각국의 특허청에 출원된 출원 데이터를 기준으로 세부기술의 집중도 및 공백영역 등을 버블그래프로 나타내어 해당 시장의 관심도를 나타내고자 한다.

세부기술에 대한 전체적인 연도 구간별 흐름은 앞에서 제시하였음으로, 여기에서는 주요 시장에서 어떠한 세부기술이 중점적으로 특허 출원되고 있는가를 파악하고자 하며, 해당 세부기술에 대한 시장별(특허청별) 비교 분석한다.

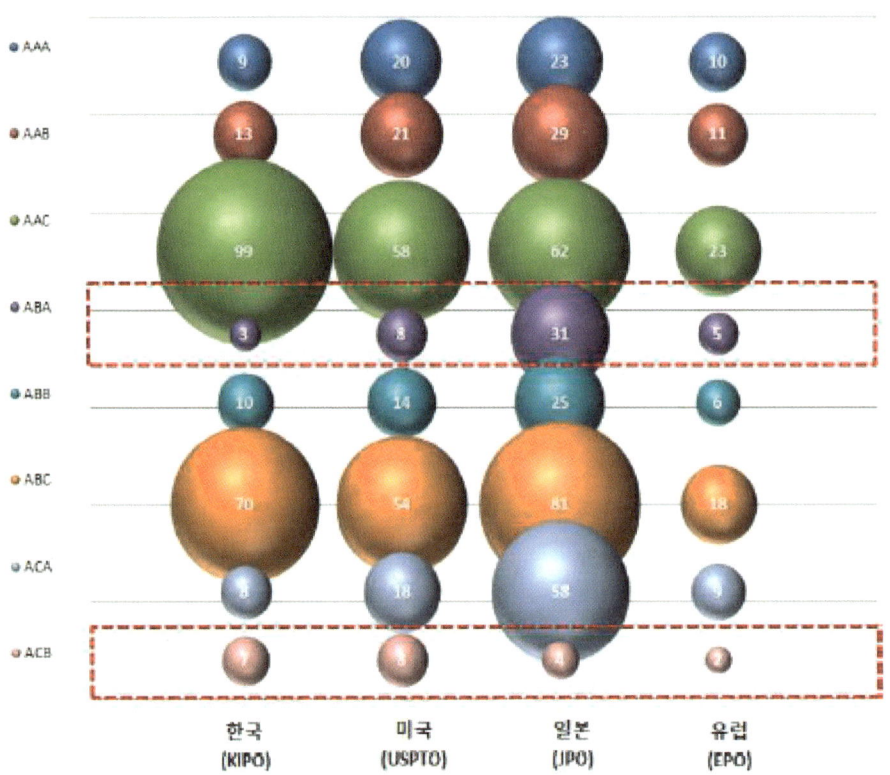

시장별 세부기술 동향에서는 각국의 특허청에 출원된 출원 데이터를 기준으로 세부기술의 중도 및 공백영역 등을 버블그래프로 나타내어 해당 시장의 관심도를 나타내고, 세부기술에 대한 시장별(특허청별) 비교 분석이 가능하다.

한국은 고장진단_베어링 기술(ABA) 및 예지보전_풍력발전시스템 기술(ACB)이 다른 세부기술에 비하여 공백영역인 것으로 확인되었으며, 미국, 일본 및 유럽 시장은 예지보전_풍력 전시스템 기술(ACB)이 다른 세부기술에 비하여 공백영역인 것으로 나타난다.

④ 분석 결과 정리

'풍력발전시스템의 고장진단 및 예지보전 기술'은 1990년대의 태동기를 거쳐, 1990년 후반 이후로 본격적인 출원 증가세가 나타났으며, 2000년대 중반에 급격한 양적 성장을 이루었으며, 최근 3~4구간(2004년 이후)에서 구간 출원인수 증가보다 구간 출원건수 폭발적 증가로, 현재는 기술 성장단계로 분석된다.

일본에 출원된 특허가 전 세계 특허의 38%를 차지, 뒤를 이어 한국이 27% 및 미국이 25%. 유럽은 10% 수준인 것으로 나타난다.

한국과 일본은 내국인 비중이 높고, 미국은 내국인과 외국인의 비중이 비슷하며, 유럽은 외국인 출원 비중 높음. 외국인 중에서는 일본인의 비중이 높고, 일본 내에서는 유럽계 출원인 비중 높다.

상위 출원인 1위~20위가 전체의 약 35% 이상의 특허출원 수를 포함하고 있으며, 일본의 MITSUBISHI HEAVY IND LTD 및 NTN CORP과 미국의 GENERAL ELECTRIC COMPANY들이 다수 특허출원을 확보하며, 주요 Key Player로 분석된다.

상태감시_발전기(AAC) 및 고장진단_발전기(ABC)에 관한 출원건수는 분석구간 초기부터 최근구간까지 꾸준한 증가세를 나타내고 있다.

가장 높은 출원율을 나타낸 기술 분야는 고장진단_발전기(ABC)로 전체 출원 중 29%(265건)를 차지하며, 그 뒤로 상태감시_발전기(AAC)가 28%(264건)로 두번째로 높은 점유율을 차지한다.

1구간부터 4구간까지 전 구간에 걸쳐 예지보전_플랜트(ACA)를 제외한 나머지 세부 기술분야의 출원율이 증가하고 있는 것으로 나타난다.

신산업 분야 특허 빅데이터 분석방법 사례

4. 신규 아이디어 창출 사례
   - 신재생에너지 필수기술 ESS 신기술 센싱 사례

에너지 저장 장치(ESS, Energy Storage System)는 말 그대로 에너지를 저장하는 창고 역할을 하여 전력을 저장해뒀다가 필요할 때 공급하는 전력 이용 효율을 높여주는 시스템이다.

전기 요금이 저렴한 시간대의 전력이나 신재생에너지를 사용하고 남는 전력을 저장해뒀다가 필요할 때 언제든 사용할 수 있도록 하여 전기가 필요한 모든 분야에서 활용이 가능한 기술이다.

기존의 ESS를 이루는 배터리는 리튬이온배터리를 사용하며, 높은 충방전 출력 및 효율을 가지며 에너지 밀도가 높아 상대적으로 적은 설치 공간을 장점으로 빠르게 확산되었다. 다만 리튬이온배터리는 화재의 위험성이 항상 따라오고 있다. 그에 따라 구조적으로 화재 걱정이 없는 흐름전지를 이용한 ESS가 주목을 받고 있다.

이번 분석에서는 신재생에너지와 연계하여 ESS 시장에서 각광받는 흐름전지에 대해 알아보자.

먼저, 흐름전지는 레독스 플로우 배터리(RFB, Redox Flow Batteries)를 말하며, 리튬이온배터리와 마찬가지로 전기에너지를 화학에너지의 형태로 변환하여 저장하는 2차 전지이다.

에너지가 저장되는 전해질이 배터리 내 저장탱크에 보관되고, 전기 출력을 담당하는 스택(Stack)으로 이동, 순환하며 산화·환원 반응이 일어난다. 이때 물 성분의 수계 전해액을 사용하므로 화재 위험성이 없는 차세대 배터리이다.

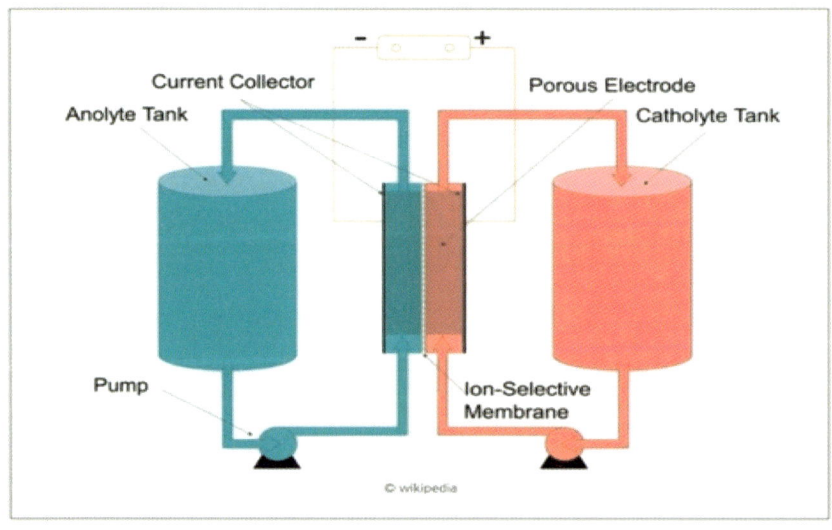

롯데케미칼은 바나듐 레독스 플로우 배터리 관련 스타트업 '스탠다드에너지'에 투자하며 흐름전지에 대한 관심을 드러내었고, KAIST와 POSTECH은 공동 연구를 통해 흐름전지를 개발하는 모습을 볼 수 있다.

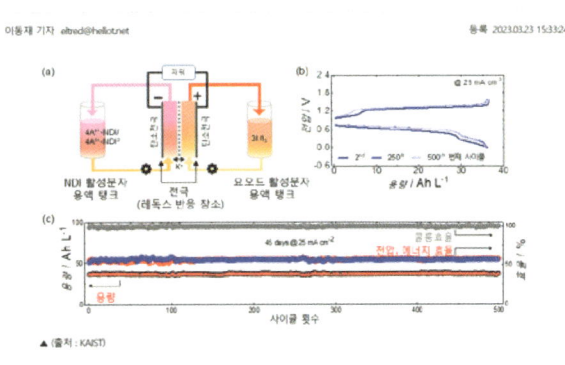

탄소 중립 시대로 넘어감에 따라 에너지의 중요성이 더욱 높아지고 있는 이때 기업과 대학 및 출연(연)들이 흐름전지에 관심을 가지는 것은 어찌보면 당연하다.

흐름전지의 기술 변화를 특허 빅데이터 분석 관점으로 확인하기 위해 특허 출원일 기준 3년 단위로 나누어 최근 9)10년간(2014~2023)의 특허를 분석했다.

---

9) 2023.07.11 기준 특허 모집단 추출
 - 1구간 : 20140101~20161231, 2구간 : 20170101~20191231, 3구간 : 20200101~20230711

신산업 분야 특허 빅데이터 분석방법 사례

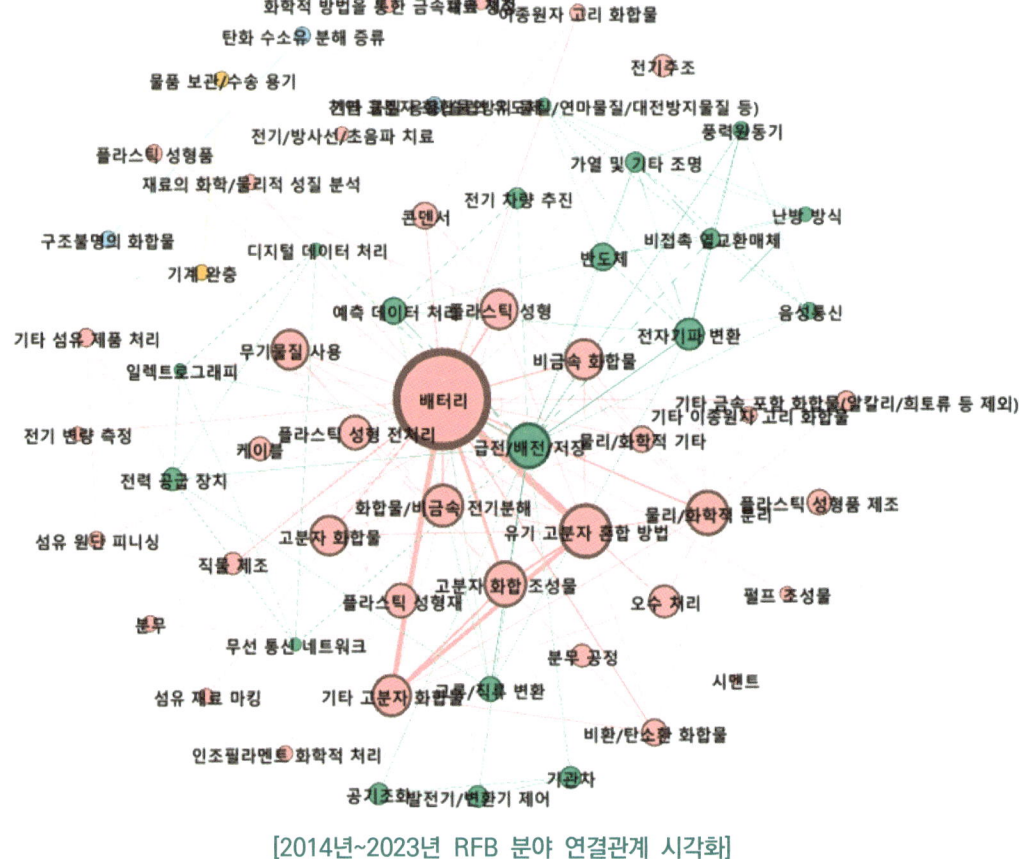

[2014년~2023년 RFB 분야 연결관계 시각화]

우선 2014년부터 2023년 전 구간에 해당하는 전체 특허의 IPC 분포를 확인하면 레독스 플로우 배터리가 2차 전지의 일종인 만큼 배터리 기술이 중심에 위치함을 확인할 수 있고, 급전/배전/저장, 고분자 화합물, 유기 고분자 화합물, 비금속 화합물 등의 기술 또한 큰 연결성을 나타냄을 확인할 수 있다.

흐름전지의 기술 변화를 보다 정확히 파악하기 위해 좀 더 세부적인 기술에 대해 연결성을 분석하여 이전 구간 대비 새로이 연결성을 보이는 기술은 무엇이 있는지, 그리고 해당 특허 건에는 어떤 것들이 있는지 확인해 보자.

1구간 (2014~2016)

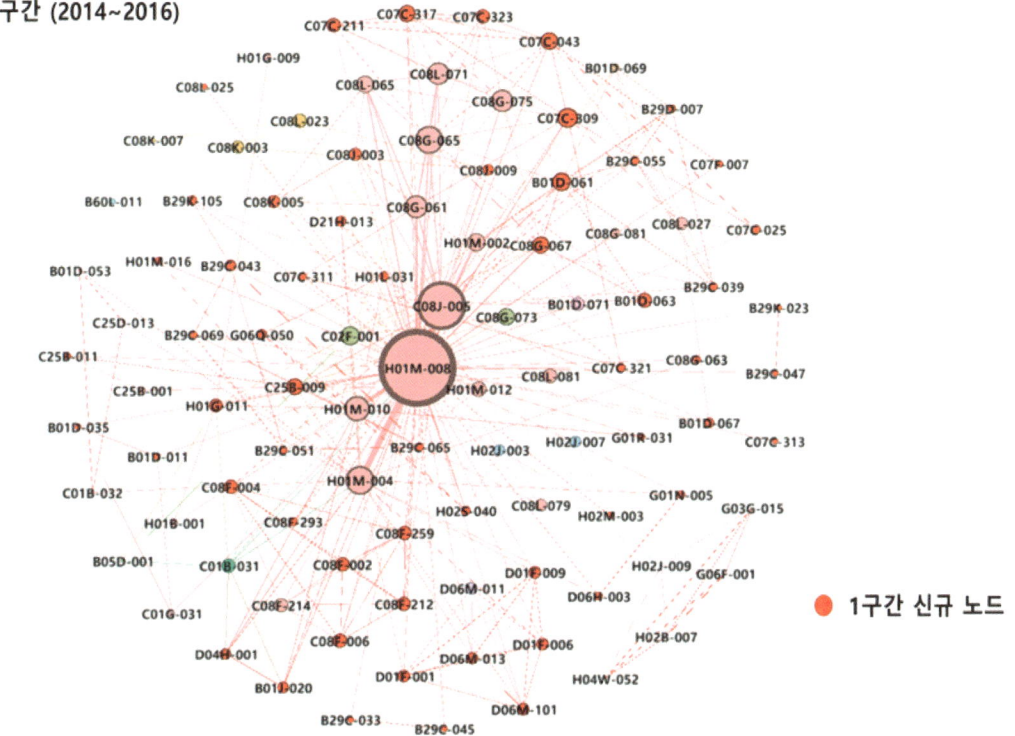

2구간 (2017~2019)

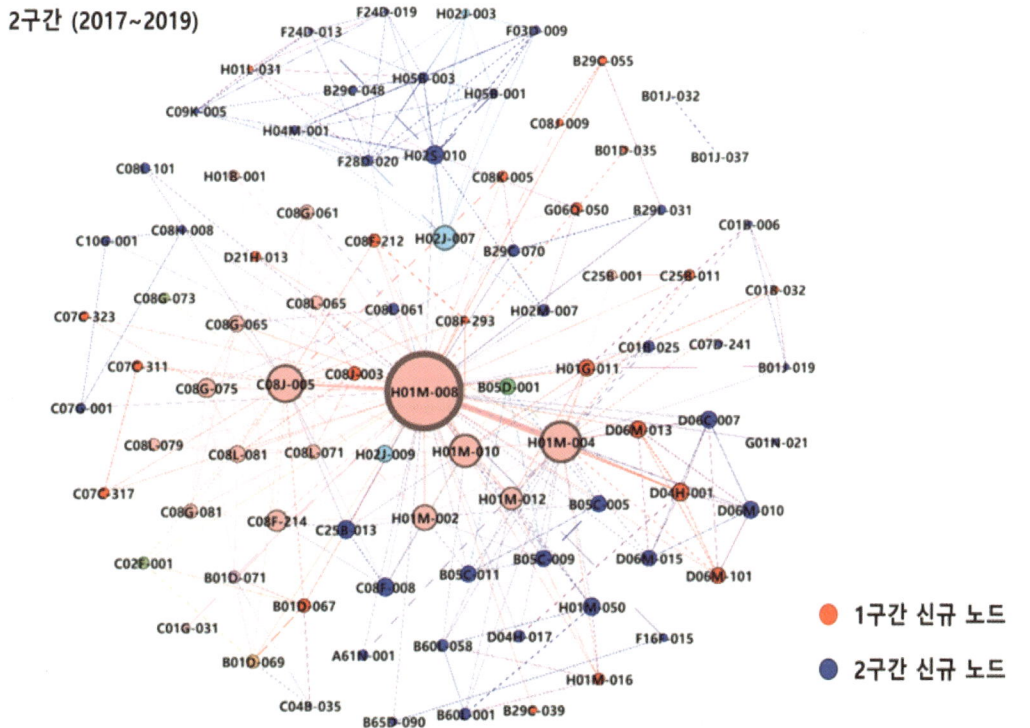

신산업 분야 특허 빅데이터 분석방법 사례

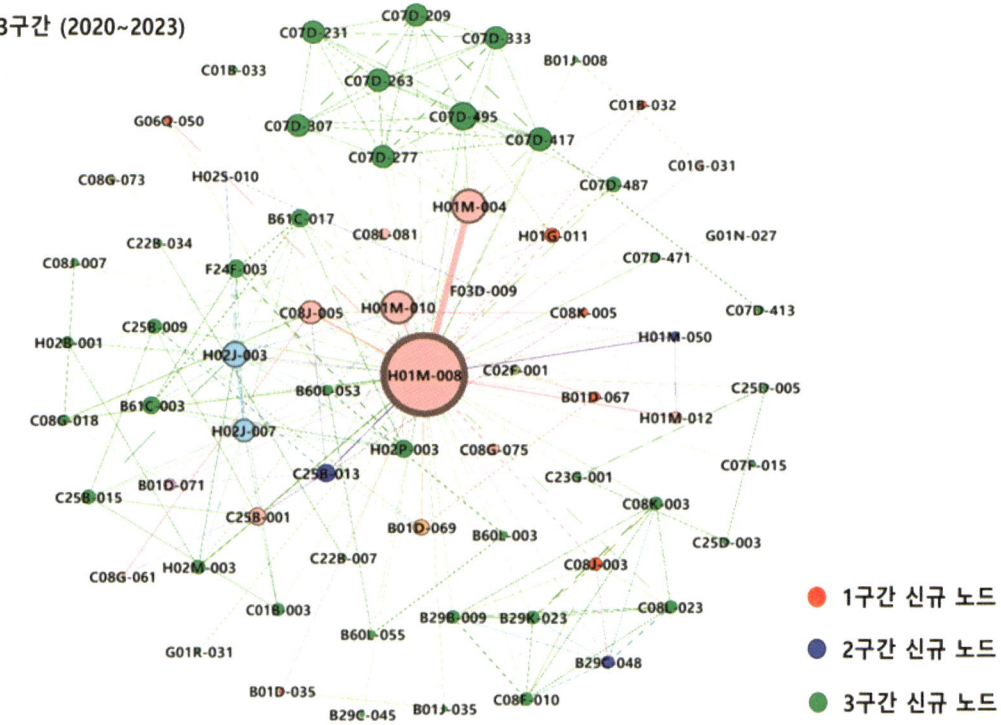

구간별 흐름전지 분야의 SNA를 시각화하고, 해당 구간에서 새로이 연결성을 나타낸 노드가 무엇인지 파악하기 쉽게 색깔로 표시했다. 1구간의 새로운 연결성을 보이는 기술은 빨간색, 2구간은 파란색, 3구간은 초록색으로 표시했다.

1구간의 경우, 중심 노드 일부 외에 대부분의 노드가 빨간색인 것으로 보아 1구간에 들어서며 본격적으로 RFB 분야에 대한 기술 개발이 진행됨을 알 수 있다.

2구간의 경우, 1구간 이전의 노드와 새로이 연결성을 보이는 기술도 있지만 1구간의 신규 노드와 새로이 연결성을 보이는 기술이 확인된다.

3구간의 경우, 2구간과 마찬가지로 1구간 이전의 노드와 연결성을 보이는 기술도 보이며, 1구간 신규 노드와 새로운 연결성을 보이는 기술뿐만 아니라 1구간 신규 노드, 2구간 신규 노드와 함께 새로이 연결성을 보이는 기술이 확인된다.

① 2구간에서의 신기술 센싱

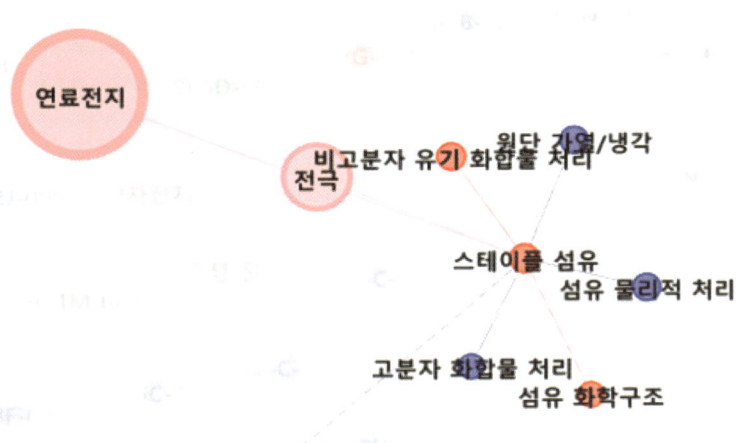

['스테이플 섬유 등' 기술과 새롭게 연결된 기술]

첫 번째로, 1구간 신규 노드인 '스테이플 섬유 등' 기술과 신규 연결성을 보이는 섬유 관련 응용 기술이 확인된다.

문헌번호	발명의 명칭	출원인
KR 2100173 B1	보론기가 도입된 카본펠트 및 카본펠트 표면처리방법	㈜에티스
KR 2019-0054712 A	카본펠트 및 이를 적용한 하이브리드 흐름전지	롯데케미칼 주식회사
KR 2202979 B1	이중원자가 도핑된 카본펠트의 제조방법	한국생산기술연구원

해당 신기술에 속하는 특허들을 각각 살펴보면 다음과 같다.

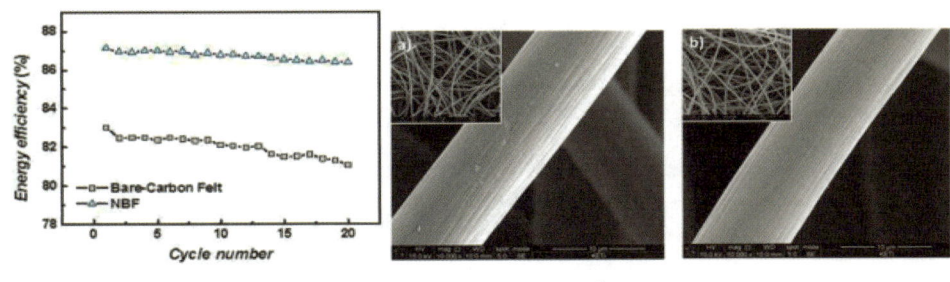

[KR 2100173 B1 도면]

KR 2100173 B1 특허의 경우, 보론기가 도입된 카본 펠트를 포함하는 바나듐 레독스 플로우 이차전지기술로, 에너지 효율이 향상되는 효과가 있다.

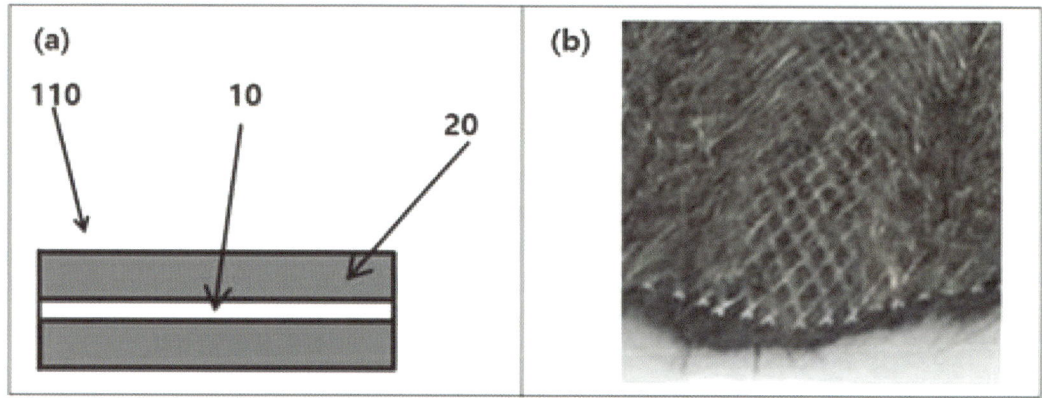

[KR 2019-0054712 A 도면]

KR 2019-0054712 A 특허의 경우, 수지제 메쉬(mesh)에 탄소섬유가 결합되어 있는 카본 펠트로, 카본펠트 표면 및 내부에 탄소계 물질이 분산된 카본 펠트를 제공하여 에너지 효율을 상승시키고 에너지 효율 편차를 감소하는 기술이다.

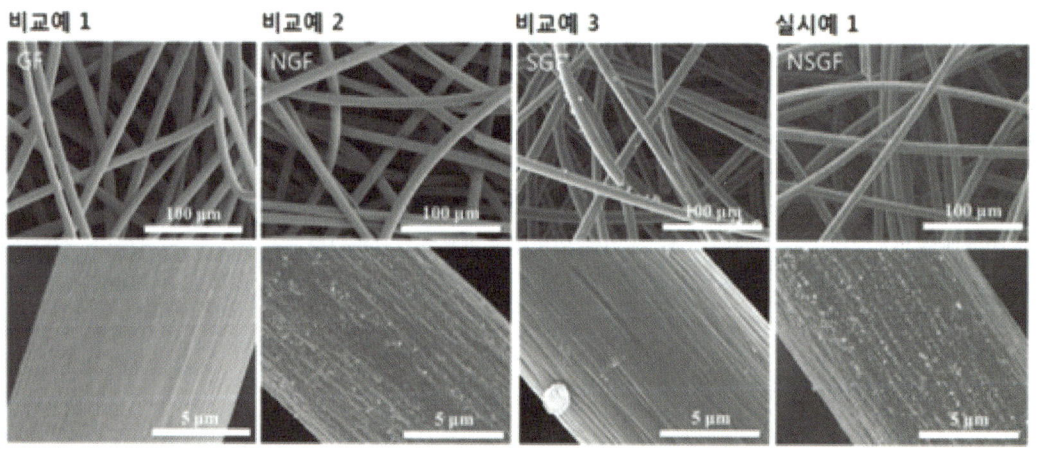

[KR 2202979 B1 도면]

KR 2202979 B1 특허의 경우, 질소 원자 및 황 원자가 도핑 된 카본 펠트를 포함하는 바나듐 레독스 흐름전지는 카본 펠트의 표면처리를 통해 바나듐의 산화환원 반응이 가역적으로 잘 일어나게 하여 에너지 효율을 높이는 기술이다.

세 가지 특허 모두 흐름전지의 구성요소인 카본 펠트에 대한 기술이며, 에너지 효율을 증대시키기 위해 소재와 제작 기법을 달리한 기술로 판단된다.

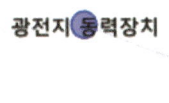

['데이터 처리 시스템' 기술과 새롭게 연결된 기술]

두 번째로, 1구간 신규 노드인 '데이터 처리 시스템' 기술과 신규 연결성을 보이는 태양광 설비 관련 응용 기술이 확인된다.

문헌번호	발명의 명칭	출원인
KR 2336690 B1	레독스 흐름전지용 에너지관리시스템	유한회사 세레스

해당 신기술에 속하는 특허는 1건이며 세부 내용을 살펴보면 다음과 같다.

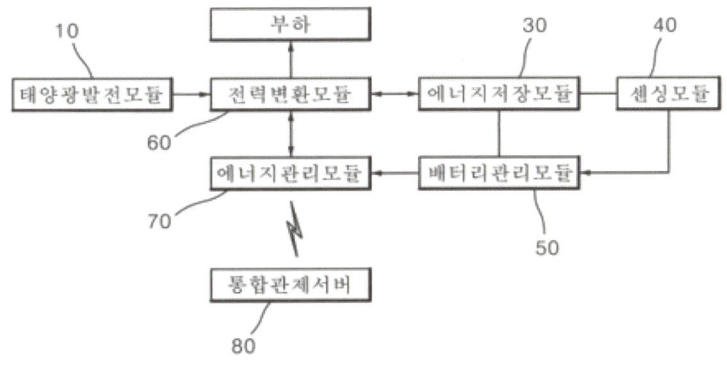

[KR 2336690 B1 도면]

KR 2336690 B1 특허의 경우, 로컬 사이트별로 태양광 전력 충전 량을 시간별, 기간별 정보를 수집하고, 에너지 저장 모듈의 에너지 사용량 정보를 시간별, 월별, 연별 단위로 분석 및 모니터링 할 수 있는 기술이다.

ESS가 태양광과 같은 재생에너지와 연계되어 효율적인 에너지 관리를 위한 기술로 판단된다.

② 3구간에서의 신기술 센싱

['고분자 물질 처리/혼합, 압출성형' 기술과 새롭게 연결된 기술]

첫 번째로, 1구간 신규 노드인 '고분자 물질 처리/혼합' 기술과 2구간 신규 노드인 '압출성형' 기술에 추가로 신규 연결성을 보이는 불포화 지방족 탄화수소 관련 응용 기술이 확인된다.

문헌번호	발명의 명칭	출원인
KR 2021-0043459 A	폴리프로필렌 입자, 이의 제조방법, 이를 사용하여 제조된 바이폴라 플레이트 및 이를 포함하는 레독스 플로우 전지	㈜엘엑스하우시스

해당 신기술에 속하는 특허는 1건이며 세부 내용을 살펴보면 다음과 같다.

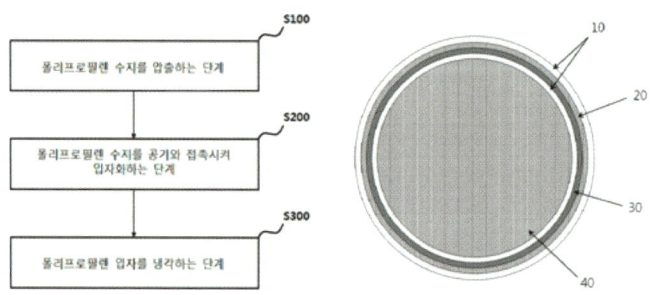

[KR 2336690 B1 도면]

KR 2336690 B1 특허의 경우, 폴리프로필렌에 대해 일정 이상의 용융 지수를 갖도록 하여 용융 상태에서 높은 유동성과 혼련성을 가짐으로써, 무기 물질과의 용융 혼합을 진행하는 공정의 혼련도를 증가시킬 수 있을 뿐만 아니라, 용융 폴리프로필렌의 유동성을 증가시켜 레독스 전지용 바이폴라 플레이트로 제조한 경우 바이폴라 플레이트의 내부식성을 향상하고, 전기저항을 줄이는 기술이다.

흐름전지의 구성요소인 바이폴라 플레이트에 대한 기술이며, 소재의 특징 및 제법에 대한 기술로 판단된다.

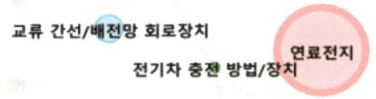

['데이터 처리 시스템, 전기차 충전 방법/장치' 기술과 새롭게 연결된 기술]

두 번째로, 1구간 신규 노드인 '데이터 처리 시스템' 기술과 새로이 연결성을 보이는 전기차 관련 응용 기술이 확인된다.

문헌번호	발명의 명칭	출원인
KR 2023-0044089 A	친환경 발전 또는 심야의 유휴 전력을 활용하는 전기자동차 충전용 레독스 흐름전지 충전 시스템 및 방법	남도금형㈜

해당 신기술에 속하는 특허는 1건이며 세부 내용을 살펴보면 다음과 같다.

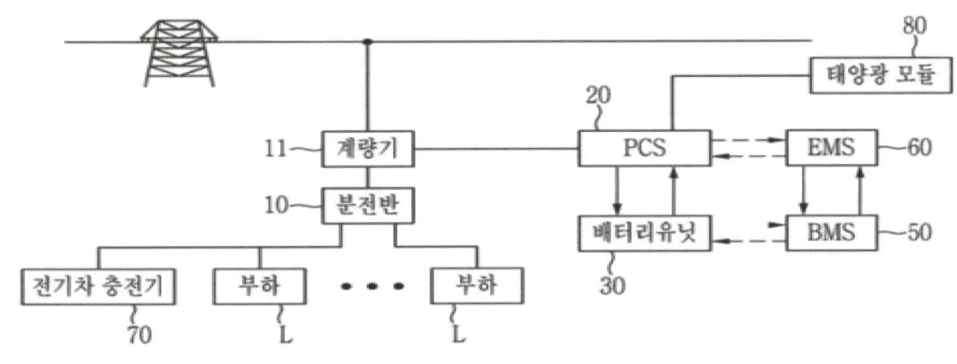

[KR 2023-0044089 A 도면]

신산업 분야 특허 빅데이터 분석방법 사례

KR 2023-0044089 A 특허의 경우, 친환경 발전 또는 심야의 유휴 전력을 활용하는 전기자동차 충전용 레독스 흐름전지 충전 시스템 및 방법에 관한 기술이다.

재생에너지와 연계되어 활용되던 ESS를 전기차 충전 분야로 확대한 기술로 판단된다.

이번 분석에서는 화재에 대한 위험이 없는 차세대 ESS의 흐름전지 기술의 발전을 확인했다.

첫째, 흐름전지 구성요소에 대한 기술로 기존의 ESS에 주력으로 이용되고 있는 리튬이온전지보다 상대적으로 낮은 에너지 효율을 보완하기 위해 꾸준히 소재 및 제조 기법에 대한 기술을 개발하고 있음을 확인할 수 있다.

둘째, 흐름전지의 활용에 대한 기술로 태양광 등의 재생에너지와 연계하여 ESS의 효율적인 에너지 관리를 위한 기술과 잉여 에너지를 전기차 충전 분야에 활용하는 등의 활용 기술 또한 활발히 개발되고 있는 것을 확인했다.

이와 같이, 특허 빅데이터 분석을 활용하여 흐름전지의 기술 트렌드를 분석할 수 있었고, 대기업뿐만 아니라 중소중견 기업과 출연(연) 또한 흐름전지에 대해 꾸준히 관심을 가지고 기술 개발을 진행 중인 것을 알 수 있다.

제3장

첨단 모빌리티

제3장 | 첨단 모빌리티

1. 권리범위와 침해분석 사례
- 자율주행차량, 통신기술 특허침해 소송 배경과 현황 분석

포르쉐, 람보르기니, BMW, 벤츠, 현대자동차 등 다양한 기업이 자동차를 만들고 있다. 많은 브랜드에서 사람들의 환심을 사기 위해 최고급 기능과 디자인을 앞다투어 내놓고 있다. 자동차 한 대 들어가는 많은 기능 중 최근 가장 큰 이슈는 역시 "자율주행 기능" 인데, 이 자율주행 기능에 들어가는 통신 기술때문에, BMW, 벤츠 등의 기업들이 잇따라 특허 침해소송을 당하고 있다. 자율주행 자동차, 과연 이대로 괜찮을지, 특허침해 소송의 배경부터 앞으로 나아가야 할 방향까지 자세히 살펴보자.

자동차의 자율주행을 위해 중요한 기술 중 하나는, 자동차와 통신 기술을 접목시키는 것이다. 자동차에서의 통신 기술은 V2X communication이라고 표현하는데, V2X는 자동차와 통신하는 통신 대상에 따라 아래와 같이 분류된다.

▶ **V2X 통신 종류**
- V2V(Vehicle to Vehicle) : 차량-차량 간 통신
- V2I(Vehicle to Infrastructure) : 차량-인프라 간 통신
- V2N(Vehicle to Nomadic Device) : 차량-모바일 기기 간 통신
- V2P(Vehicle to Pedestrian) : 차량-보행자 간 통신

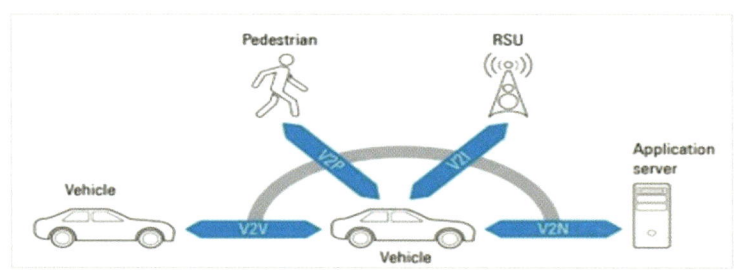

자율주행을 위해 자동차와 통신기술의 접목이 중요한 이유는 통신 기술과 자동차가 융합되면서 10)커넥티드 카 및 11)C-ITS를 통해 완벽한 이동성과 운전자의 자유로움을 제공하는 자율주행의 핵심 기술이 되기 때문이다.

---

10) 커넥티드 카(connected car): 자동차에 V2X 통신을 기반으로 연결성을 제공하여 주변의 자동차나 도로인프라, 보행자 등과 양방향 소통을 통해 안전주행, 교통 혼잡 방지 및 다양한 서비스를 제공할 수 있는 자동차를 의미

11) C-ITS(Cooperative-Intelligent Transportation System, 차세대 지능형 교통시스템): 차량에 정보를 단방향으로 전하는 교통관리 중심의 ITS에서 벗어나 차량과 차량간(V2V), 차량과 인프라간(V2I) 양방향으로 데이터를 지속적으로 공유하여 돌발 상황에 신속하고 능동적으로 미리 대응할 수 있는 교통안전중심의 차세대 ITS를 의미함

그렇다면, 자동차 회사들은 통신 관련 기술을 어느 정도 개발하고 있을까? 주요 자동차 회사를 출원인으로 두고, 위에서 말씀드린 V2X 등의 통신기술 키워드를 포함한 특허를 특허 검색 DB인 키워트를 통해 검색했다.

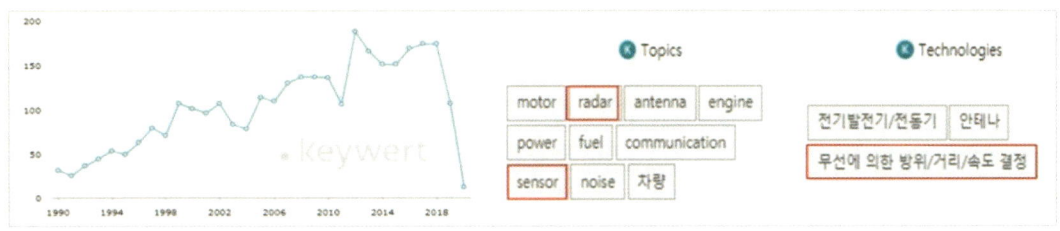

(좌) 그래프엔진을 통해 알 수 있듯이 1990년대부터 지금까지 자동차 회사들의 통신 관련 특허 출원 건수는 꾸준히 증가하고 있는 추세이다.

(우) 검색 후 K-Topics, K-Technologies를 통해 자동차 회사 특허의 주요 키워드와 기술분야를 알 수 있다. K-Topics 를 확인해보면, 자율 주행과 밀접한 관련이 있는 "radar"와 "sensor" 라는 키워드가 보인다. K-Technologies 에 "무선에 의한 방위/거리/속도 결정" 기술이 확인되는 것을 통해 자율주행에 관한 특허 출원이 많이 비중을 차지하고 있다는 걸 쉽게 알 수 있다.

이번에는, 위에서 검색한 특허를 기간별로 나누어 K-Topics, K-Technologies 를 확인해보자.

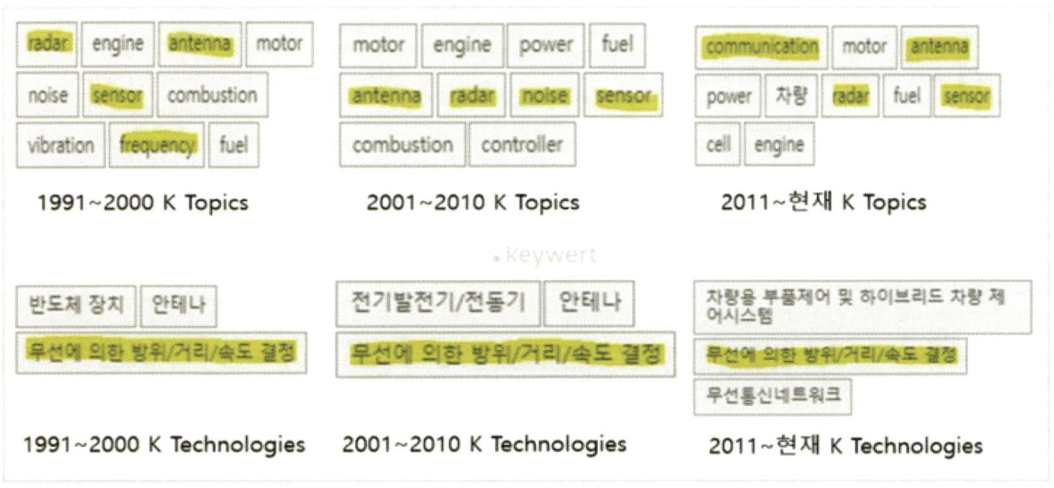

검색된 결과들을 기간별로 나누어 재검색해본 결과, K Topics에서는 radar, sensor 및 antenna, K Technologies에서는 "무선에 의한 방위/거리/속도"기술을 모든 기간에서 확인할 수 있다. 즉, 자율주행과 관련된 기술을 90년대부터 지속적으로 개발하고 있다고 판단된다.

기간을 나누어 분석해보면, 90년대에는 센서와 라이다에서의 주파수 관련 기술(ex. 주파수 변조 연속파 라이다 시스템 등)이 2000년대에는 통신 시 발생되는 노이즈를 제거하기 위한 기술들 중심으로 연구가 진행된 것으로 보인다.

2010년 이후에는 "communication"이 K Topics에서 확인되고, K Technologies에서 "차량용 부품제어 및 하이브리드 차량 제어 시스템"이 확인된다. 즉, 2010년대에는 하이브리드 차량의 제어를 위한 차량 내 통신 시스템 관련 기술 개발이 활발하였으며, 이를 통한 커넥티드카에서의 차량 통신 기술에 대한 연구개발이 이루어진 것으로 판단할 수 있다.

그렇다면, 통신 기술에서 가장 중요한 특허는 무엇일까? 당연히 표준 특허일 것입니다.

표준 특허란, ISO(국제표준화기구), IEC(국제전기기술위원회), ITU(국제전기통신연합) 등 국제기구에서 정한 표준규격을 기술적으로 구현해 낼 때 필수적으로 실시해야 하는 특허로, 국제적으로 정해진 기준에 맞춰 제품을 만들고자 할 때 반드시 실시할 수 밖에 없는 기술이다. 따라서, 자동차 회사도 통신 기술을 사용하기 위해서는 통신 기술에 대한 특허를 확보하거나 표준특허를 실시할 수 밖에 없다.

그렇다면 자동차 회사는 통신 기술 관련 표준 특허를 얼마나 보유하고 있을까? 아래 그래프에서 알 수 있듯이, 3GPP, WAVE 와같은 통신 표준 기술과 관련된 자동차 회사의 특허 출원은 아직 미약하다. 자동차 회사들은 주로 표준 통신을 기반으로 한 응용 기술에 대해 연구 개발을 하는 것으로 판단된다.

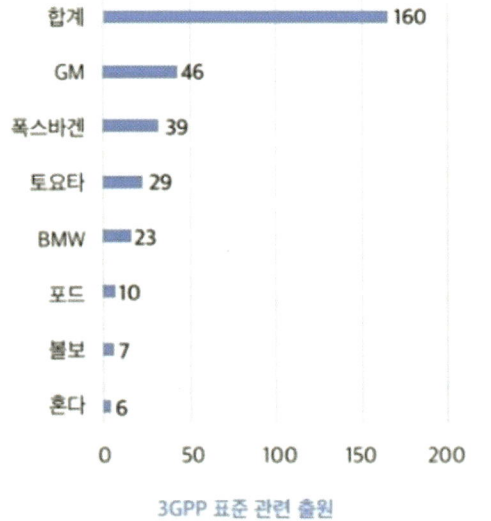

3GPP 표준 관련 출원

WAVE 표준 관련 출원

아래 이미지는 전 세계 V2X 기술 선도 기관의 현황이다.

위 그림을 통해 V2X 기술을 선도하는 기관은 대부분 통신/전자 분야의 기업들임을 알 수 있다. 자동차 회사가 자율주행 차량을 개방할때 통신 기술을 가진 회사와 공조하지 않으면, 문제가 발생할 확률이 높은 상황이라고 볼 수 있는 것이다.

그렇다면, 자동차 회사와 통신 기술을 가진 회사 간 분쟁이 실제로 얼마나 발생하고 있을까? 특허 검색 DB인 키워트의 미국소송검색을 통해 확인해 볼 수 있다.

▸ **V2X 특허 소송 검색 기준**
- 기술분야 : 전자분야의 "기본통신프로세스", "디지털 통신", "원거리 통신"
- 사건당사자 : 자동차 회사의 기업명

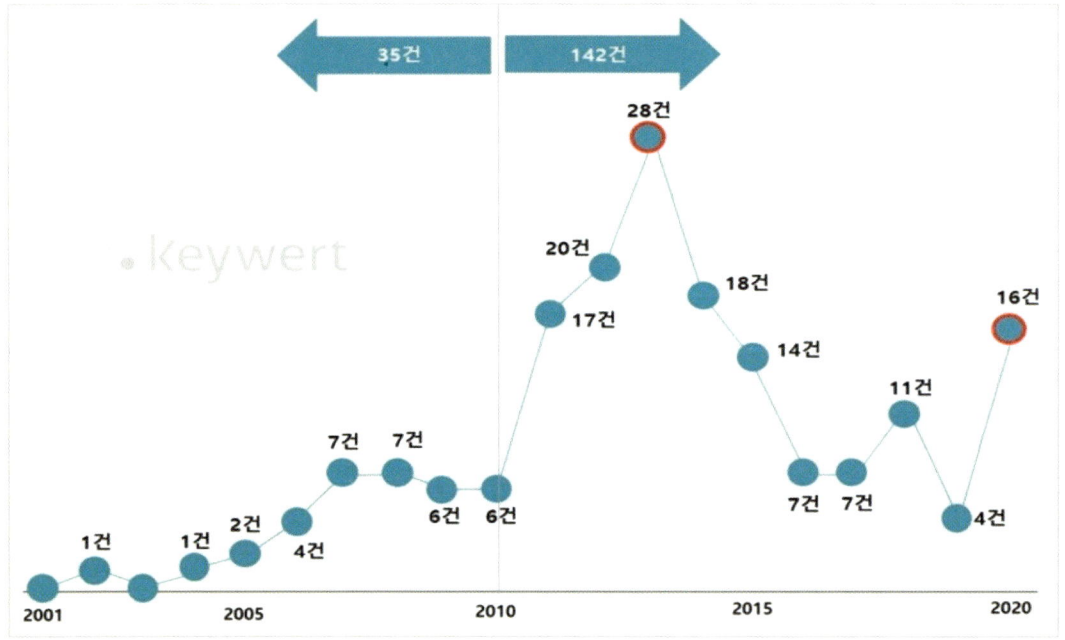

    최근 10년(2011년~현재)과 그 이전의 10년(2001년~2010년)간의 자동차 회사의 통신 기술 관련 미국 소송을 검색해본 결과, 2000년대의 소송이 35건에 불과한 반면, 최근 10년 동안의 소송은 142건으로 약 4배 정도 증가한 것을 확인할 수 있다.

    2010년대 초중반에 미국 특허소송이 매우 급격히 증가한 것을 볼 수 있는데, 이는 2010년대에 들어서면서 자동차 회사에서 자율주행의 주요 기술중에 하나인 차선 유지 보조(Lane Keep Assist) 기술이 탑재된 자동차를 출시를 시작했기 때문인 것으로 판단된다.

    테슬라(Tesla)의 경우, 2010년대 초중반에 첨단 운전자 보조 시스템(ADAS: Advanced Driver Assistance System) 기능을 제공했다. 또한, 자동차 회사가 아닌 구글에서도 2010년 자율주행 자동차를 선보이기도 했다.

    그 후 미국 특허소송 건수가 주춤하다 2020년에 들어서 다시한번 급격히 증가하는 모습을 보이고 있는데, 이는 앞서 말한 첨단 운전자 보조 시스템(ADAS)의 기술 개발에 따라 많은 센서들이 차량에 탑재되었기 때문이다. 일례로 현대자동차의 2019년 완성차의 경우에는 카메라 2개, 레이더 3개, 초음파 1개를 장착하여 첨단 운전자 보조 시스템을 구축했다.

    즉, 자율주행을 위한 통신 기술이 접목된 자동차의 제품화가 이루어지기 시작하면서 관련 미국 특허소송건이 증가한 것을 알 수 있다. 그럼 구체적으로 어떤 자동차 회사들이 통신 기술 관련 특허침해 소송에 연루되었는지 알아보자.

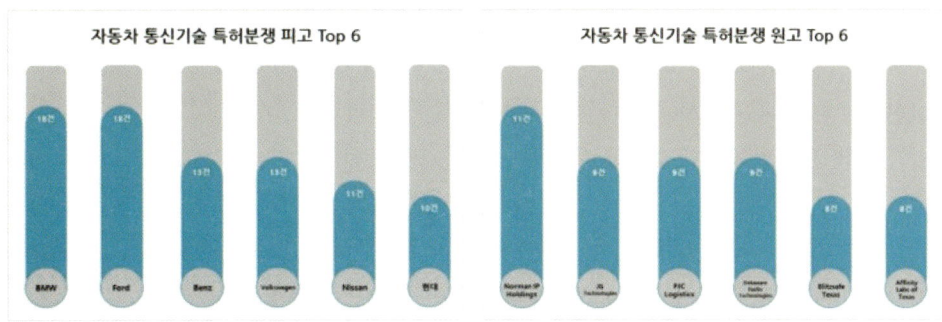

자동차 회사인 피고에는 BMW, Ford, Benz, Volkswagen, Nissan, 현대자동차가 가장 많으며, 원고들은 Norman IP Holdings, LLC, JG Technologies, LLC, PJC Logistics, LLC, Delaware Radio Technologies, LLC, Blitzsafe Texas, LLC, Affinity Labs of Texas, LLC 로 확인된다.

여기서 주목할 만한 사실은 원고 TOP6가 모두 NPE 라는 것이다. 많은 NPE에서 통신 관련 기술을 가지고 자동차 회사를 공격하고 있음을 알 수 있는 대목인데, 실제로, V2X 기술 선도 기관 중 하나인 노키아(Nokia)에서는 더이상 휴대폰 제조를 하지 않고 NPE에 통신 특허를 판매하여 특허 수익을 올리고 있다고 한다.

추가로 특허 검색 DB인 키워트를 이용해 최근에 자동차 회사에 소제기를 많이 하고 있는 JG Technologies, LLC 의 소송 내용을 살펴보자.

텍사스 동부지방법원	2:20-cv-00166	2020.05.31	-	진행중	JG Technologies, LLC v. Hyundai Motor America
텍사스 동부지방법원	2:20-cv-00170	2020.05.31	-	진행중	JG Technologies, LLC v. Mercedes-Benz USA, LLC
텍사스 동부지방법원	2:20-cv-00171	2020.05.31	-	진행중	JG Technologies, LLC v. Nissan North America, Inc.
텍사스 동부지방법원	2:20-cv-00172	2020.05.31	-	진행중	JG Technologies, LLC v. Tesla, Inc. dba Tesla Motors, Inc.
텍사스 동부지방법원	2:20-cv-00167	2020.05.31	2020.08.28	종료	JG Technologies LLC v. American Honda Motor CO., Inc.
텍사스 동부지방법원	2:20-cv-00173	2020.05.31	-	진행중	JG Technologies, LLC v. Toyota Motor Sales, USA, Inc.
텍사스 동부지방법원	2:20-cv-00174	2020.05.31	2020.08.06	종료	JG Technologies LLC v. Volkswagen Group of America, Inc.
텍사스 동부지방법원	2:20-cv-00163	2020.05.31	2020.08.28	종료	JG Technologies LLC v. BMW of North America, LLC
텍사스 동부지방법원	2:20-cv-00165	2020.05.31	2020.08.28	종료	JG Technologies LLC v. Ford Motor Company

해당 NPE는 2020년 5월에 JG Technologies, LLC 라는 NPE가 벤츠(Mercedes-Benz USA)를 비롯하여 현대, 닛산, 테슬라, 토요타, BMW, 포드 등을 상대로 소송을 제기했다.

JG Technologies, LLC 와 벤츠와의 침해 소송에서 근거가 되는 특허는 위의 1건(US 7952511 B1 – 'Method and apparatus for the detection of objects using electromagnetic wave attenuation patterns(전자파 감쇠 패턴을 사용한 대상의 검출을 위한 방법과 장치)')인데, 이 1건의 특허로 2020년 5월 31일에 무려 9곳의 자동차 회사에 동시에 소송을 제기했다.

　자동차 회사들의 "자율주행"을 목적으로 사용하는 통신 기술은 사실 대체로 유사하다. 앞에서 설명드린 표준특허와 같은 논리이다. 때문에 위의 사례에서처럼, 통신 회사 또는 NPE는 하나의 특허로도 많은 자동차 회사에 특허 침해 소송을 제기할 수 있다. 자동차와 통신 기술의 결합에 따른 특허 침해 소송 횟수가 급격히 증가하고 있는 가운데, 특허괴물(NPE)은 물론이고, 통신 회사들에서도 잇따라 자동차 회사에 특허 소송을 제기하고 있다.

　자동차 회사들은 앞으로 자율주행 차량의 출시 이전에, 특허 출원 또는 양도를 통한 통신 기술 특허 확보 및 통신 기술 특허 보유 기업과의 라이센싱 등을 통해 피해를 최소화할 수 있도록 단단히 대응하는 것이 꼭 필요하다.

2. R&D 전략 수립 사례
- 애플이 애플카를 위해 세울 수 있는 최선의 전략은?

최근 자동차 시장의 큰 관심사 중 하나는 애플의 시장 진입 여부이다. 스마트폰 시장에서 하나의 아이콘으로 자리잡은 애플이 애플카를 개발하려 하는 이유는 무엇일까?

애초 스티브 잡스는 자동차 덕후였고, 2015년 블룸버그(애플에서 아이팟 프로젝트를 책임졌던 전 부사장)는 한 인터뷰에서 잡스와 여러 차례 애플이 자동차를 만드는 문제를 논의했다고 밝히기도 했다.

잡스가 사망하고, 팀 쿡 CEO는 아이디어 차원을 넘어 사업화에 시동을 걸었다. 애플은 2014년부터 '프로젝트 타이탄'이라는 차량 프로젝트를 가동해 자율주행전기차(이하, 애플카)를 개발하려 했다.

하지만 '프로젝트 타이탄'은 2년만에 사실상 폐기된 것으로 간주되었다. 최근 이슈가 되고 있는 애플카에 대한 두번째 도전에 대해서도 애플은 공식 입장을 내놓지 않고 있다.

현재 시장은 애플카가 과연 시장에 나올 것인가에 대한 기대감과 두번째 도전 역시 실패할 것이라는 회의적인 입장이 공존하고 있다.

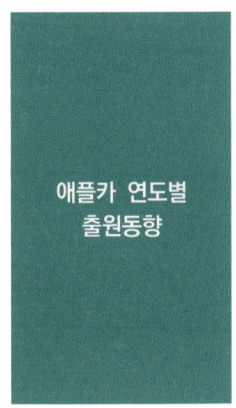

신산업 분야 특허 빅데이터 분석방법 사례

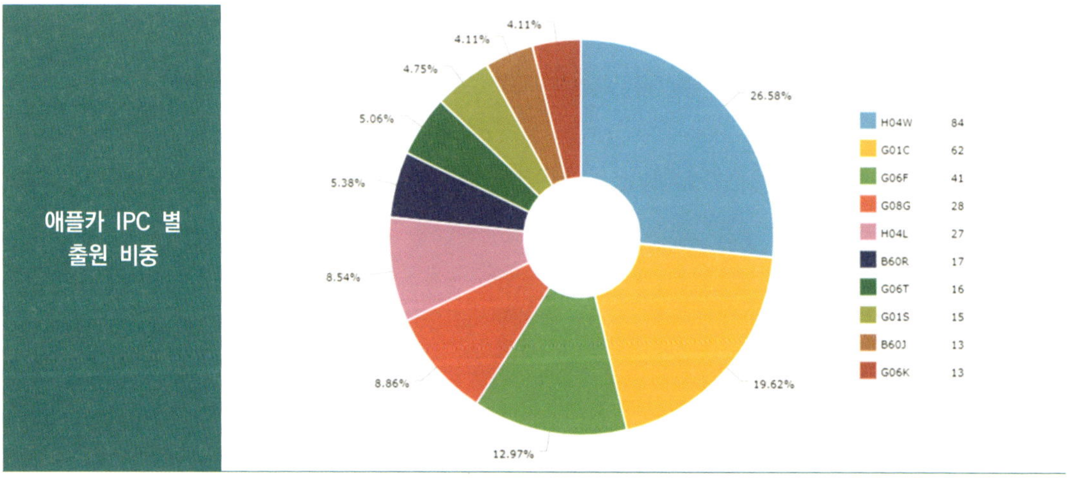

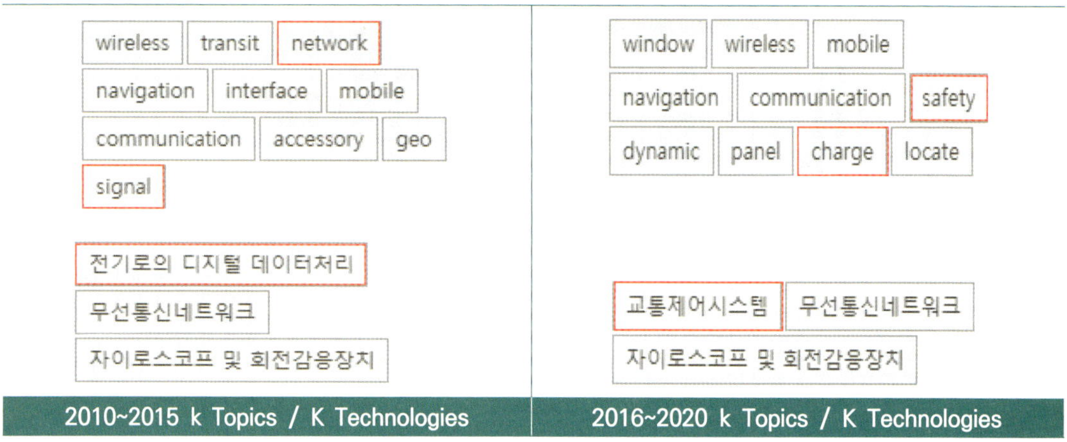

애플카 IPC 별 출원 비중

IPC	건수	비율
H04W	84	26.58%
G01C	62	19.62%
G06F	41	12.97%
G08G	28	8.86%
H04L	27	8.54%
B60R	17	5.38%
G06T	16	5.06%
G01S	15	4.75%
B60J	13	4.11%
G06K	13	4.11%

2010~2015 k Topics / K Technologies
- wireless, transit, network, navigation, interface, mobile, communication, accessory, geo, signal
- 전기로의 디지털 데이터처리
- 무선통신네트워크
- 자이로스코프 및 회전감응장치

2016~2020 k Topics / K Technologies
- window, wireless, mobile, navigation, communication, safety, dynamic, panel, charge, locate
- 교통제어시스템, 무선통신네트워크
- 자이로스코프 및 회전감응장치

애플카 관련 특허를 분석한 결과, 2010년대에 들어서면서 특허 출원건수가 지속적으로 증가하고 있는 추세이다.

검색된 결과들을 특허출원 건수가 두드러지게 증가하기 시작한 2010년을 기준으로 5년씩 2개 구간을 나누어 보았다. 그 결과, 두 구간에서 공통적으로 wireless, communication, mobile, navigation 등의 k-topics와 무선통신네트워크의 k-technologies가 확인된다는 점에서 애플카의 주요 핵심 기술이 무선통신네트워크를 기반으로 한다는 것을 파악할 수 있다

각 구간별로 상세 기술이 어떻게 구성되어 있는지 분석해보면, 2010년부터 2015년에는 network, signal 키워드가 확인되데, 커넥티드카와 관련된 기술들이 주를 이루는 것으로 분석된다.

2016년부터 2020년에는 window, safety, charge의 키워드를 통해 창문과 관련된 기술, 안전을 위한 기술 및 애플카의 충전 기술들이 연구되었다고 판단할 수 있다. 즉, 애플카와 관련된 특허는 "자율주행자동차"와 관련된 기술인 것을 확인할 수 있다.

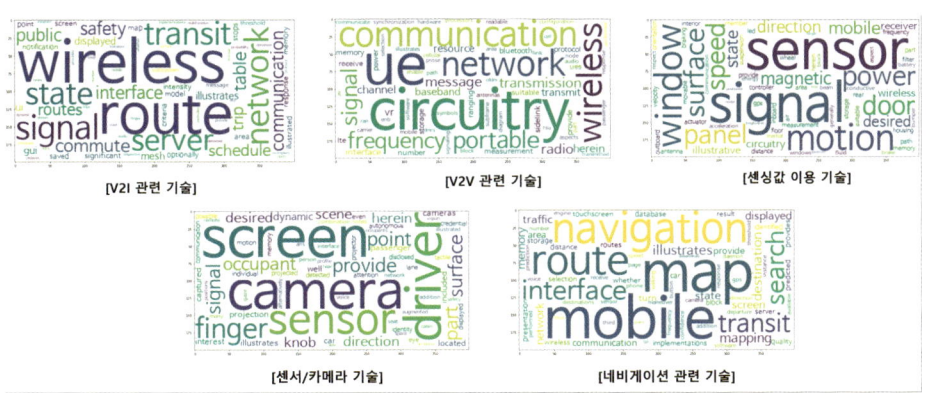

[V2I 관련 기술]   [V2V 관련 기술]   [센싱값 이용 기술]

[센서/카메라 기술]   [네비게이션 관련 기술]

애플카 특허들을 대상으로 키워드를 이용한 빅데이터 분석을 진행해보니, 위와 같이 분류되는 것을 확인할 수 있다.

분류된 각각의 기술들은 대부분 자율주행과 관련된 기술로, 차량과 교통인프라 간의 통신 기술(V2I 관련 기술), 차량과 차량간의 통신 기술(V2V), 센싱값 이용 기술, 센서/카메라를 이용한 기술 및 네비게이션 관련 기술로 확인된다.

센싱값 이용 기술에서는 특이한 키워드들이 추출되는데, 관련 키워드들을 보면 sensor, signal, window 등이 확인되는 것을 알 수 있다. 센싱값 이용 기술과 관련된 특허를 간단히 살펴보자.

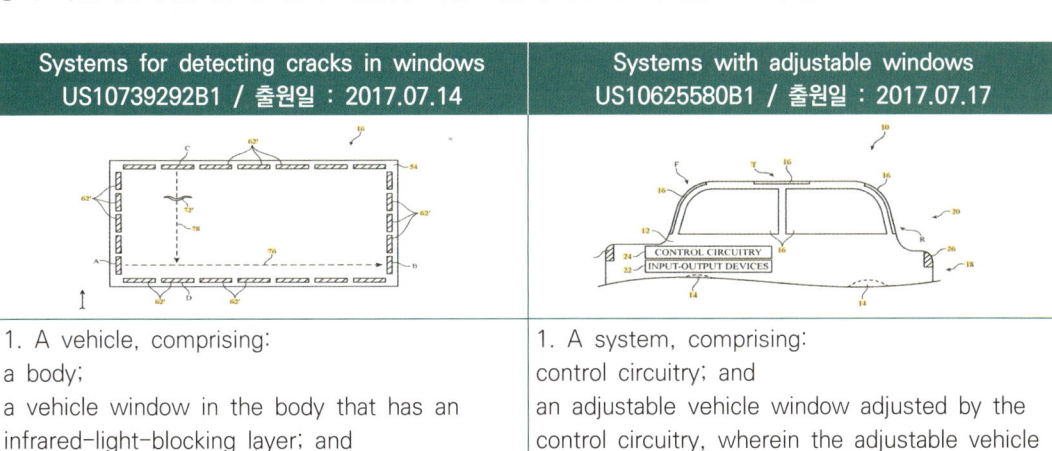

Systems for detecting cracks in windows US10739292B1 / 출원일 : 2017.07.14	Systems with adjustable windows US10625580B1 / 출원일 : 2017.07.17
1. A vehicle, comprising: a body; a vehicle window in the body that has an infrared-light-blocking layer; and control circuitry that is configured to heat the window by applying ohmic heating current to the infrared-light-blocking layer and that is configured to detect window cracks by making electrical measurements on the infrared-light-blocking layer.	1. A system, comprising: control circuitry; and an adjustable vehicle window adjusted by the control circuitry, wherein the adjustable vehicle window includes an adjustable tint layer that exhibits an adjustable amount of light absorption, wherein the adjustable vehicle window includes an adjustable reflectivity layer selected from the group consisting of: a cholesteric liquid crystal device and a switchable metal hydride film, and wherein the adjustable reflectivity layer exhibits an adjustable amount of light reflectivity.
창문에 전류 값을 센싱하여 창문에 발생된 크랙을 검출함	광 센서의 센싱값을 이용한 창문의 상태 (반사율, 틴트율, 헤이즈)를 조절함

신산업 분야 특허 빅데이터 분석방법 사례

센싱값을 이용하는 기술들을 살펴보니, 창문의 전류 값을 센싱하여 크랙을 자동으로 검출하거나, 광 센서 값을 이용하여 창문의 상태를 자동(또는 사용자의 입력)으로 조절하는 기술들이 있다. 이 또한 다른 기술분류들과 마찬가지로 자율주행의 연장선으로 자동으로 사용자의 안전과 편의를 도모하기 위한 기술인 것으로 판단된다.

정리하면, 애플카와 관련된 특허들은 자동차의 자율주행과 차량을 제어하는 소프트웨어 시스템 관련된 기술들이며, 기술분류 및 이를 이루는 키워드들을 전체적으로 확인해본 결과, 소프트웨어적인 기술들이 주를 이루고 있음을 확인할 수 있다

애플의 자동차 생산계획이 보도된 20년 12월 21일에 테슬라 주가는 장중 6.5% 가량 떨어졌다. 애플의 전기차 발표에 따라 테슬라의 주가가 떨어진 것이 아니냐는 분석이 나오고 있다. 현재 테슬라를 이길 수 있을 정도의 제조 역량과 글로벌 부품 공급망 등을 갖춘 곳은 애플 외에는 없다는게 전문가들의 평가이기도 하다.

그렇다면 테슬라의 특허 포트폴리오는 어떻게 이루어지고 있을까?

| 애플카 연도별 출원동향 |
| 애플카 IPC 별 출원 비중 |

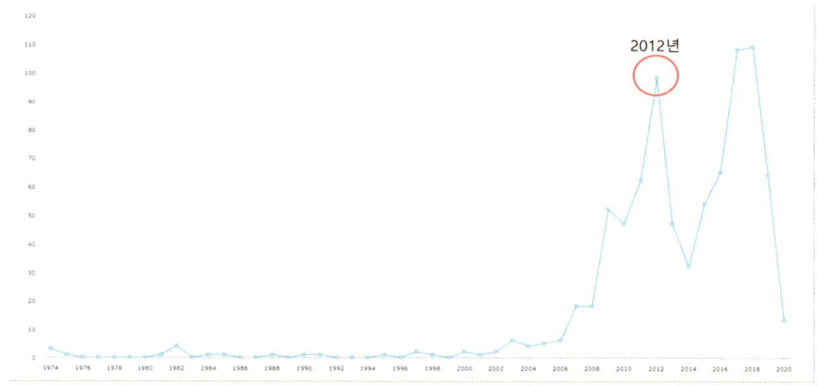

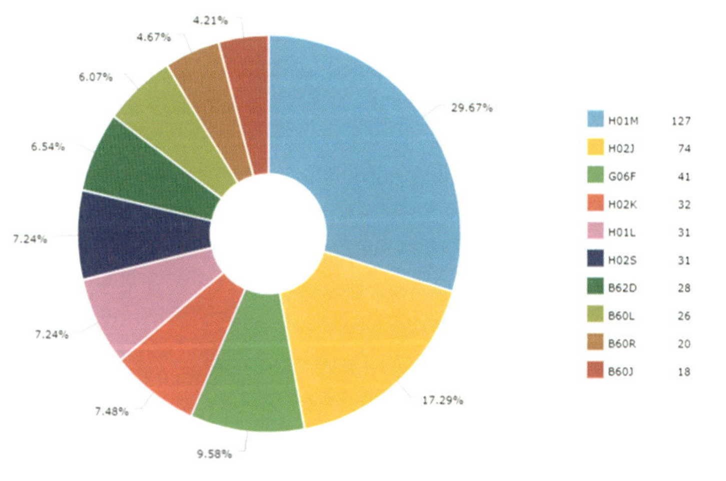

138

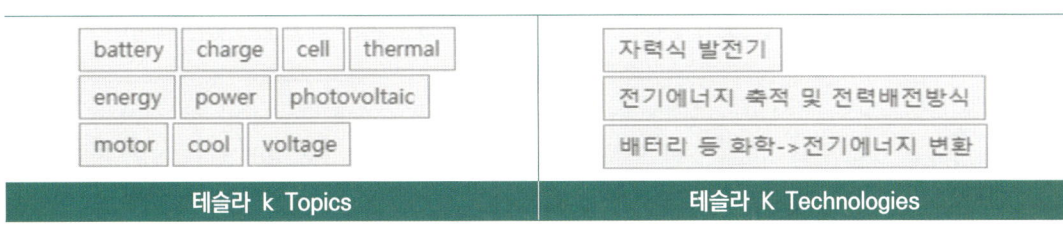

테슬라 k Topics	테슬라 K Technologies

테슬라의 특허를 분석해보니 2009년도부터 지속적으로 증가하고 있는 추세이다. IPC 비중을 분석한 결과, H01M(화학에너지를 전기에너지로 직접 변환하기 위한 방법 또는 수단, 예.배터리), H02J(전력급전 또는 전력배전을 위한 회로 장치 또는 시스템), G06F(전기에 의한 디지털 데이터 처리) 및 H02K(회전-전기 기계)가 과반수를 차지하고 있다.

즉, 테슬라는 전기자동차를 만드는 기업답게 배터리, 엔진(발전기)와 관련된 특허가 다수를 차지하고 있다.

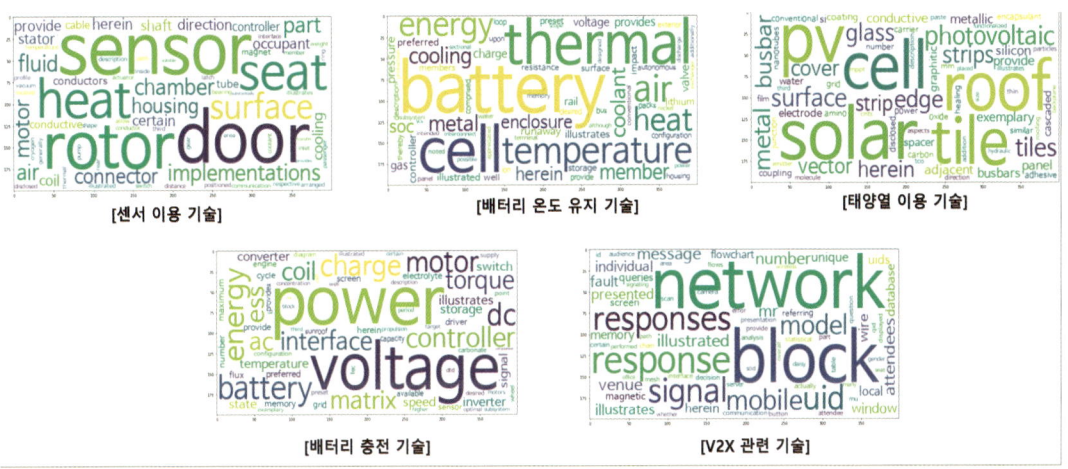

테슬라 특허들을 대상으로 키워드를 이용한 빅데이터 분석을 진행해보니, 위와 같이 분류되는 것을 확인할 수 있다. 분류된 각각의 기술들은 대부분 배터리 관련 기술(배터리 온도 유지 기술, 태양열 이용 기술, 배터리 충전 기술)과 자율주행(센서 이용 기술, V2X 관련 기술) 관련 기술로 확인된다.

즉, 테슬라는 자율주행을 위한 소프트웨어 기술은 물론이고, 자동차의 운행을 위한 하드웨어적인 기술에 대한 연구개발이 이루어지고 있는 것을 알 수 있다.

여기서, 애플카와 테슬라의 자동차 관련 특허들을 비교하면, 테슬라는 전기차 전체에 대한 하드웨어와 자율주행을 위한 소프트웨어 기술 모두를 연구개발함으로써, 독자적인 전기차 개발이 가능한 반면, 애플은 애플카에 적용될 수 있는 자율주행 기술(즉, 소프트웨어 기술)에 집중하고 있는 바, 독자적으로 자동차를 제조하기에는 어려움이 있어 보인다.

신산업 분야 특허 빅데이터 분석방법 사례

다만, 소프트웨어적인 기술만 놓고 본다면 다양한 소프트웨어 기술을 개발하고 있는 애플이 테슬라의 대항마가 될 수도 있다는 분석이 타당한 것으로 분석된다.

애플은 그동안 "애플카"를 직접 언급한 적도 없고, 자동차 제품 자체를 직접 만들겠다고 말한 적이 없다. 팀 쿡 CEO는 2017년 블룸버그 인터뷰에서 "자율주행에 초점을 맞추고 있다. 우리는 자율주행시스템이 모든 AI 프로젝트의 모태가 될 수 있다"라고 했다.

즉, 완성차를 판매한다기 보단 아이폰의 소프트웨어 생태계를 확장하는 차원에서 자율주행을 연구한다는 것으로 해석될 수 있으며, 이러한 인터뷰에 맞는 방향으로 특허출원이 이루어지고 있다.

그렇다면 애플은 애플카를 어떻게 만들 수 있을까? 아마 완성차 제조업체와의 협업을 진행함으로써 애플카를 만들 것으로 예상된다.

애플은 현재 여러 완성차 제조업체에 협업을 제시한 것으로 알려져 있다. 독일의 폭스바겐, 미국의 GM 및 우리나라의 현대자동차그룹(이하, 현대차) 등이 그 대상인 것으로 알려져 있다. 여기서, 현대차의 전기차 관련 특허 동향을 간단히 살펴보자.

애플카 연도별 출원동향	(그래프: 2000년~2020년 연도별 출원동향)
애플카 IPC 별 출원 비중	B60L 307 (54.34%), H02J 57 (10.09%), F16H 48 (8.50%), B60H 43 (7.61%), H01M 40 (7.08%), B60K 19 (3.36%), B62D 14 (2.48%), G06Q 14 (2.48%), B60R 13 (2.30%), H02P 10 (1.77%)

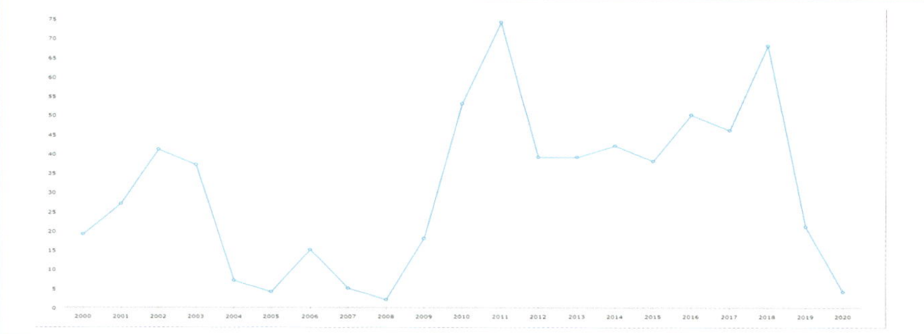

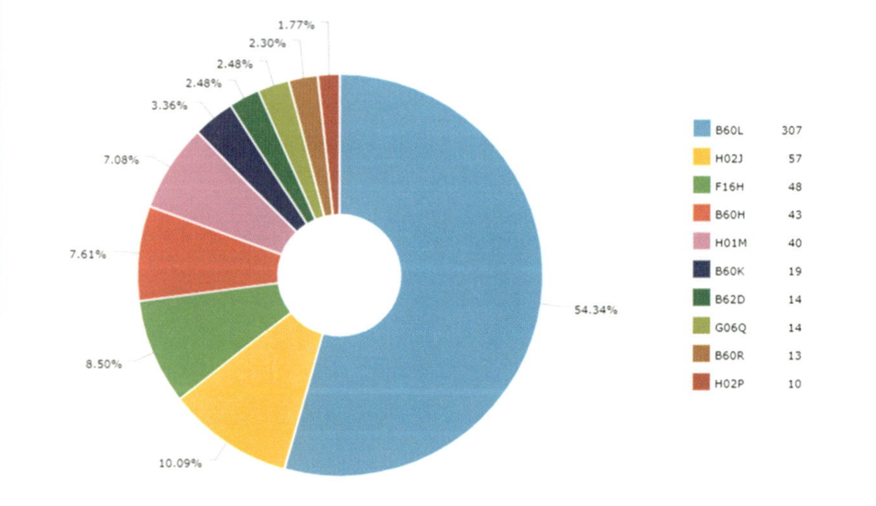

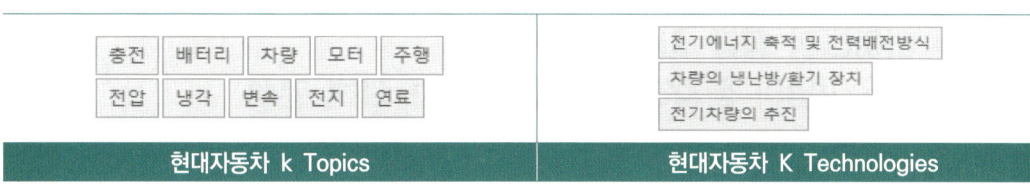

현대자동차의 특허를 분석해보니 2000년도 전기차 관련 연구가 이루어졌고, 2010년도에 들어서면서 그 연구가 급격히 증가하였으며 이후 특허출원건수를 유지하고 있는 추세이다.

IPC 비중을 분석한 결과, B60L(전기 추진차량의 추진)이 과반수를 이상의 비중을 차지하고 있다. 즉, 현대차는 자동차를 전기에너지를 이용하여 차량을 추진하고, 전기의 저장 및 배전방식과 관련된 연구가 주를 이루고 있는 것으로 판단된다.

현대자동차의 전기차 관련 특허들을 대상으로 키워드를 이용한 빅데이터 분석을 진행해보니, 위와 같이 분류되는 것을 확인할 수 있다.

분류된 각각의 기술들은 대부분 하드웨어적 기술(기어 변속 기술, 차량 주행 기술, 배터리 충전 기술, 배터리 온도 유지 기술)이다. 물론, 소프트웨어적 기술(V2X 관련 기술)도 연구개발에 있으나 상대적으로 하드웨어적 기술에 집중하고 있는 것으로 분석된다. 즉, 현대차는 자율주행기술보다는 전기차를 만드는 기술에 집중하고 있는 것으로 분석된다.

테슬라와 현대차를 비교하면, 현대차는 전기차를 만드는데 집중하는 반면, 테슬라는 전기차와 자율주행 기술에 대한 연구개발이 적절한 비중으로 이루어지고 있다. 즉, 하드웨어적인 기술에 대하여 압도적인 비중으로 연구개발하고 있는 현대차가 테슬라의 하드웨어적인 기술보다는 양적으로 그리고 기술의 다양성에서 앞설 것으로 예상된다.

정리하면, 테슬라보다 소프트웨어적인 기술에 대한 연구 비중이 많은 애플, 그리고 테슬라보다 하드웨어적인 기술에 대한 연구 비중이 많은 현대차. 이러한 상황에서 현대차와 애플이 협업을 한다면 어떻게 될까?

애플이 완성차 제조업체와 협업함으로써 부족한 하드웨어적 기술을 확보하고, 독보적인 소프트웨어 기술 개발을 통해 자율주행자동차 시장에서도 한 축을 담당하게 될 수도 있을 것이다.

신산업 분야 특허 빅데이터 분석방법 사례

3. 신규 아이디어 창출 사례
   - 자동차 기업이 생각하는 미래 자동차 실내 분석

전세계적으로 인간의 개입을 최소화하는 기술들이 크게 각광받고 있다. AI와 빅데이터를 통해 세상은 몰라보게 빠르게 변하고 있다. 그 중에서도 우리 삶에 가장 큰 영향을 미칠 것으로 예상되는 분야는 자율주행일 것이다.

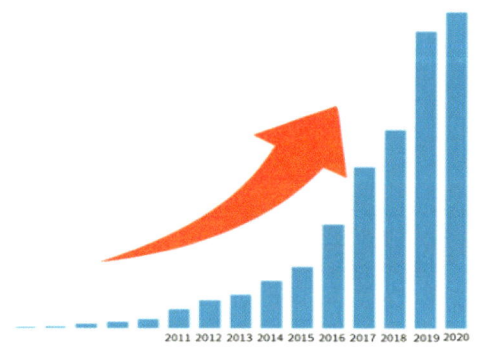

그렇다면, 자율주행 관련 특허 현황은 어떨까? 실제로 특허로 볼때 자율주행은 우상향중이다. 2021년까지 매년 자율주행관련 특허 출원건수는 가파른 증가세를 보이고 있다.

자율주행은 계속 발전중인데, 그 단계는 어떻게 구분할까? 특허 빅데이터에서 알수 있듯이, 자율주행 기술은 끊임없는 진화를 하고 있는데, 이러한 자율주행에도 '급'이 있다. 시스템이 운전에 어떻게 관여를 하는지, 이때 운전자가 차를 어떻게 제어를 하는지에 따라서 비자동화에서 완전 자동화까지 점진적으로 0단계부터 5단계로 구분된다.

국제자동차기술협회(SAE international)에서 2016년에 발표한 자율주행 분류체계가 글로벌 기준으로 사용되고 있다.

142

위 기준에서 보면, 자율주행 기술 수준이 높아짐에 따라(단계가 올라갈수록) 운전자의 관여도는 줄어든다. 즉, 인간의 손/ 발/ 눈이 자유로워지는 상황이 되는 것이다.

우리가 흔히 영화나 드라마에서 봤던 자율 주행차는 5단계 완전 자동화로 차량 주행에 전혀 신경을 쓰지 않고 자동차를 휴식공간이나 거주공간으로 사용할 수 있는 상태이다. 이 완전 자동화 단계에서 자동차는 기존의 운송수단을 넘어서 더욱 다양한 형태로 소비될 수 있고 그 안에서 다양한 부가가치가 생산될 수도 있다. 그렇기 때문에, 자율주행 시장에서 산업을 넘어서는 다양한 플레이어들이 앞 다투어 투자를 늘리고 진출하고 있다.

그러면, 미래 자동차의 모습은 어떨까? 자율주행 기술이 고도화됨에 따라 자동차 내에서 인간의 개입이 줄어들고 이에 따라, 기존과 다른 모습의 실내 공간으로 변화가 이루어질 것임을 예측할 수 있다. 구체적으로 각 기업이 발표하는 콘셉트 카, 렌더링 이미지를 통해 현실 가능한 미래 자동차의 모습을 확인해보자.

- 현대자동차 사례

지난 5월, 현대자동차그룹(이하 '현대차')에서 발표한 '모빌리티 온돌' 콘셉트는 현대차가 그리는 미래 자동차의 모습을 잘 나타내고 있다.

특허 빅데이터로 본 현대자동차가 생각하는 미래 자동차의 모습을 찾아보자. 현대자동차의 보유 특허 중, 자동차와 관련된 모든 특허를 우선적으로 수집했다. 이후, 2017년에 출원된 특허, 2018년에 출원된 특허, 2019년에 출원된 특허들을 기초로 SNA(Social Network Analysis) 분석을 수행했다.

연결성 변화를 분석한 결과, 현대자동차 보유 특허들 중, 차량 내부 기술과 관련된 특허들은 대부분 "차량 승객 설비" 기술군을 가장 중요한 기술군으로 하고 있음을 알 수 있다.

신산업 분야 특허 빅데이터 분석방법 사례

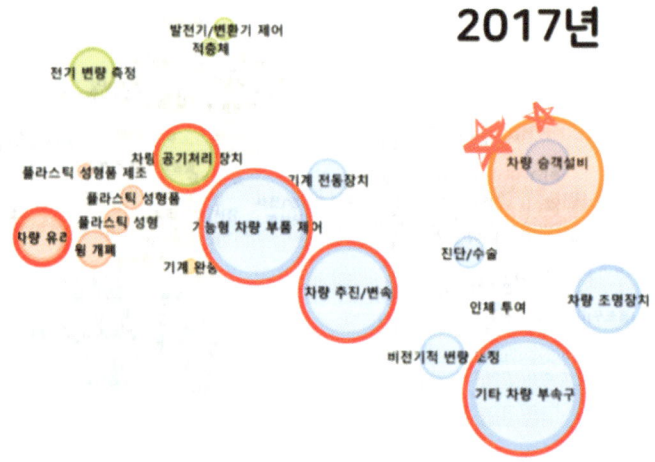

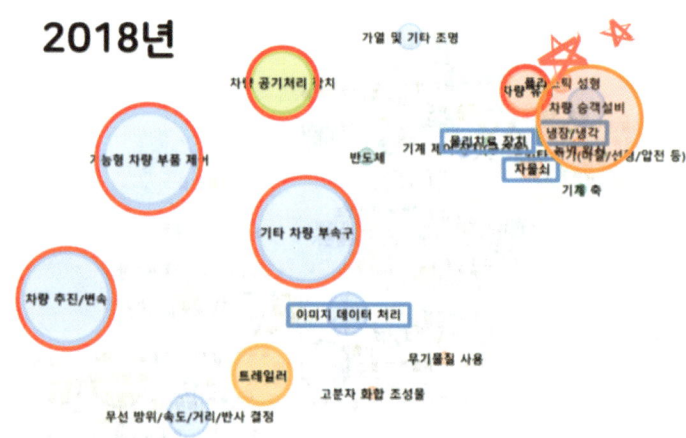

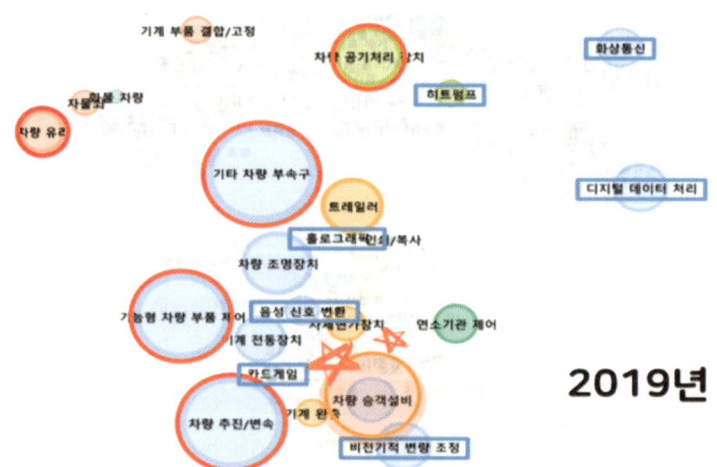

현대자동차의 특허들 간의 연결성 변화를 분석한 결과, 다음과 같은 두 가지 패턴으로 구분된다.

▶ **현대자동차 SNA 기반 패턴 도출**
- (패턴1) '차량 승객 설비'와의 연결성이 지속적으로 유지 및 증가되는 패턴
- (패턴2) '차량 승객 설비'와 새롭게 연결성이 나타나는 패턴

첫번째 (패턴1)의 경우, 차량 승객 설비 기술 군과 과거부터 연결성이 확인되는 기술 군들 중, 시간의 흐름에 따라 지속적으로 연결성이 유지되거나 증가되고 있는 유형이다. 위 이미지(현대차 자동차 특허의 연결성 분석) 내 빨강색 원에 해당하는 연결 관계를 말한다.

IPC	기술군
B60R	기타 차량 부속구
B60K	차량 추진/변속
B60W	기능형 차량 부품 제어
B60H	차량 공기 처리 장치
B60J	차량 유리

위의 표에서 정리된 기술군들은 (패턴 1)에 속하는 기술군으로, '차량 승객 설비' 기술군과 연계되어 하나의 융합 기술로의 연구 개발이 꾸준히 이루어지는 기술군이다. 예를 들면, 차량 승객 설비 기술군과 기타 차량 부속구의 연결을 통한 '차량 승객의 편의를 위한 인테리어 부속구 융합 기술'이 개발되었다.

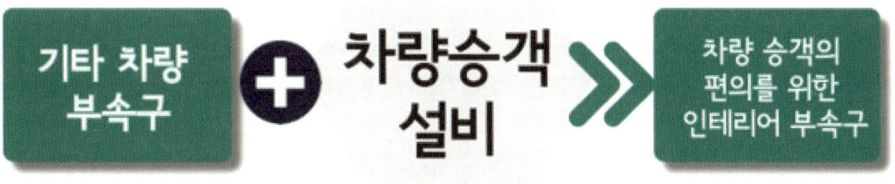

'차량 승객의 편의를 위한 인테리어 부속구 융합 기술군'에 포함되는 특허를 확인한 결과, 현대차가 발표한 콘셉트인 '모빌리티 온돌'에 해당하는 '플랫 시트가 마련된 차량' 특허가 확인된다.

신산업 분야 특허 빅데이터 분석방법 사례

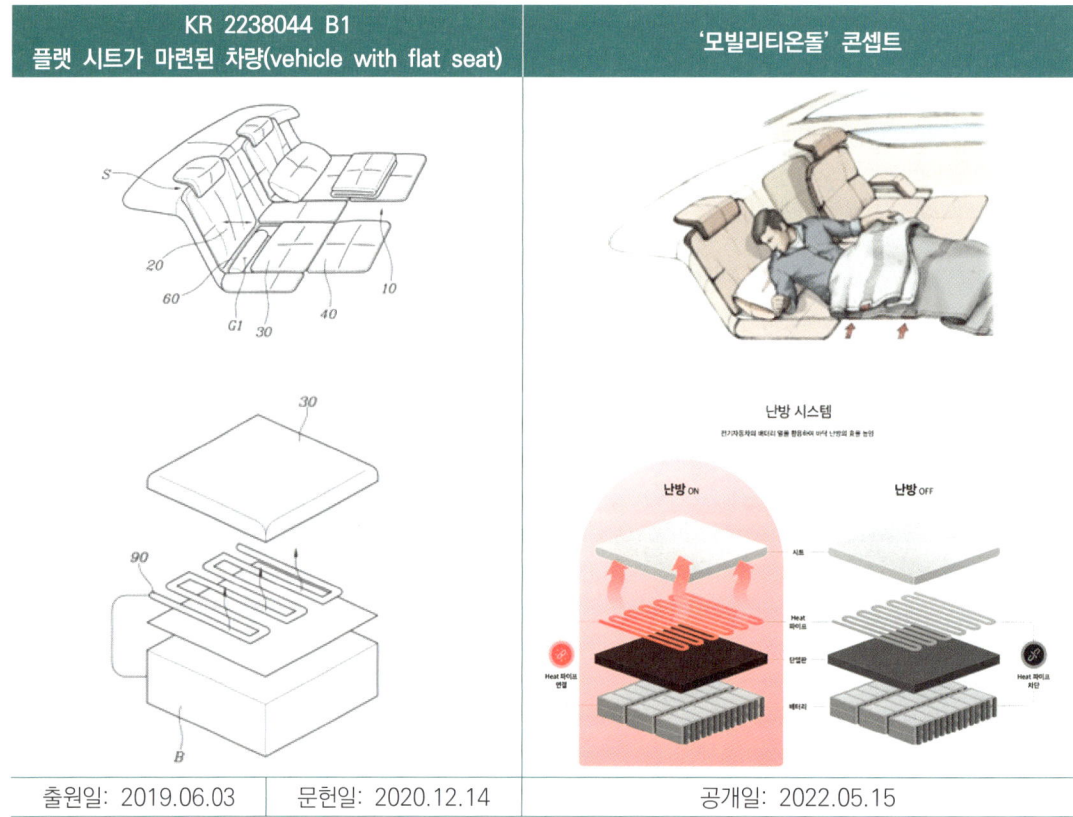

한 가지 주목할 부분은, 현대자동차가 기사 등을 통해 외부에 공개한 '모빌리티 온돌' 콘셉트의 공개일은 2022년 5월 15일입니다. 하지만, 해당 기술과 매칭되는 특허인 '플랫 시트가 마련된 차량'은 2019년에 출원하여 2020년에 이미 공개가 되었다.

즉, 현대자동차의 보유 특허를 기초로 특허 빅데이터 분석을 2020년에 진행했다면, 현대자동차가 콘셉트를 공개하기 이전에 이미 현대자동차가 생각하는 미래차의 실내에 대해 빠르게 예측할 수 있었다는 것이다.

두번째 패턴의 경우, 차량 승객 설비 기술군과 과거에는 연결성이 없는 기술군이었으나 특정 시점부터 기술군 간의 연결성이 확인되는 신규 연결성 확인 유형에 속한다. SNA 분석 시각화 이미지(현대차 자동차 특허의 연결성 분석) 내 파랑색 네모에 해당하는 연결 관계를 말한다.

구간	IPC	기술군
2018년	A61H	물리치료 장치
	E05B	자물쇠
	F25D	냉장/ 냉각
	G06T	이미지 데이터 처리

구간	IPC	기술군
2019년	A63F	카드게임
	G06F	디지털 데이터 처리
	F25B	히트 펌프
	G05D	비전기적 변량 조정
	H04R	음성 신호 변환
	H04N	화상통신
	G03H	홀로그래픽

위의 기술군은 (패턴 2)에 속하는 기술군으로, 특정 시기에 차량 승객 설비 기술군과 새롭게 연결이 이루어진 기술군이다. 즉, 현대자동차의 미래차 분야에 있어서 새롭게 등장하는 융합 기술이다. 이를 통해, 이전 구간에는 기술 개발이 진행되지 않던 새로운 융합기술을 확인할 수 있다.

여기서, 구체적인 특허를 살펴보면, 2018년에서 차량 승객 설비 기술군과 새로 연결된 '물리치료 장치' 기술군의 융합 기술군에서 발과 종아리를 마사지할 수 있는 마사지 기구에 대한 특허를 확인할 수 있다.

도면	발명의 명칭	
	차량용 다기능 풋레스트 장치 (multifunction footrest apparatus for vehicle)	
	문헌번호	KR 2020-0058626 A
	출원일	2018.11.19
	문헌일	2020.05.28
	메인IPC	B60N-002/90

우리는 이미 여러 자동차 회사에서, 자동차의 시트에 마사지 기능을 추가했고, 이를 통해, 사용자의 잠을 깨워주거나 사용자의 피로 회복을 고려하고 있다는 것을 알고 있다. 이러한 과거의 기술들은 자동차 시트와 물리치료 장치 기술군의 융합 기술에서 확인이 된다.

하지만, 이번에 새롭게 연결성이 확인된, 차량 승객 설비 기술군과 물리치료 장치의 융합 기술은 마사지 장치와 풋레스트와 합쳐진 형태이다. 독립적인 마사지 기구가 아닌 풋레스트의 역할을 포함하는 기술로, 발을 올리는 것뿐만 아니라 자율주행 중 발과 종아리를 마사지해 주는 기술을 보여주고 있다.

종래의 풋레스트는 운전석 또는 조수석 리어부에 장착된 구조로, 공간 활용도를 극대화하기 위한 자율주행 차량에는 사용이 부적합한 단점이 있었다. 하지만, 본 발명은 조수석이 위치하는 공간에 전후방향으로 이동이 가능하여, 미사용 시에는 대시보드의 하부 공간으로 수납해서 보관함에 따라 차량의 실내공간 활용을 극대화할 수 있게 됨에 따라 자율주행 차량에도 설치가 가능하다. 이는 자율주행 중 시트에 편히 앉아서 종아리, 발 마사지를 받을 수 있는 휴식 공간으로서의 모습을 확인할 수 있다.

또한, 차량 승객 설비 기술군과 새로 연결된 '자물쇠' 기술군의 융합 기술군에서 자율주행 차량에 있어 시트와 콘솔 장치의 회전에 대한 특허를 확인할 수 있다.

자물쇠 기술군의 세부항목인 콘솔 장치는 차량 승객 설비 기술군과 융합되기 이전에는 독립적으로 존재하였으며, 운전석과 조수석 사이에 고정되어 있는 것이 일반적이었다.

도면	발명의 명칭	
	자율주행 차량 및 자율주행 차량의 시트 회전방법	
	문헌번호	KR 2324778 B1
	출원일	2019.09.16
	문헌일	2021.03.25
	메인IPC	B60N-002/14

하지만, 자율주행 차량은 정면을 바라보는 시간보다 시트를 필요에 따라 이동 및 회전하여 실내 탑승객들과 서로 마주보며 대화를 하거나, 휴식, 취침 등으로 보내는 시간이 더 많을 것이다.

따라서, 본 발명은 차량 승객 설비 기술군과 융합되어 자율주행 시 발생할 수 있는 다양한 시트의 변화를 고려하여 발명되었다. 시트가 이동, 회전하더라도 간섭 없이 콘솔 장치의 위치를 이동, 회전할 수 있게 하였으며, 자율주행 환경에서 이동식 콘솔 장치를 통해 편의성을 제공한다.

2019년, 차량 승객 설비 기술군과 새로 연결된 '카드게임' 기술군의 융합 기술군에서 차량 시트의 압력 센서 및 영상 장치, 공을 이용한 게임 장치에 대한 특허를 확인할 수 있다.

도면	발명의 명칭	
	자율주행 차량의 시트 및 볼을 이용한 게임 장치 (device for playing game using seat and ball in self-driving vehicle)	
	문헌번호	KR 2021-0008653 A
	출원일	2019.07.15
	문헌일	2021.01.25
	메인IPC	A63F-007/06
	자율주행 차량용 엔터테인먼트 방법 (entertainment apparatus and method for self-driving vehicle)	
	문헌번호	KR 2020-0130886 A
	출원일	2019.05.02
	문헌일	2020.11.23
	메인IPC	B60W-050/08

　기존에는 운전에 집중하기 위하여 영상 장치의 이용이 제한되었지만, 운전에서 자유로워진 자율주행 환경에서는 영상 매체 혹은 게임을 즐길 수 있도록 하여 재미도 있고 차량 이동 중 생기는 멀미를 최소화 할 수 있다.

　이는 자율주행 중 운전에서 자유로워진 몸을 사용하여 오락을 즐길 수 있는 오락, 휴식 공간으로서의 자동차의 활용도가 변해가는 것을 알 수 있다.

도면	발명의 명칭	
	자율주행차량의 제스처 인터페이스 시스템 및 그 동작 방법 (gesture interface system for automonous vehicle and operating method thereof)	
	문헌번호	KR 2020-0103901 A
	출원일	2019.02.13
	문헌일	2020.09.03
	메인IPC	B60W-050/08

　또한, 차량 승객 설비 기술군과 새로 연결된 '디지털 데이터 처리' 기술군의 융합 기술군에서 자율주행 차량에 있어 굳이 전방을 보지 않아도 되는 상황에 제스처 만을 이용하여 시스템을 제어할 수 있는 기술특허를 확인할 수 있다.

기존에도 제스처를 이용한 시스템 제어는 가능했지만, 본 발명의 경우, 자율주행 환경에서 사용자가 바른 자세가 아닌 편안한 자세(누워있거나 시트가 반대인 경우 등)에도 인식이 가능하도록 제스처 검출 모듈의 모니터링 영역을 조절함으로써 사용자가 어떤 자세를 취하고 있는지 상관없이 제스처를 입력할 수 있도록 하고 있다.

이는 자세를 고쳐 앉지 않고 편안한 상태에서 시스템을 제어하고, 운전대를 잡지 않은 상태로 차량 제어를 가능하게 하는 휴식 공간으로서의 모습을 확인할 수 있다.

이번 분석에서는 현대자동차의 특허를 분석함으로써, 현대자동차가 생각하는 미래 자동차의 내부 변화를 특허 빅데이터를 통해 확인해 보았다.

구체적으로, 지속적으로 연결되어있는 융합 기술군에 대한 패턴을 분석하여 현대차가 발표한 콘셉트의 기술('모빌리티 온돌')의 특허를 쉽게 확인할 수 있었고, 새로이 연결성이 발견된 융합 기술군에 대한 패턴을 분석하여 특허를 통해 앞으로 현대차가 그려갈 미래의 자동차를 예측해 볼 수 있었다.

- 독일 3사(BMW, 벤츠, 아우디) 사례

앞선 현대자동차 사례에서는 현대자동차가 온돌처럼 평평한 시트가 따뜻해지는 기술과 다양한 마사지 기술, 시트에서 게임을 즐길 수 있는 기술 등과 같이 다양한 실내 편의 장치 기술을 개발하고 있음을 확인했다. 그렇다면 현대자동차그룹 이외의 자동차 기업은 어떻게 미래 자동차의 실내 편의 장치를 준비하고 있을까?

먼저 특허 검색 DB인 키워트의 특허 검색을 이용하여 자동차의 실내 편의 장치에 해당하는 기술군이 무엇인지 알아보자.

▶ **자동차 실내 편의 기술 확인 검색식**
(자동차 차량) and (인테리어 실내 내장 시트 좌석 의자 테이블 탁자 콘솔 글로브박스 (글로브 a/1 박스) 수납 보관 정리 휴식 편의)

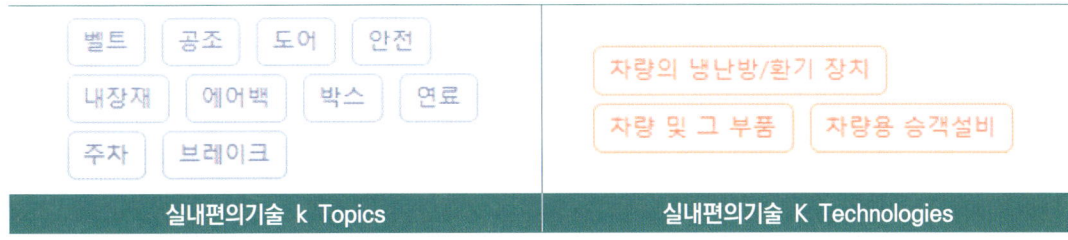

| 실내편의기술 k Topics | 실내편의기술 K Technologies |

자동차의 실내 편의 장치에 해당하는 특허가 알맞게 검색되었는지 K Topics를 통해 검증하였으며, K Technologies를 통해 자동차의 실내 편의 장치에 해당하는 기술군이 차량용 승객설비임을 도출했다.

다음으로, 차량용 승객설비 기술군의 출원 동향은 출원 연도를 기준으로 최근 10년간 출원된 특허를 키워트의 그래프엔진으로 확인했다.

Mercedes-Benz 연도별 출원동향	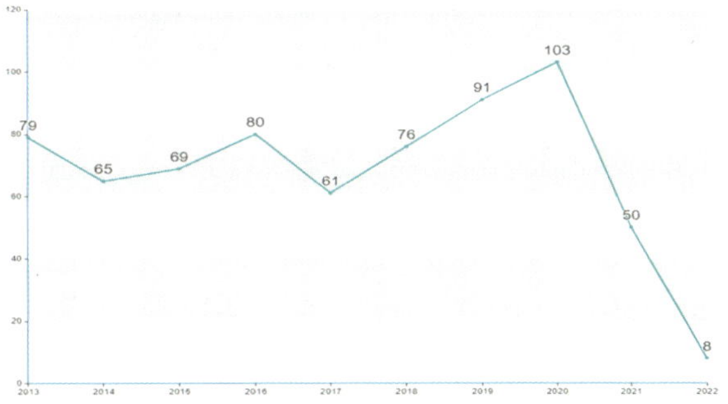
BMW 연도별 출원동향	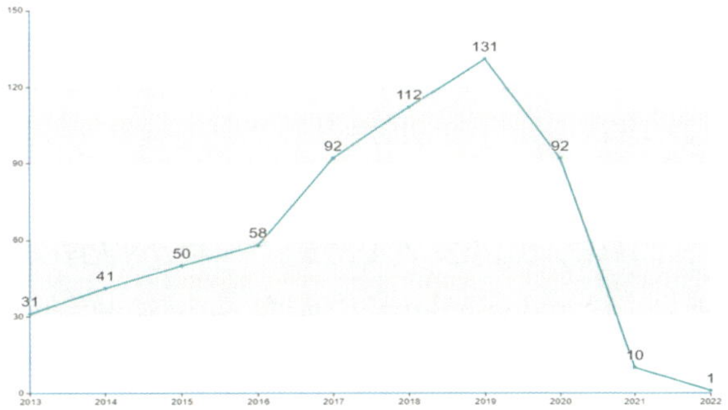
Audi 연도별 출원동향	

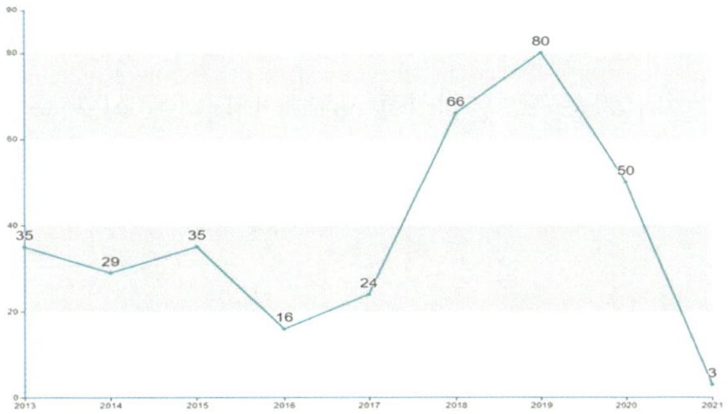

신산업 분야 특허 빅데이터 분석방법 사례

독일 3사의 연도별 특허 출원 동향을 살펴본 결과, 독일 3사의 차량용 승객설비에 대한 특허가 공통적으로 증가하는 구간은 2017년, 2018년, 2019년인 것을 알 수 있다.

| 기업 | Mercedes-Benz | | | BMW | | | Audi | | |
출원연도	2017	2018	2019	2017	2018	2019	2017	2018	2019
전체 특허건	2,134	2,083	2,342	3,256	3,377	3,841	2,598	2,860	2,546
차량용 승객설비 특허건	61	76	91	92	112	131	24	66	80
특허건 증가율		25%	20%		22%	17%		175%	21%
2017-2019 특허건 증가율			49%			42%			233%
전체 특허대비 비중	2.9%	3.6%	3.9%	2.8%	3.3%	3.4%	0.9%	2.3%	3.1%
비중 증가율		28%	6%		17%	3%		150%	36%
2017-2019 비중 증가율			36%			21%			240%

2017년, 2018년, 2019년의 전체 특허건과 차량용 승객설비의 특허건을 분석한 결과는 위와 같다.

차량용 승객설비(B60N)를 메인 IPC로 하는 특허의 수가 공통적으로 증가하는 것을 확인할 수 있으며, 특허 건수가 늘어나는 것뿐만 아니라 전체 특허대비 차량용 승객설비 특허의 비중이 늘어나는 것 또한 확인할 수 있다.

2년 사이 독일 3사의 특허건 증가율은 Mercedes-Benz가 49%, BMW는 42%, Audi는 233%이며, 비중 증가율은 Mercedes-Benz가 36%, BMW는 21%, Audi는 240%이다.

차량용 승객설비에 대해 활발히 개발이 이뤄지는 것은 데이터를 통해 확인하였는데, 그렇다면 대체 어떤 새로운 기술이 개발되고 있는지 알아보자.

독일 3사는 2017년, 2018년, 2019년을 거쳐 어떻게 변화하고 있는지 연결성 분석을 통해 알아도록 한다. 독일 3사인 Mercedes-Benz와 BMW, Audi가 보유한 특허들 중 차량용 승객설비 기술군과의 연결성을 분석하였으며, 특허 출원일 기준 2017년, 2018년, 2019년으로 나눠서 진행했다.

이번 분석에서는 특정 연도 이전에 차량용 승객설비 기술군과 연결성이 없는 기술군이지만, 특정 연도부터 차량용 승객설비 기술군과 연결성이 새롭게 나타나는 신규 융합 기술군을 분석했다.

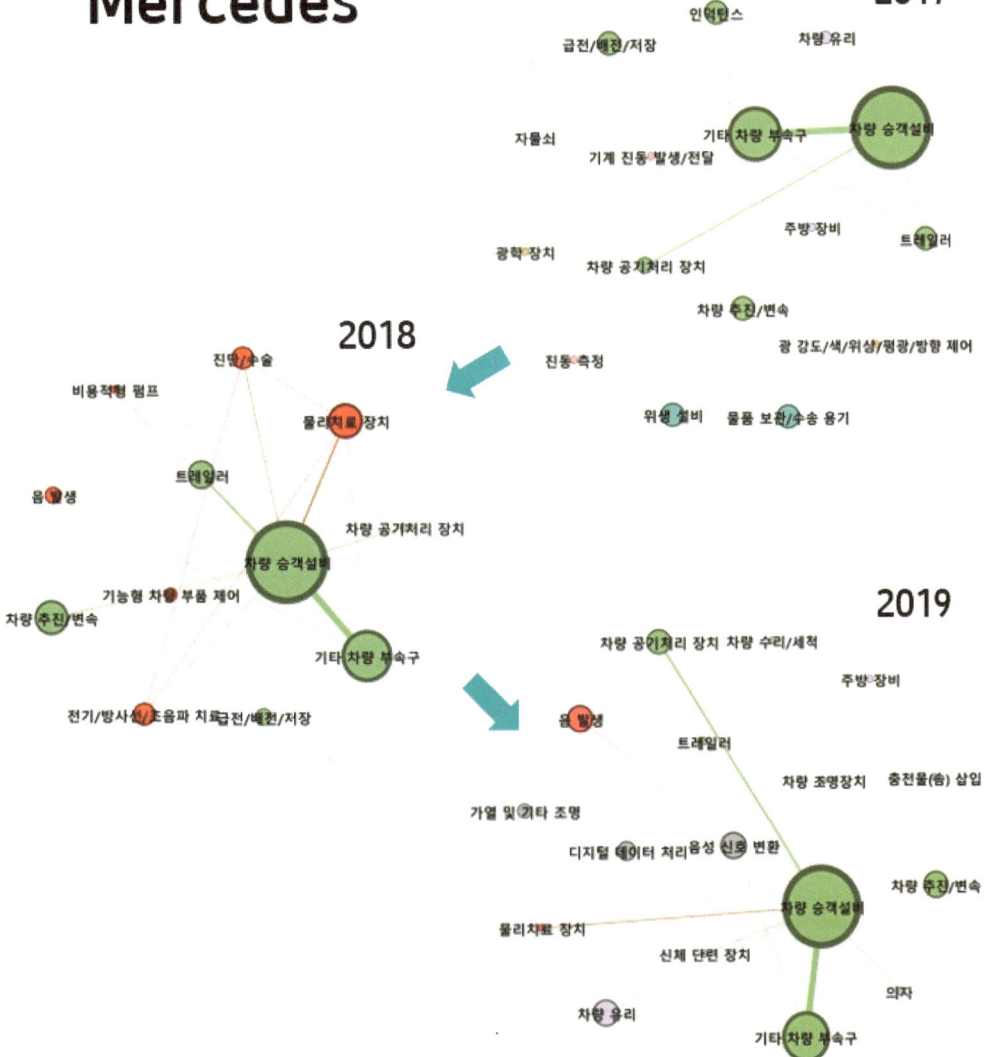

위의 그림에서 2018년도에 표시된 빨간 노드는 2017년도에 차량용 승객설비 기술군과 연결되지 않았지만 2018년에 새로운 연결성을 나타내는 신규 융합 기술군을 나타내는 노드이다.

그리고, 2019년도에 표시된 회색 노드는 2018년도에 차량 승객설비 기술군과 연결되지 않았지만 2019년에 새로운 연결성을 나타내는 신규 융합 기술군을 나타내는 노드이다.

Mercedes-Benz는 2018년에 기존에 없던 새로운 연결성을 갖는 4개의 신규 융합 기술군이 빨간색 노드로 나타난다.

신산업 분야 특허 빅데이터 분석방법 사례

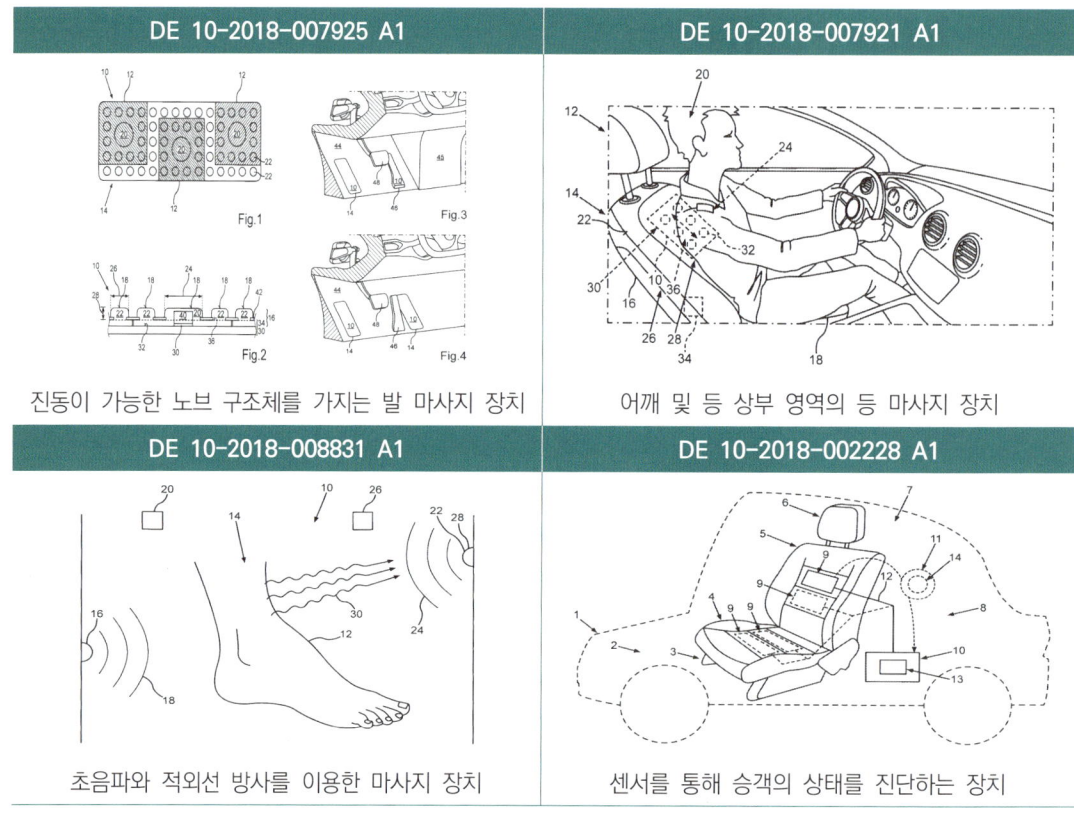

4개의 신규 융합 기술군 중 하나인 '물리치료 장치, 진단/수술, 초음파 치료' 기술군의 신규 융합 기술군에서 등과 발 마사지 기술(DE 10-2018-007925 A1, DE 10-2018-007921 A1)과 초음파와 적외선을 응용한 물리치료기술(DE 10-2018-008831 A1), 센서를 통해 승객의 건강 상태를 진단하는 기술(DE 10-2018-002228 A1)이 있다.

2019년에는 기존에 없던 새로운 연결성을 갖는 9개의 신규 융합 기술군이 회색 노드로 확인된다.

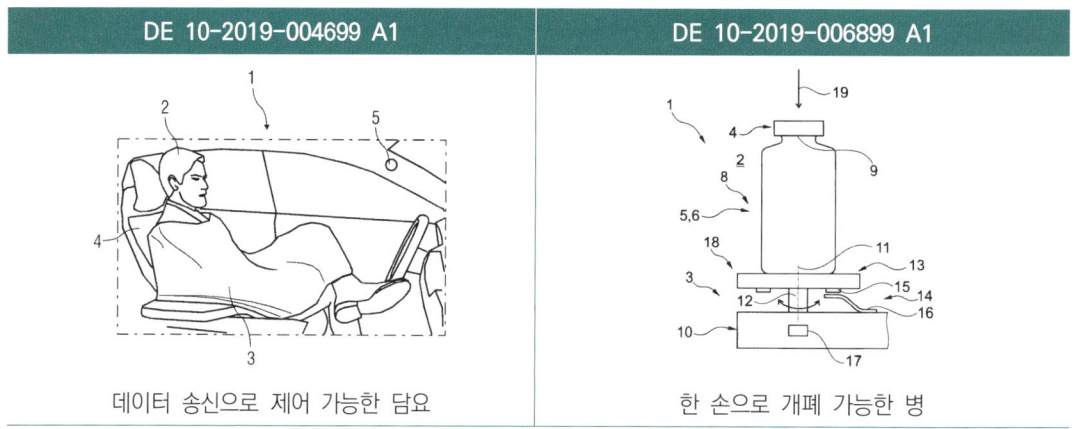

9개의 신규 융합 기술군 중 하나인 '차량 공기 처리 장치, 가열 및 기타 조명' 기술군의 신규 융합 기술군에서 모바일로 제어 가능한 담요 기술(DE 10-2019-004699), 또한, '밀폐용기' 기술군과의 신규 융합 기술군에서는 용기를 회전시켜 한 손으로 열고 닫을 수 있는 병의 기술(DE 10-2019-006899 A1)이 있다.

Mercedes-Benz는 우리가 일반적으로 생각할 수 있는 압력과 진동을 이용한 마사지기 이외에도 초음파나 적외선을 이용한 마사지 장치에 대한 기술과 각종 센서를 통하여 호흡률, 심박수 등의 정보를 수집하고 승객의 건강 상태를 확인하는 기술을 통해 단순한 휴식을 넘어 치료의 공간으로 변모하는 자동차의 모습을 보여준다.

또한, 내연기관이 아닌 전기차의 특성상 상대적으로 취약할 수밖에 없는 난방계통을 담요와 원격 조종이 가능한 발열체를 결합하여 난방 효율을 높이는 등, 병을 회전시켜 한 손으로 뚜껑을 열 수 있는 병과같이 승객에게 도움을 주는 기술을 새로이 확인할 수 있다.

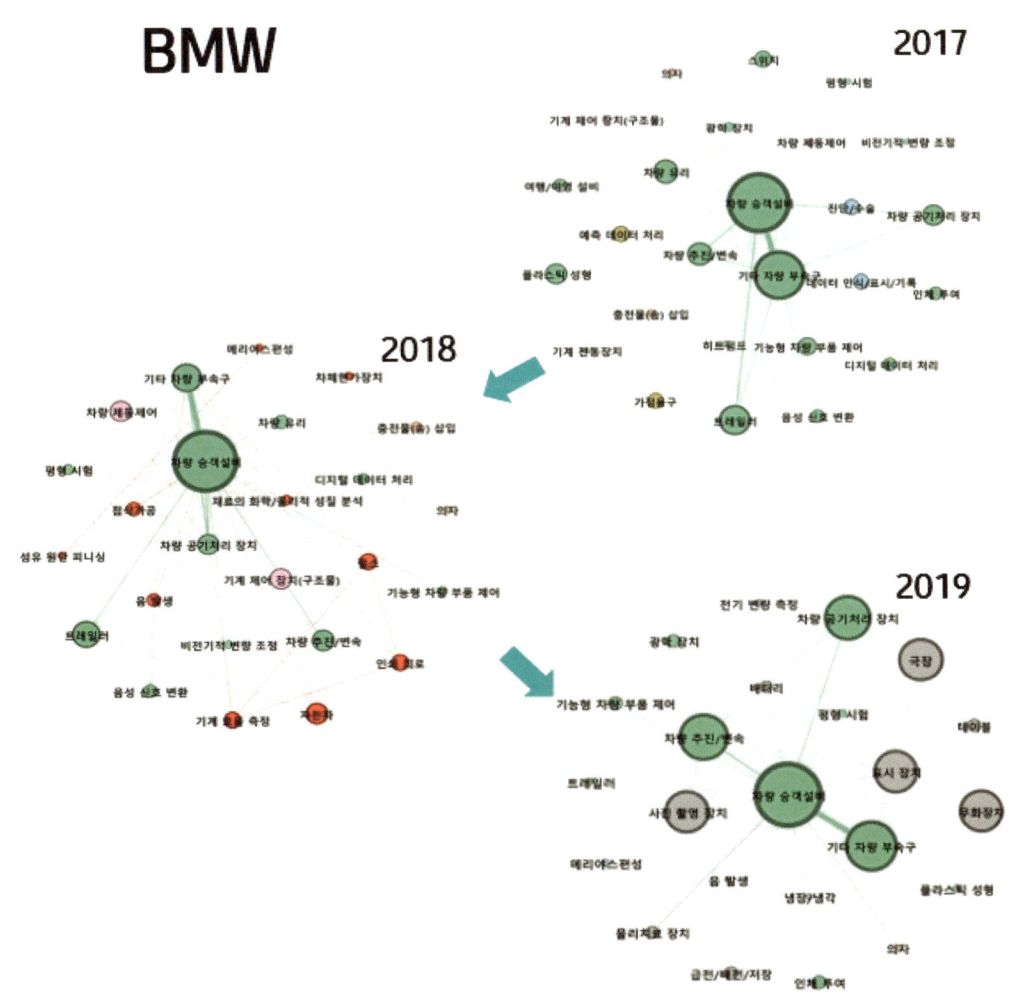

위의 그림에서 2018년도에 표시된 빨간 노드는 2017년도에 차량용 승객설비 기술군과 연결되지 않았지만 2018년에 새로운 연결성을 나타내는 신규 융합 기술군을 나타내는 노드이다.

그리고, 2019년도에 표시된 회색 노드는 2018년도에 차량 승객설비 기술군과 연결되지 않았지만 2019년에 새로운 연결성을 나타내는 신규 융합 기술군을 나타내는 노드이다.

BMW는 2018년에 기존에 없던 새로운 연결성을 갖는 7개의 신규 융합 기술군이 빨간색 노드로 나타난다.

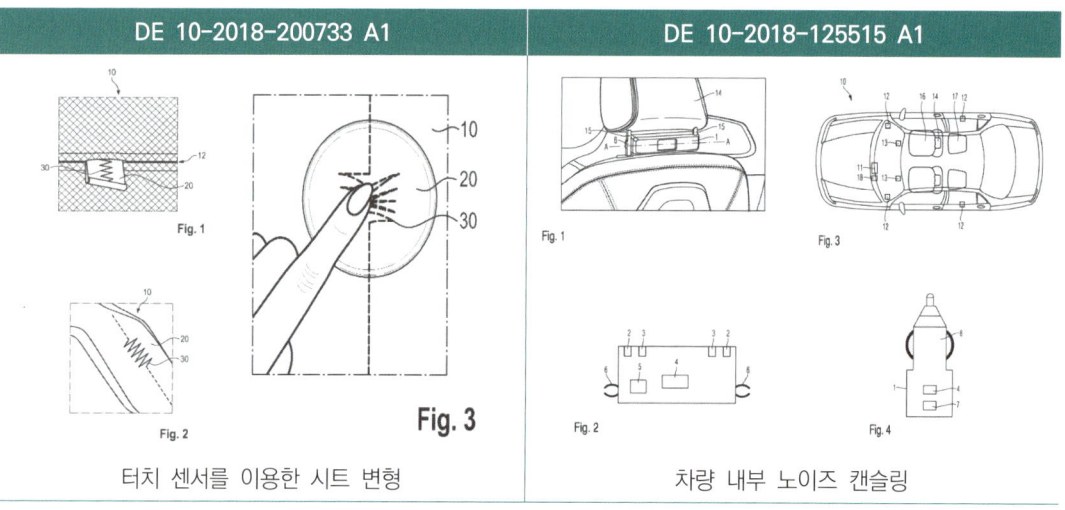

DE 10-2018-200733 A1	DE 10-2018-125515 A1
터치 센서를 이용한 시트 변형	차량 내부 노이즈 캔슬링

7개의 신규 융합 기술군 중 하나인 '기타 차량 부속구, 펄스, 인쇄 회로, 기계 효율 측정' 기술군의 신규 융합 기술군에서 터치 센서의 입력으로 변형되는 시트 기술(DE 10-2018-200733 A1), 또한 '기타 차량 부속구, 음성 신호 변환, 음 발생' 기술군과의 신규 융합 기술군에서는 차량 내부의 노이즈 캔슬링 기술(DE 10-2018-125515 A1)이 있다.

2019년에는 기존에 없던 새로운 연결성을 갖는 9개의 신규 융합 기술군이 회색 노드로 확인된다.

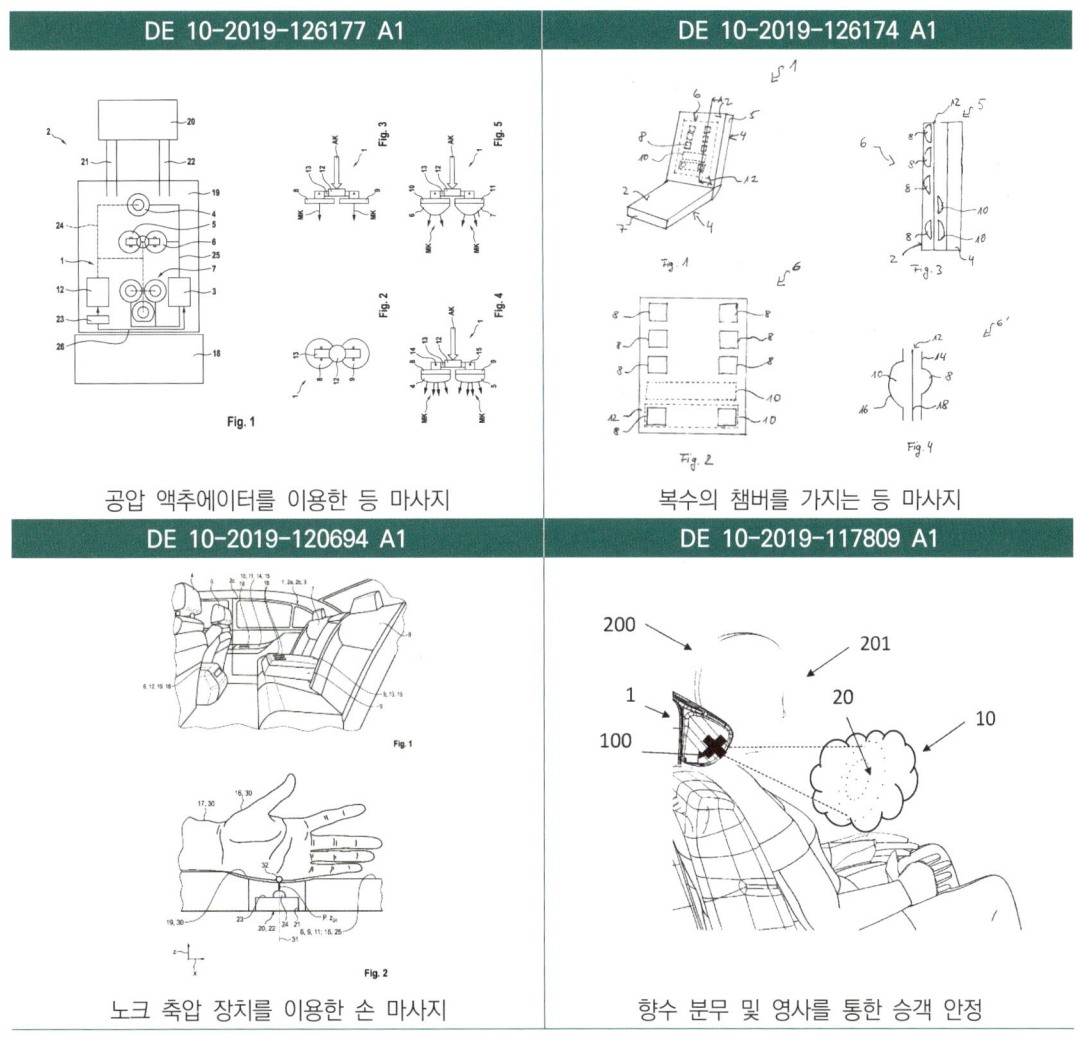

9개의 신규 융합 기술군 중 하나인 '차량 추진/변속, 물리치료 장치' 기술군의 신규 융합 기술군에서 공압 액추에이터 및 노크 축압 장치를 이용한 등과 손 마사지 기술(DE 10-2019-126177 A1, DE 10-2019-126174 A1, DE 10-2019-120694 A1), '기타 차량 부속구, 차량 추진/변속, 차량 공기 처리 장치, 사진 촬영 장치, 극장, 표시장치, 무화장치'라는 무려 7가지 기술군이 새로 연결된 신규 융합 기술군에서는 향수를 분무하고 분무된 매체에 텍스트, 패턴, 캐릭터 등을 조광하여 승객에게 편안함을 주는 기술(DE 10-2019-117809 A1)이 있다.

BMW는 공압 액추에이터 및 챔버를 이용한 등 마사지기와 노크 축압 장치를 이용한 손 마사지기 외에도 터치센서를 이용하여 시트를 변형시키는 기술을 통해 육체적인 피로를 풀 수 있는 공간을 제공한다.

신산업 분야 특허 빅데이터 분석방법 사례

또한, 차량 내부에 있는 마이크를 이용하여 노이즈를 수음하고 보상하여 승객이 느끼는 소음을 줄여주는 것뿐만 아니라 안정감을 주는 향기를 분무하고 텍스트, 캐릭터, 조명 등을 영사하는 기술을 통해 육체적인 피로를 넘어 정신적인 안정감을 주어 다양한 방법으로 휴식에 집중할 수 있는 자동차의 모습을 보여준다.

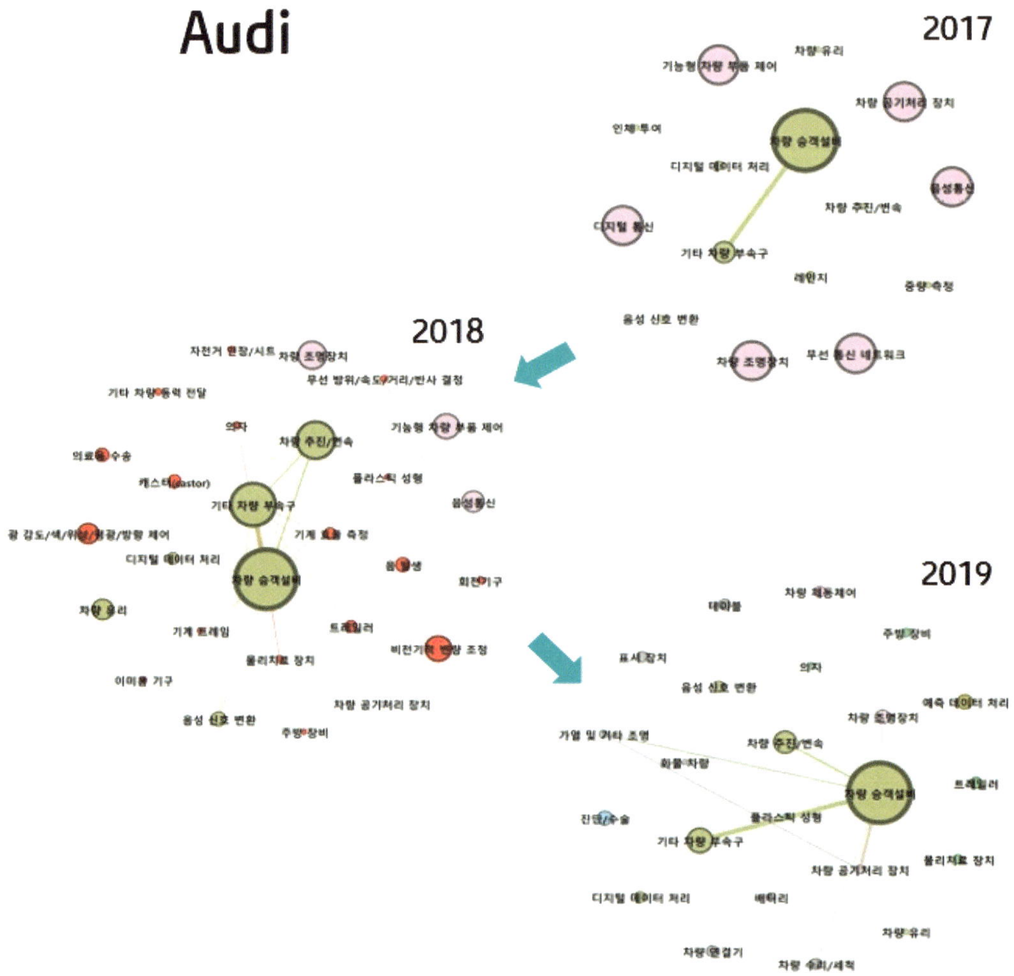

위의 그림에서 2018년도에 표시된 빨간 노드는 2017년도에 차량용 승객설비 기술군과 연결되지 않았지만 2018년에 새로운 연결성을 나타내는 신규 융합 기술군을 나타내는 노드이다.

그리고, 2019년도에 표시된 회색 노드는 2018년도에 차량 승객설비 기술군과 연결되지 않았지만 2019년에 새로운 연결성을 나타내는 신규 융합 기술군을 나타내는 노드이다.

Audi는 2018년에 기존에 없던 새로운 연결성을 갖는 13개의 신규 융합 기술군이 빨간색 노드로 나타난다.

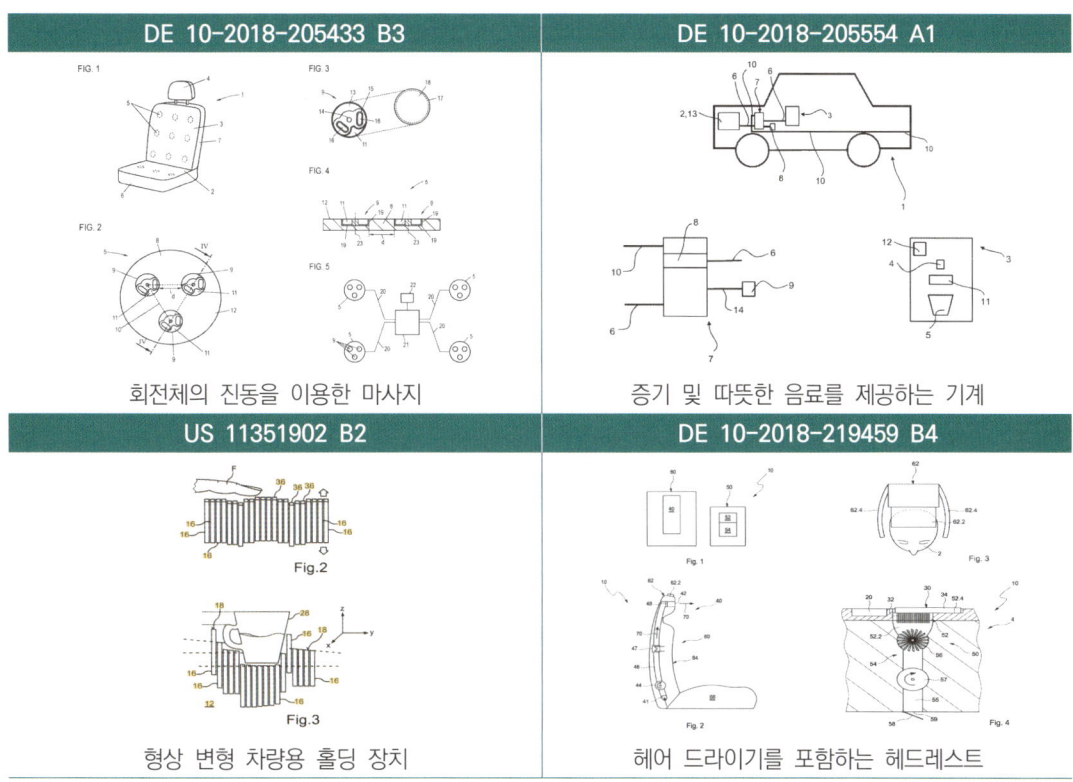

13개의 신규 융합 기술군 중 하나인 '의자, 물리치료장치' 기술군의 신규 융합 기술군에서 회전체의 진동을 이용한 마사지 기술(DE 10-2018-205433 B3), '주방 장비' 기술군과의 신규 융합 기술군에서는 증기 및 따뜻한 음료를 공급하는 디스펜서 기술(DE 10-2018-205554 A1)이 있다.

또한, '기계 프레임' 기술군과의 신규 융합 기술군에서는 물체의 형상에 맞춰 변형되어 지지하는 받침대 기술(US 11351902 B2), '이미용 기구' 기술군과의 신규 융합 기술군에서는 헤어 드라이기를 포함한 헤드레스트 기술(DE 10-2018-219459 B4)이 있다.

2019년에는 기존에 없던 새로운 연결성을 갖는 7개의 신규 융합 기술군이 회색 노드로 나타난다.

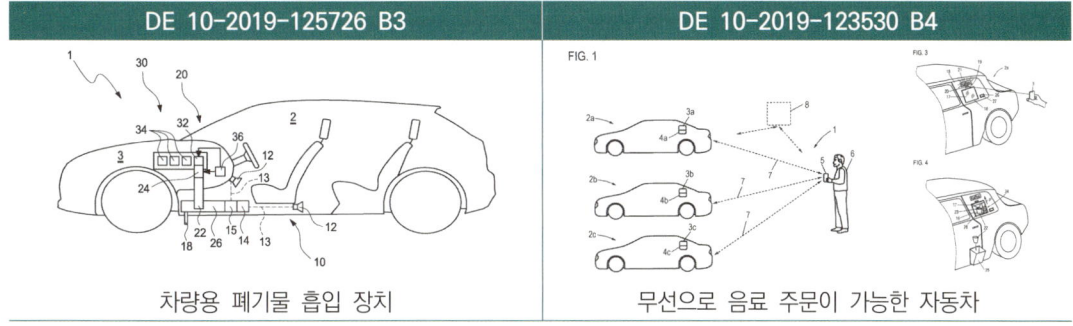

신산업 분야 특허 빅데이터 분석방법 사례

7개의 신규 융합 기술군 중 하나인 '기타 차량 부속구, 차량 수리/세척' 기술군의 신규 융합 기술군에서 차량용 폐기물 흡입 장치 즉, 진공청소기 기술(DE 10-2019-125726 B3), '화물 차량' 기술군과의 신규 융합 기술군에서는 음료 및 식품을 분배하기 위한 출력 장치를 포함하며, 차량에 탑재된 이동 단말기를 통해 작동되는 기술(DE 10-2019-123530 B4)이 있다.

Audi는 회전체의 진동을 이용한 마사지 기술을 통해 휴식공간을 제공하는 것 외에도 따뜻한 음료 제조기술과 모바일 주문 기술, 물체의 형상에 따라 변형되는 차량용 홀더 기술을 통해 단순한 휴식이 아닌 카페의 모습을 기대할 수 있다.

또한, 헤어 드라이기 기능이 포함된 헤드레스트 기술과 차량 동력을 이용한 진공청소기 기술을 통해 주거 공간으로서 이용되는 자동차의 모습을 예측할 수 있다.

이번 분석에서는 키워트의 그래프엔진을 통해 독일 3사, Mercedes-Benz와 BMW, Audi의 실내 편의 장치의 출원 동향을 알아보았고 연결성 분석을 통해 새로운 실내 편의 장치의 기술에는 무엇이 있는지 확인해 보았다.

첫째로, 키워트의 K Topics와 K Technologies를 이용해 자동차의 실내 편의 장치에 해당하는 기술군을 파악하고, 키워트의 그래프엔진을 통해 해당 기술군의 출원 동향을 쉽게 확인해 볼 수 있었다.

독일 3사가 공통적으로 자동차의 실내 편의 장치에 해당하는 차량용 승객설비 기술군에 대한 특허출원이 늘어나고 있음을 확인할 수 있었으며, 특허 건수가 늘어나는 것뿐만 아니라 전체 특허 대비 차량 승객 설비 특허의 비중이 늘어나는 것 또한 확인할 수 있다.

둘째로, 연결성 분석을 통해 특정 연도 이전에 차량용 승객설비 기술군과 연결성이 없는 기술군이지만, 특정 연도부터 차량용 승객설비 기술군과 연결성이 새롭게 나타나는 신규 융합 기술군을 분석했다.

독일 3사가 공통적으로 마사지 기능이 있는 물리치료기술을 개발하고 있음을 확인하였으며, 각 기업의 공통적인 기술 외에 각 기업의 특징적인 모습을 확인할 수 있었다.

Mercedes-Benz는 초음파와 적외선 방사, 센서를 이용하여 휴식을 넘어 진단, 치료의 공간으로, BMW는 향기 및 조명을 이용하여 확실한 휴식의 공간으로, Audi는 따뜻한 음료의 제조와 모바일 주문 기술을 개발하여 이동하는 카페의 모습을 예측해 볼 수 있었다.

4. R&D 전략 수립 사례
- UAM(Urban Air Mobility) 기술 전략 수립 사례

UAM은 Urban Air Mobility, 도심 항공 모빌리티라 하여 도시 권역을 수직이착륙(VTOL, Vertical Take-off and Landing)하는 개인용 비행체로 이동하는 공중 교통체계를 말한다.

현재 우리나라를 비롯한 전 세계의 도시 집중화로 인해 도심의 교통혼잡은 점점 더 심해지고 있어, 지상의 도로를 이용하는 자동차만으로는 해결할 수 없는 상황이다.

UAM은 별도 활주로가 필요 없고, 최소한의 수직이착륙 공간만 확보하면 운용이 가능하여 도로 혼잡을 줄여주고, 전기 동력을 사용해 탄소 배출이 없고 저소음으로 도심에서 운항 가능한 친환경 3차원 미래형 도시 교통수단으로 주목받고 있다.

도심 항공 모빌리티(UAM) 시장규모 전망
(십억 달러, %)

연도	세계	미국	중국	유럽	그외
2018	3.7	1.1	1.1	0.69	0.76
2020*	7.4	2.0	2.4	1.4	1.5
2025*	122.3	21.1	62.7	18.3	20.2
2030*	322.1	56.4	149.4	56.0	60.3
2035*	640.9	131.3	239.3	121.3	149.0
2040*	1,473.9	328.1	431.1	292.4	422.3
연평균증가율('21~40)	30.3	29.1	29.7	30.4	32.4

자료 : Morgan Stanley Research(2019), 국제무역통상연구원

미국 투자회사 모건 스탠리는 2040년 전 세계 UAM 시장 규모가 1.5조 달러로, 2021~2040년 중 연평균 30% 씩 성장할 것으로 전망하고 있다. 그만큼 소재, 배터리, 전자제어, 항법 등 하드웨어 기술뿐만 아니라 소프트웨어 기술 또한 높은 수준의 기술력을 필요로 하는 최신 기술이라 할 수 있다.

UAM의 빠른 기술발전을 특허 빅데이터 분석 관점으로 확인하기 위해 특허 출원일 기준 1년 단위로 나누어 최근 5년간(2018~2022)의 특허를 분석해 보자.

신산업 분야 특허 빅데이터 분석방법 사례

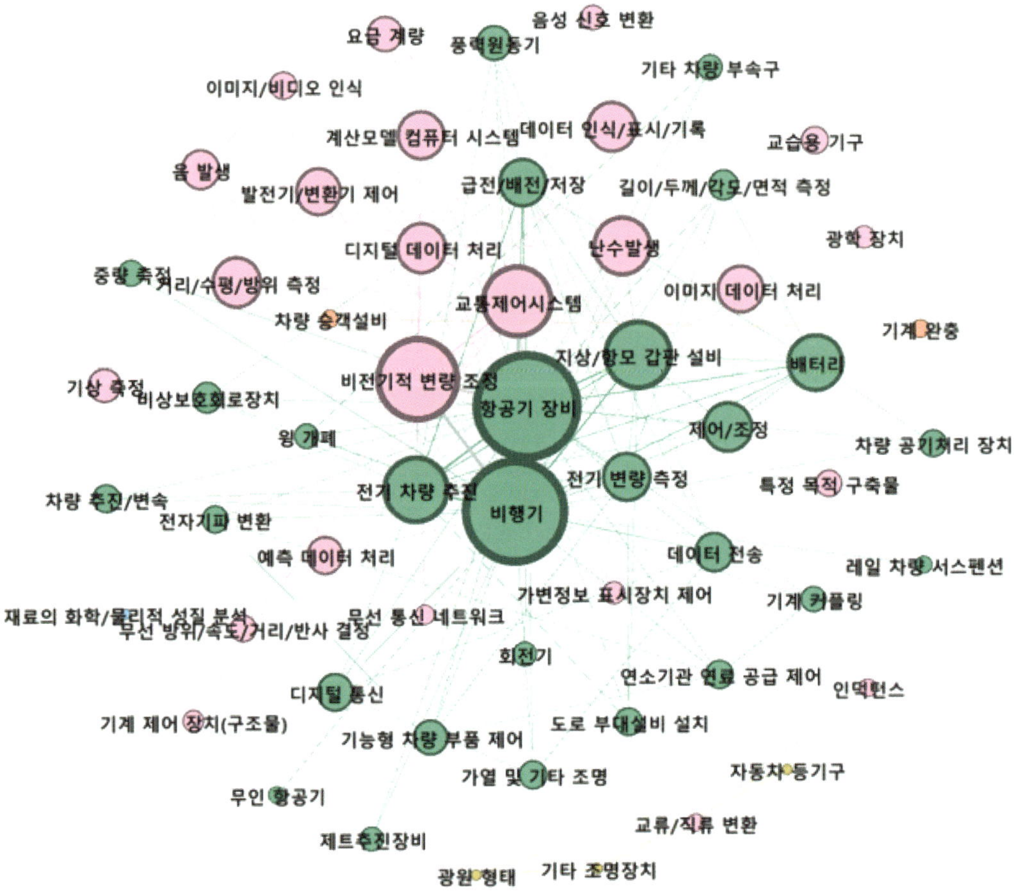

[IPC 네트워크 분석 그림]

우선 2018년부터 2022년 전체의 IPC 분포를 확인하면 항공 모빌리티인 만큼 비행기와 항공기 장비, 전기 차량 추진 및 지상 설비 기술이 중심에 위치함을 확인할 수 있고, 데이터 처리, 교통제어시스템 등 소프트웨어 기술 또한 중심에 위치함을 확인할 수 있다.

그럼 연도별로 IPC분포를 분석하여 이전 년도 대비 새로이 연결성을 보이는 기술은 무엇이 있는지, 그리고 해당 특허 건에는 어떤 것들이 있는지 확인해 보자.

- 2019년 특허 빅데이터 분석

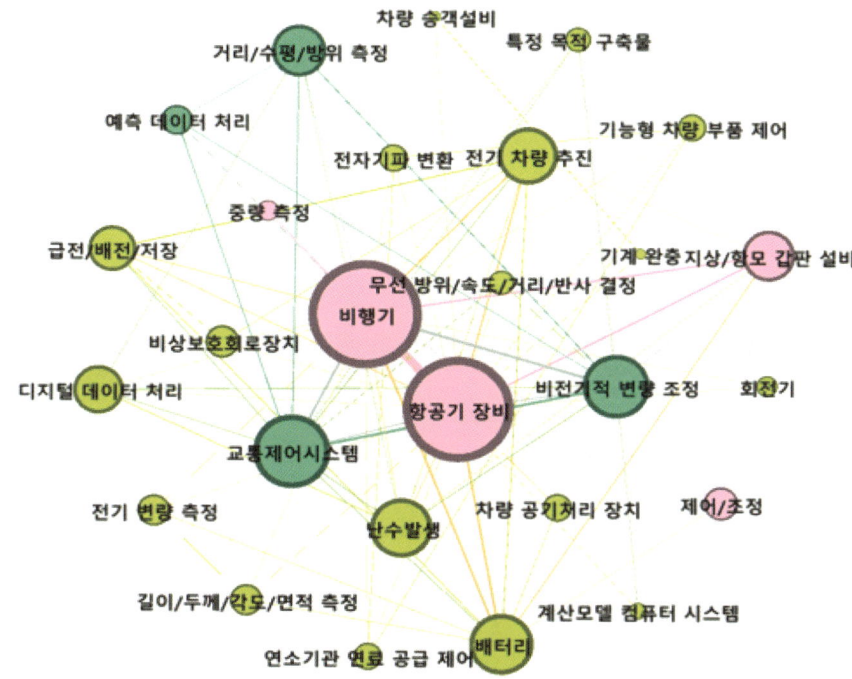

위는 2019년 UAM 분야 SNA의 시각화 자료이다. 2018년 대비 새로운 연결성을 나타내는 기술 및 기술군이 많이 보인다. 참고로, 새롭게 등장한 노드는 노란색으로 표시했다.

그 중에서 대표적으로 2가지의 기술군을 확인해 보도록 하자.

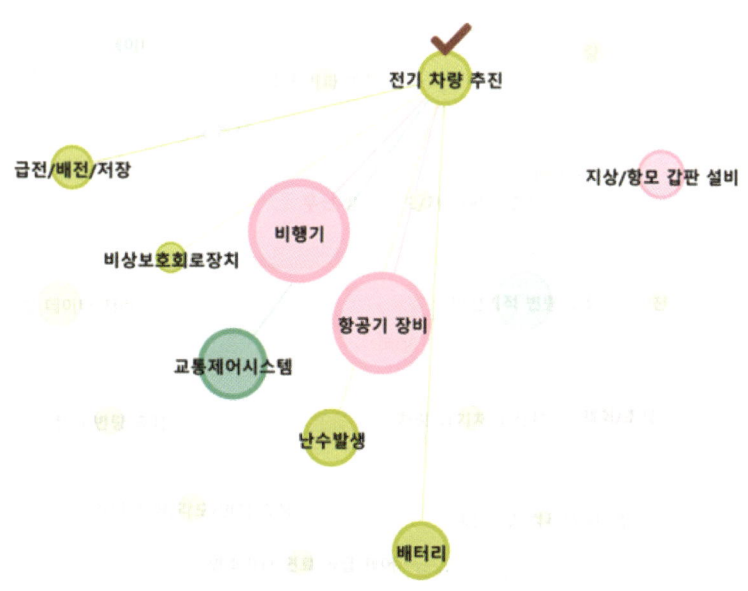

'전기 차량 추진' 기술이 새로이 확인되며 기존의 비행기 및 항공기 장비와의 연결뿐만 아니라 '급전/배전/저장', '비상보호회로장치', '난수발생', '배터리' 기술과의 연결을 보여준다.

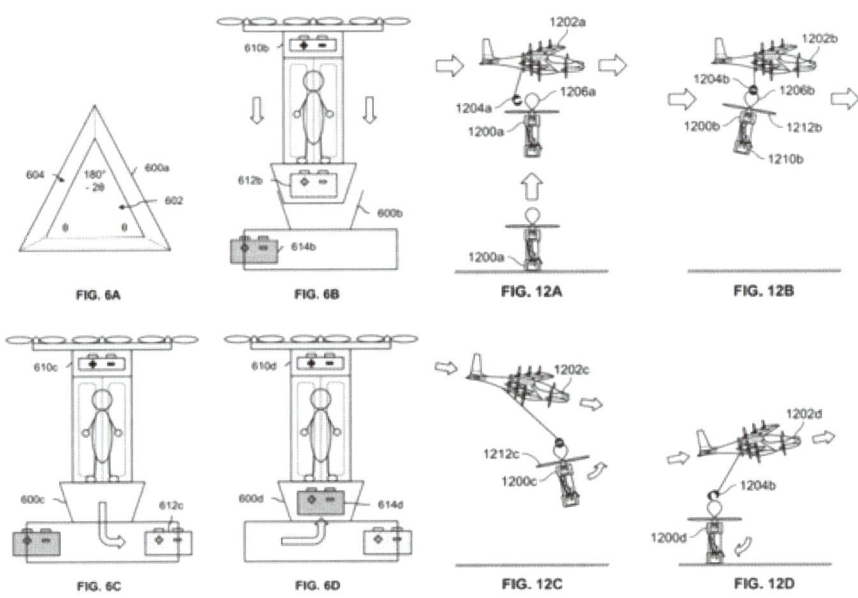

이에 해당하는 특허 건인 US 11142318 B2와 US 11225165 B2를 살펴보면 한 번에 두 개의 비행체를 움직이는 데 있어 하나의 비행체가 다른 하나의 비행체를 운반할 수 있으며, 다른 하나의 비행체는 탈부착이 가능한 배터리를 이용하여 빠른 재운행이 가능하게 하는 기술에 대한 다수의 특허가 확인된다. 이는 운송되는 비행체의 보급과 배터리 교체를 통해 이용률을 높이는데 도움이 될 것으로 보인다.

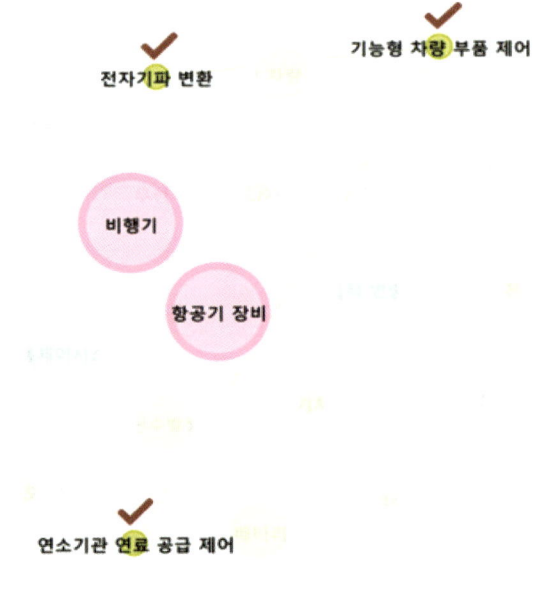

그 외에 '기능형 차량 부품 제어'과 '전자기파 변환', '연소기관 연료 공급 제어' 기술이 동시에 연결되어 기존의 '비행기', '항공기 장비' 기술과 새로운 기술군을 형성하고 있다.

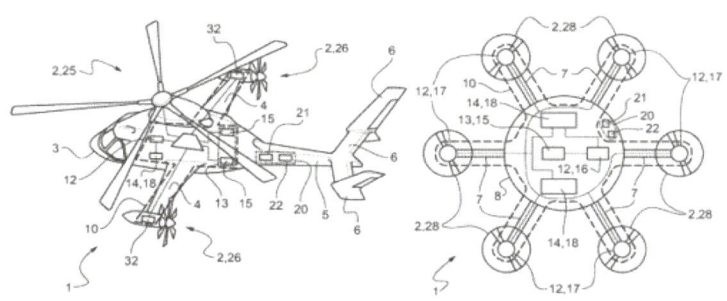

이에 해당하는 특허인 US 11273920 B2는 내연기관 또는 전기 모터의 동력을 사용하는 것이 아니라 엔진과 복수의 전기모터를 비행 조건에 맞춰 제어하는 기술로 이륙과 착륙시에는 전기에너지를, 순항시에는 내연기관을 사용하여 에너지 효율을 높이고자 하는 기술을 나타내고 있다.

이는 내연기관과 전기모터의 특성에 따라 높은 토크를 필요로 할 때는 전기모터를, 상대적으로 적은 토크와 정속 주행이 필요할 때는 내연기관을 사용하는 기술이다.

- 2020년 특허 빅데이터 분석

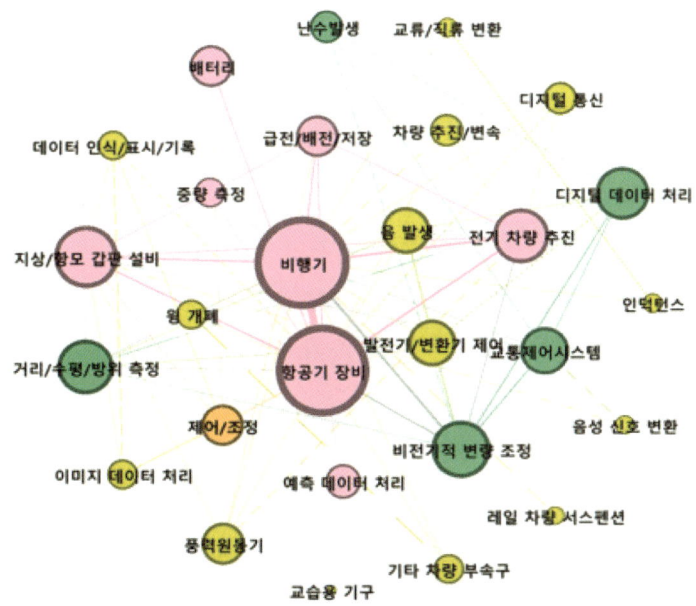

위는 2020년 UAM 분야 SNA의 시각화 자료이다. 2020년 또한 2019년 대비 새로운 연결성을 나타내는 기술 및 기술군이 많이 보이며, 대표로 2개의 기술군을 확인해 보자.

신산업 분야 특허 빅데이터 분석방법 사례

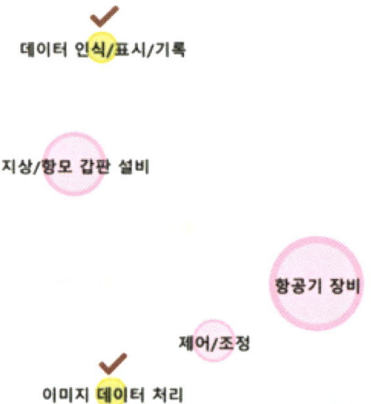

'데이터 인식/표시/기록'과 '이미지 데이터 처리' 기술이 동시에 연결되어 기존의 '지상/항모 갑판 설비', '항공기 장비', '제어/조정' 기술과 함께 기술군을 형성하고 있다.

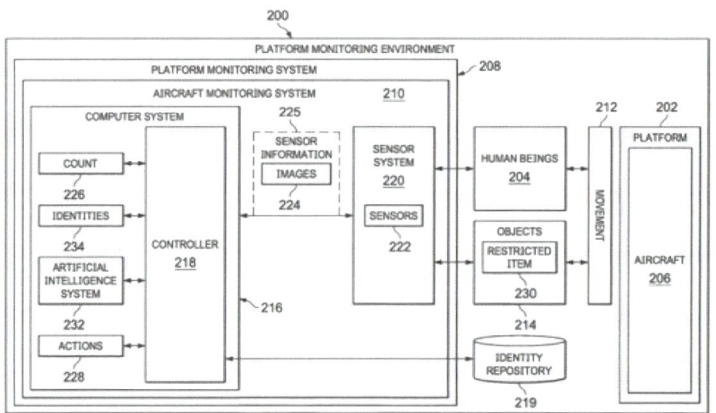

해당 기술군에 속하는 US 2021-0390290 A1은 승객의 움직임을 모니터링하도록 세팅된 센서에 의해 이미지를 인식하고, 컴퓨터 시스템에 의해 지정된 작동을 수행하는 기술을 나타내고 있다. 탑승 인원 및 배치에 따라 필요한 출력이 달라질 수 있기에 사람의 수와 위치를 파악하여 제어에 도움을 주는 기술이다.

166

'음 발생'과 '발전기/변환기 제어' 기술이 동시에 연결되어 기존의 '비행기', '항공기 장비' 외 3개의 기술과 함께 기술군을 형성하고 있다.

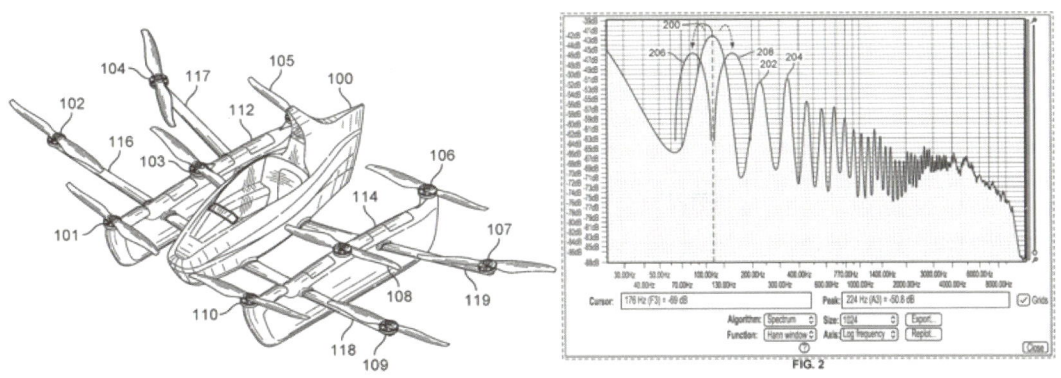

해당 특허는 비행체에 포함되는 복수의 로터를 조절하여 노이즈를 감소시키는 기술로, 승객으로 하여금 소음으로 인한 스트레스를 줄이고 편안한 비행을 위한 기술이다.

- 2021년 특허 빅데이터 분석

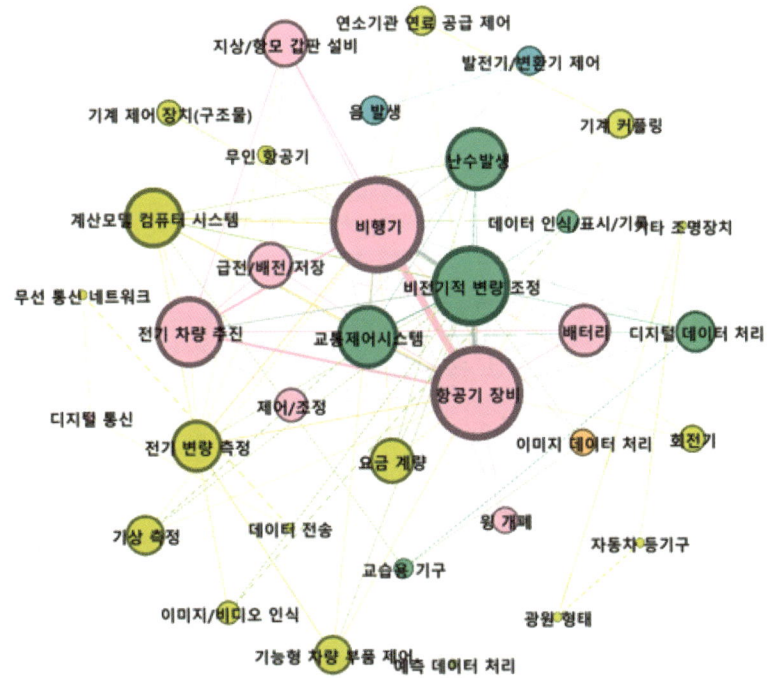

위는 2021년 UAM 분야 SNA의 시각화 자료이다. 새로운 연결성을 보이는 기술도 있지만 기존에 있던 기술들의 연결성 또한 강해진 것을 확인할 수 있다. 2021년은 대표로 1개의 기술군을 확인해 보자.

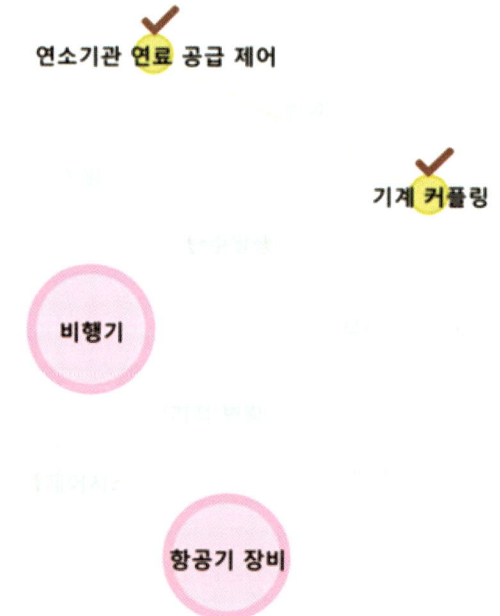

'연소기관 연료 공급 제어'와 '기계 커플링' 기술이 동시에 연결되어 기존의 '비행기', '항공기 장비' 기술과 함께 기술군을 형성하고 있다.

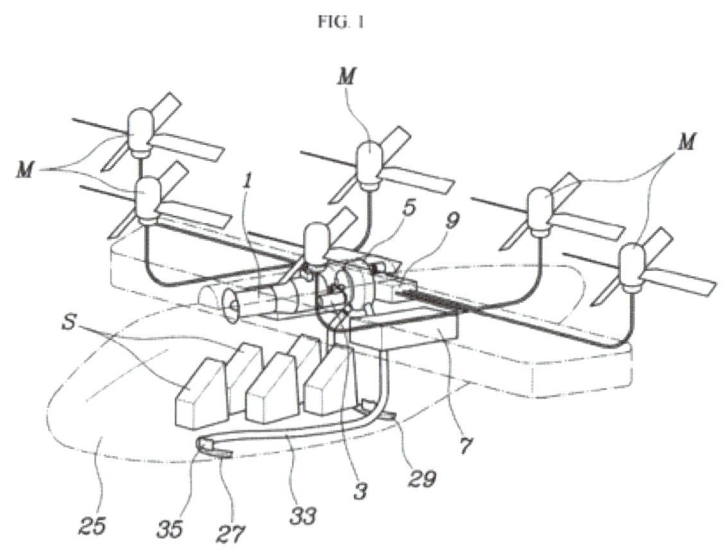

해당 특허는 비행체에 보조 추진 장치를 달아 동체 뒤쪽으로 가압 가스를 분사하여 추력을 발생시켜 비행체의 속력을 높이는데 이용될 수 있도록 하는 기술로, 틸트 로터가 아닌 일반 고정형 수직 로터만으로는 빠른 속력을 내기 어렵기에 고안된 기술이다.

- 2022년 특허 빅데이터 분석

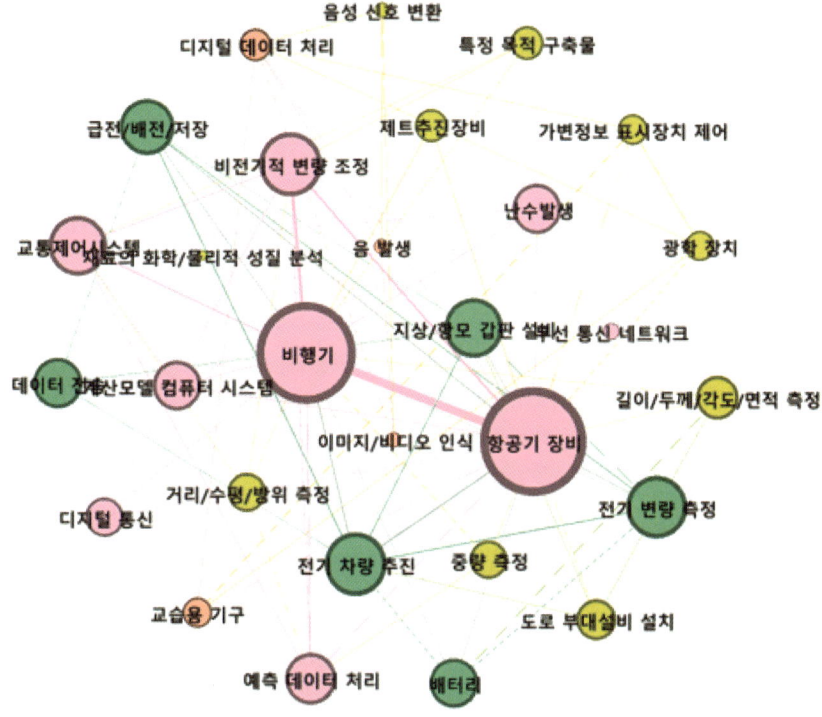

위는 2022년 UAM 분야 SNA의 시각화 자료이다. 2022년의 특허는 아직 미공개된 특허가 있음에도 새로운 연결성을 보이는 기술이 확인된다. 마지막으로 2022년 또한 대표로 2개의 기술군을 확인해 보자.

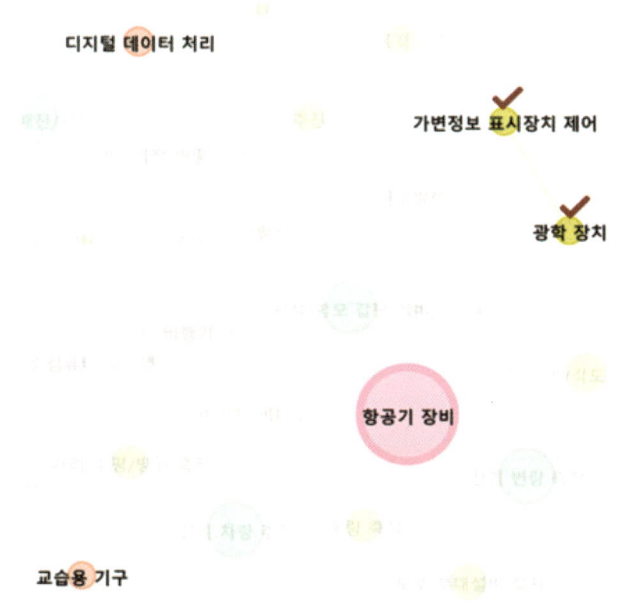

'가변정보 표시장치 제어'와 '광학 장치' 기술이 동시에 연결되어 기존의 '항공기 장비', '교습용 기구' 기술과 함께 기술군을 형성하고 있다.

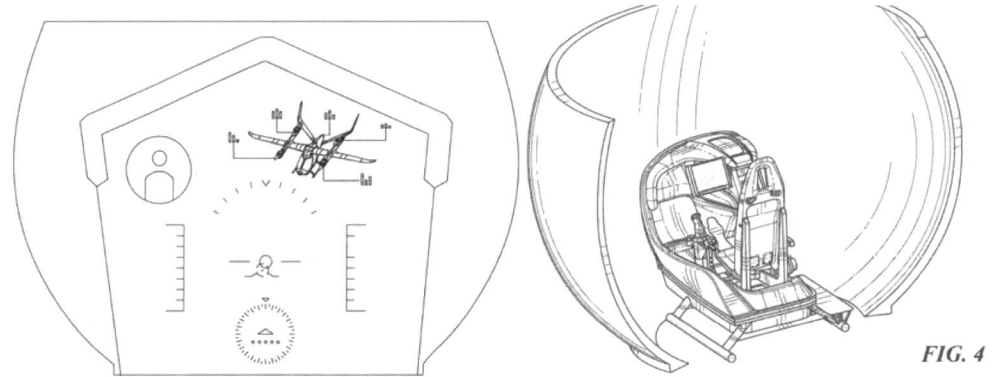

FIG. 4

해당 기술군에 속하는 US 11598960 B1은 UAM을 위한 HUD, 헤드업 디스플레이 기술에 대한 특허이며, 시뮬레이터를 통해 교습용 기구로서의 역할도 제공함을 알 수 있다.

'제트추진장비' 기술과 기존의 '비행기', '항공기 장비' 기술과 함께 기술군을 형성하고 있다.

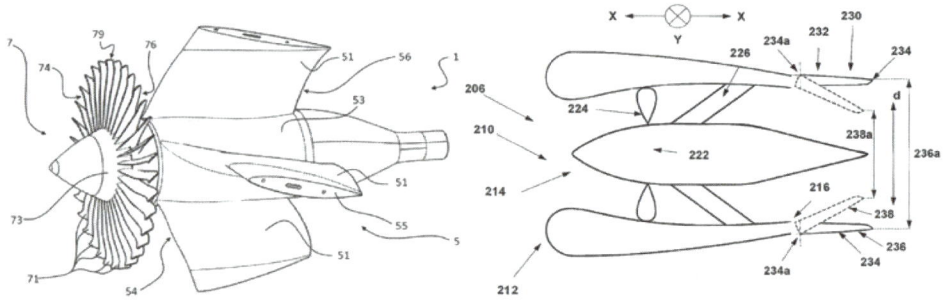

해당 기술군에 속하는 US 2022-0275773 A1, US 2022-0281594 A1은 비행체에 제트엔진을 장착시켜 추력을 증가시키고, 비행체의 속력을 높이는데 이용될 수 있도록 하는 기술이다.

2021년의 US 2022-0204178 A1 특허와 같은 목적으로 개발된 기술이지만 가압 가스를 분사하여 추력을 얻는 것보다 제트엔진을 이용하여 얻는 추력이 훨씬 클 것이기에 더욱 빠른 속력을 낼 수 있을 것으로 보인다.

이번 특허 빅데이터 분석에서는 미래형 도시 교통수단으로 주목받고 있는 UAM, 도심 항공 모빌리티 기술의 발전을 확인해 보았다.

매년 새로이 연결성이 나타나는 다양한 기술들과 더욱 강한 연결성을 보이는 기술들을 보며 정말 미래 유망 산업임을 다시 한번 확인할 수 있었고, 특히 비행체 구동에 관련된 기술들을 정리해 보면 다음과 같다.

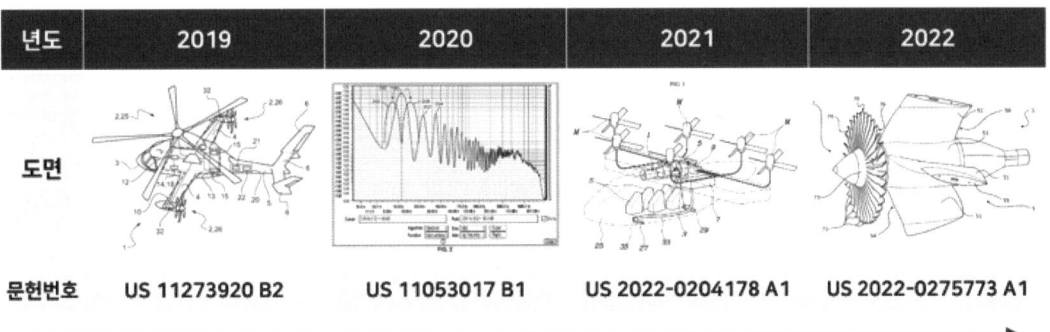

특허 포트폴리오 관점에서 UAM 기술을 시계열적으로 살펴본 결과, 복수의 동력원을 이용하여 에너지 효율을 높이는 기술, 단순 구동에서 소음을 감소시키는 기술, 가압 가스를 이용한 추력 발생기술, 제트엔진을 이용하여 더욱 큰 추력을 발생시키는 기술로 발전됨을 확인할 수 있다.

이 외에도 원래 전투기에 처음 도입되었던 HUD 기술이 자동차를 지나 다시 UAM에 도입되어 기술개발이 이루어짐을 특허로 확인함으로써, 자동차에 적용된 다른 기술들을 UAM에 적용하기 위한 R&D 전략 방안을 수립해 볼 수도 있다.

제4장

바이오

신산업 분야 특허 빅데이터 분석방법 사례

제4장 | 바이오

1. 권리범위와 침해 분석 사례 - 유전자 가위 특허전쟁 사례

2020 노벨 화학상의 영광의 주인공은 두 명의 화학자, UC 버클리 대 제니퍼 다우드나 교수와 독일 마스프랑크 병원체 연구소장 에마뉘엘 샤르팡티에 연구수장이었다. 이 두 화학자는 '크리스퍼 캐스 9' 유전자 가위를 이용, 5분 안에 코로나 진단 기술을 개발한 공로로 이번 노벨 화학상 수상자로 선정되었다.

크리스퍼 유전자 가위란 사람의 유전정보를 담고 있는 DNA에서 유전질환을 유발하는 RNA를 잘라내는 기술로, 코로나 진단뿐만 아니라 유전질환 치료에 도움이 되는 획기적인 기술이다.

선천적으로 질병에 걸릴 수밖에 없는 잠재적 환자들의 유전정보를 변경해 인류의 건강한 삶을 보장하는 아주 중요한 기술인 것이다.

이렇게 중요한 기술인 만큼 유전자 가위의 원천특허를 갖기 위한 불꽃튀는 전쟁이 있다. 글로벌 특허 검색 DB인 키워트를 이용하여, 유전자 가위 원천특허와 관련된 특허현황과 분쟁내용을 살펴보자.

크리스퍼 유전자 가위는 2012년에 처음 탄생한 최신 유전자 기술로, 최근 상당수의 유전자치료제 등의 연구의 기본이 되는 기술이 되어, 한번 사용하려면 연간 로열티도 어마어마하다고 한다.

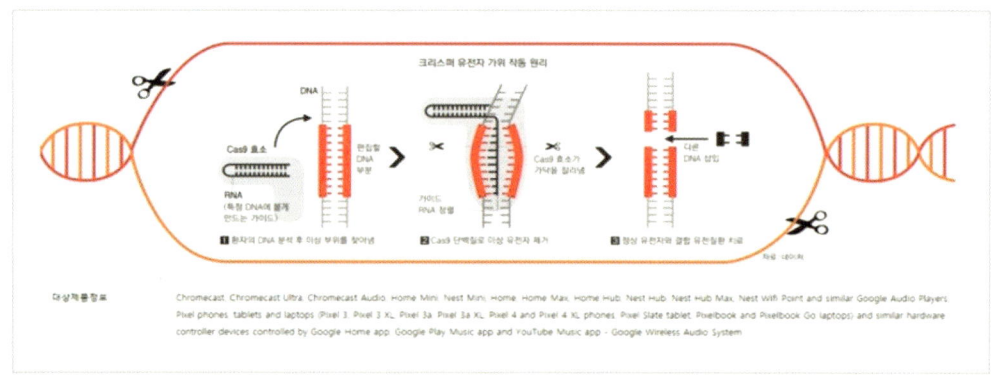

그런데, 이렇게 중요하고 파급력이 높은 크리스퍼 유전자 가위 기술에 대한 원천특허 3건이 각각 3개의 다른 기업으로부터 2012년에 모두 출원되었다. 유전자 가위 특허전쟁 현황을 살펴보면, 아래와 같은 사실을 알 수 있다.

▶ **유전자 가위 특허 분석의 시사점**
- 특허 먼저 출원하는 것이 좋다는 사실은 누구나 알고 있지만 이렇게 출원일자가 중요하다.
- 다양한 특허제도를 얼마나 잘 활용하는지에 따라서 큰 결과의 차이를 보인다.

그럼, 지금부터 유전자 가위 특허전쟁을 파헤쳐보자.

특허전쟁을 촉발시킨 원천특허권자는, (1) UC 버클리 대학교, (2) MIT 대학교(&Broad 연구소), 그리고 (3) 국내 기업인 툴젠(Toolgen)이다. 출원 순서는, UC 버클리 대학교가 1등, 툴젠이 2등, 그리고 MIT가 3등이다. 출원시기는 최대 7개월 밖에 차이가 나지 않는다.

하지만, 이후에 반전이 일어나게 되는데, 3등으로 출원했던 MIT는 2년도 안된 2014년 4월 15일에 등록된 반면, 1등으로 출원했던 UC버클리는 출원한지 6년 후에 2018년 6월에야 첫 특허를 등록받게 된 것이다.

왜 이렇게 등록순서가 몇 년이나 크게 뒤바뀌었는지 특허 검색 DB인 키워트의 행정정보 보기를 이용했더니, MIT 특허가 미국의 신속심사(Accelerated Examination)를 신청했다는 것을 파악할 수 있었다. 신속심사를 신청하게 되면, 1년 내에 심사가 완료되므로, 빠르게 특허등록을 받을 수 있었던 것이다.

신산업 분야 특허 빅데이터 분석방법 사례

[US 8697359 B1 행정정보 보기]

또한, 아래와 같이 MIT에서 미국특허청에 제출한 신속심사 신청서 원본을 직접 PDF로 확인해볼 수 있다.

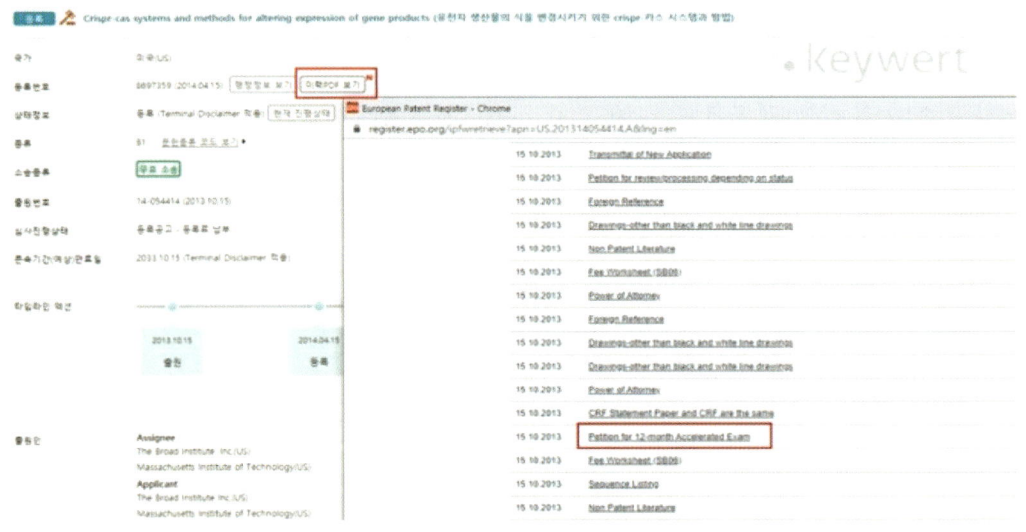

[US 8697359 B1 이력 PDF 보기]

Doc Code: PET.SPRE.ACX	PTO/SB/28 (07-09)
Doc Description: Petition for 12-month Accelerated Exam	Approved for use through 07/31/2014. OMB 0651-0059
	U.S. Patent and Trademark Office; U.S. DEPARTMENT OF COMMERCE

Under the Paperwork Reduction Act of 1995, no persons are required to respond to a collection of information unless it displays a valid OMB control number.

PETITION TO MAKE SPECIAL UNDER ACCELERATED EXAMINATION PROGRAM

Attorney Docket Number	44790.05.2003	First Named Inventor	Feng Zhang
Application Number (if Known)			
Title of Invention	CRISPR-CAS SYSTEMS AND METHODS FOR ALTERING EXPRESSION OF GENE PRODUCTS		

APPLICANT HEREBY PETITIONS TO MAKE THE ABOVE-IDENTIFIED APPLICATION SPECIAL UNDER THE REVISED ACCELERATED EXAMINATION PROGRAM. See Instruction sheet on page 3.

1. **Claims of the application:**
   a. The application must contain three (3) or fewer independent claims and twenty (20) or fewer total claims. The application may not contain any multiple dependent claims.

   b. **Applicant hereby agrees not to separately argue the patentability of any dependent claim during any appeal** in the application. Specifically, the applicant agrees that the dependent claims will be grouped together with and not argued separately from the independent claim from which they depend in any appeal brief filed in the application (37 CFR 41.37(c)(1)(vii)).

   c. The claims must be directed to **a single invention**.

2. **Interviews:**
   Applicant hereby agrees to have (if requested by examiner):
   a. An interview (including an interview before a first Office action) to discuss the prior art and any potential rejections or objections with the intention of clarifying and possibly resolving all issues with respect to patentability at that time, and

   b. A telephonic interview to make an election without traverse if the Office determines that the claims are not obviously directed to a single invention.

3. **Preexamination Search Statement and Accelerated Examination Support Document:**
   With this petition, applicant is providing: a **preexamination search statement**, in compliance with the requirements set forth in item 8 of the instruction sheet, and an "accelerated examination support document" that includes:
   a. An **information disclosure statement** in compliance with 37 CFR 1.98 citing each reference deemed most closely related to the subject matter of each of the claims;

   b. For each reference cited, **an identification of all the limitations of the claims** that are disclosed by the reference specifying where the limitation is disclosed in the cited reference;

   c. A **detailed explanation of how each of the claims are patentable** over the references cited with the particularity required by 37 CFR 1.111(b) and (c);

   d. A concise **statement of the utility** of the invention as defined in each of the independent claims (unless the application is a design application);

   e. An identification of any cited references that may be disqualified as prior art under 35 U.S.C. 103(c) as amended by the CREATE act; and

   f. **A showing of where each limitation of the claims finds support under the first paragraph of 35 U.S.C. 112** in the written description of the specification. If applicable, the showing must also identify: (1) each means- (or step-) plus-function claim element that invokes consideration under 35 U.S.C. 112, ¶6; and (2) the structure, material, or acts that correspond to any means- (or step-) plus-function claim element that invokes consideration under 35 U.S.C. 112, ¶6. If the application claims the benefit of one or more applications under title 35, United States Code, the showing must also include where each limitation of the claims finds support under the first paragraph of 35 U.S.C. 112 in each such application in which such support exists.

[US 8697359 B1 신속심사신청서]

비록 출원은 늦었지만 1등으로 등록받은 MIT 특허는 어떤 이점이 있을까? 일단 가장 먼저 독점권을 획득하였으므로, 가장 빠르게 특허권을 행사할 수 있다.

신산업 분야 특허 빅데이터 분석방법 사례

실제로, 양도양수정보를 보면, MIT는 특허등록 후 4개월이 지나지 않은 2014년 8월 6일에 해당 특허를 미국국립보건원(NIH)에 라이선스 아웃한 것을 확인할 수 있다. 1등으로 출원한 UC버클리보다 4년이나 먼저 특허로 수익화를 하였던 것이다.

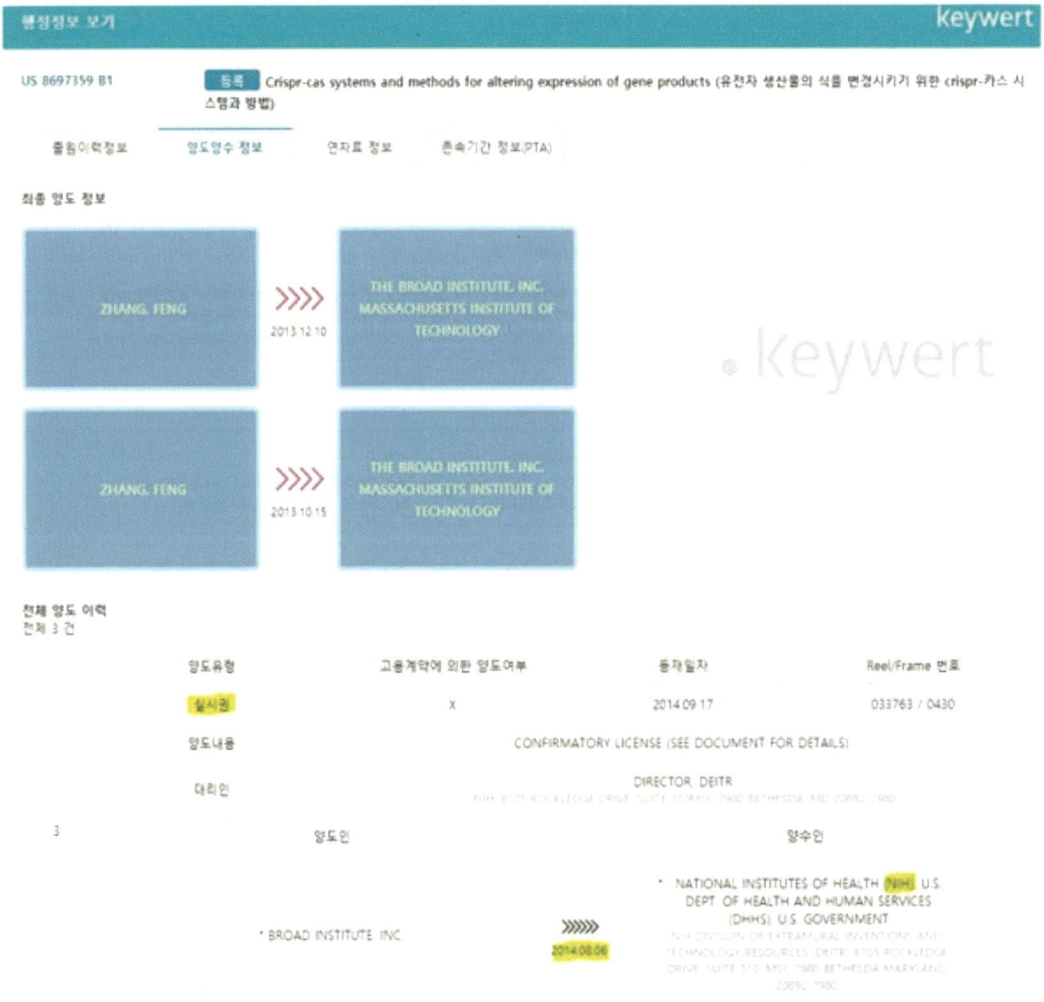

[US 8697359 B1 양도양수 정보]

3등으로 출원했지만 1등으로 등록받은 MIT 특허에 대하여, 과연 1등 출원인 UC버클리가 가만히 있었을까? UC버클리의 특허가 심사진행중인 상황에서, MIT특허의 독점적인 권리행사를 저지하고자 MIT 특허를 무효시키고자 시도한다.

2015년 4월 크리스퍼 유전자 가위 원천기술을 발명하고 처음 특허를 출원한 것은 자신들이므로, UC버클리 측은 MIT의 특허는 무효라고 주장하며 미국의 Inference 심판을 제기했다.

이후 2017년 2월 미국특허청(USPTO)은 MIT 특허가 UC버클리(정식명칭: University of California, Berkeley) 특허보다 늦게 출원하긴 하였지만, 진핵세포 유도 등에 대하여 신규성 및 진보성이 있다는 이유로 특허가 유효하다고 판단하게 된다.

2017년 4월 UC버클리는 이에 불복하여 항소법원(CAFC)에 항소를 제기했다. 그 결과는, 미국소송검색을 이용하여 자세히 살펴보자.

원고와 피고명을 "LP:(CALIFORNIA) AND LD:(MIT OR BROAD)" 로 입력 후 검색하니, 아래와 같이 항소법원 소송내용이 검색되었다.

신산업 분야 특허 빅데이터 분석방법 사례

상세한 내용을 살펴보면, 소송대상제품은 CRISPR-Cas9 system이고, 대상특허는 MIT가 가장 먼저 받은 원천특허임을 확인할 수 있다.

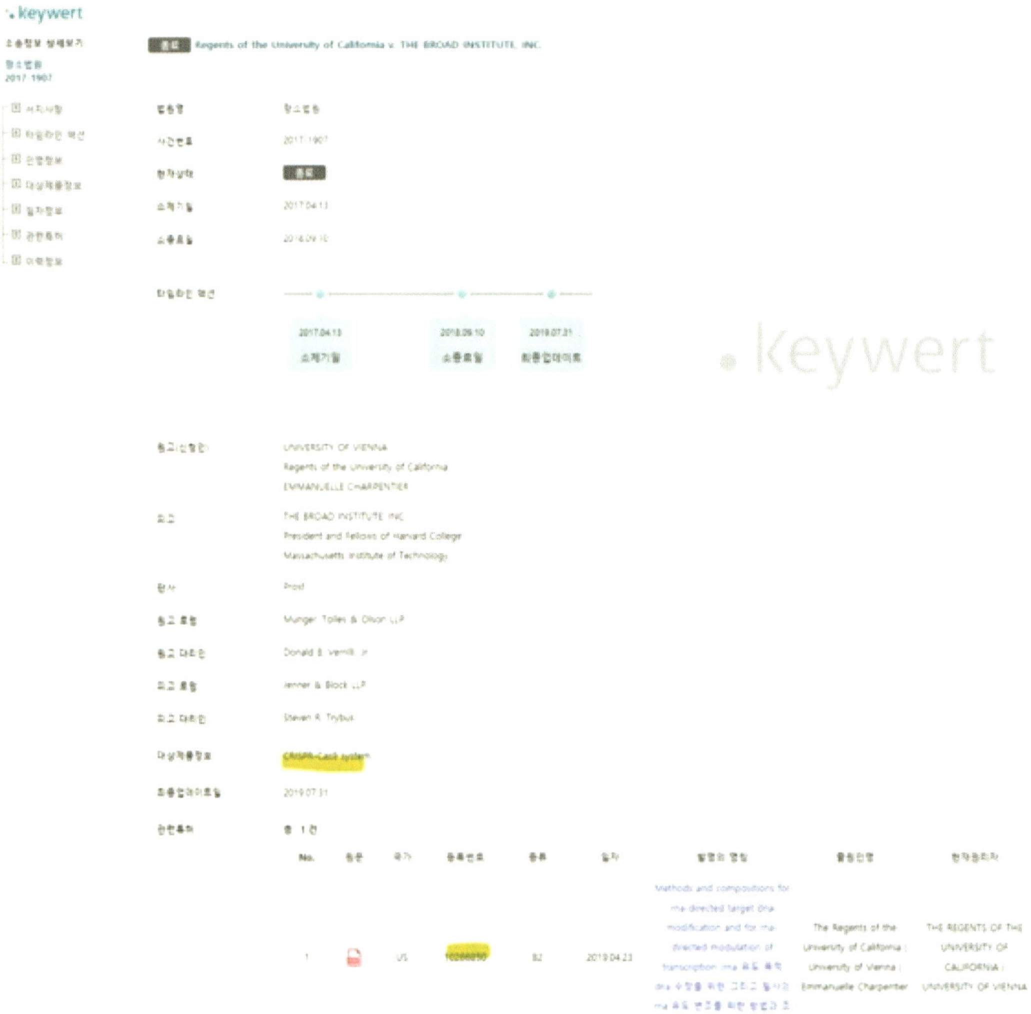

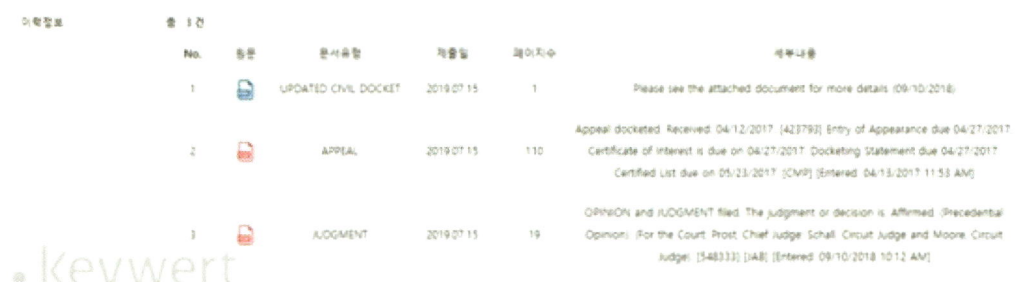

[미국소송 사건번호 2017-1907]

[미국소송 사건번호 2017-1907 이력정보]

2018년 9월 10일자 판결문에는, MIT특허가 UC버클리 특허에 비해 진보성이 있다는 미국특허심판원(PTAB)의 결정이 적절하다는 내용이 기재되어 있다.

즉, MIT특허는 UC버클리 특허와 다르고 진보한 기술적 특징이 있으므로 상호 저촉되지 않으므로 유효하다는 것이다.

[미국소송 사건번호 2017-1907 판결 원문]

판결문까지 확인하니 결국 이 특허전쟁의 진정한 승자는 특허를 가장 먼저 등록하고, 실시권을 통해 로열티를 받은 MIT 연구소가 아닐까?

지금까지 3개 기업의 원천특허의 출원일과 MIT 특허의 무효소송까지 쭉 살펴봤다. 이쯤되면, 이 3개의 원천특허간의 차이는 무엇인지 궁금해진다.

따라서, 3개의 원천특허 간의 핵심청구항에 대하여 한번 비교해보자.

툴젠 특허와 MIT 특허는 "진핵세포"라는 구성이 명확히 기재된 반면에, UC버클리 특허는 이러한 내용의 기재가 없는 것으로 확인할 수 있다. 그 외의 구성요소는 상당히 유사한 개념과 내용을 담고 있는 것도 확인할 수 있다.

3개의 특허는 동일 연도에 출원되어서 모두 공개되지 않은 상태에서 심사를 받았으므로, 일반적인 진보성 규정보다 약한 저촉 여부만 비교되어서 결국 모든 특허가 등록에 이르게 된 것으로 보인다.

	UC 버클리 특허	툴젠 특허	MIT & Broad 연구소 특허
대표 청구항	1. A method of cleaving a nucleic acid comprising contacting a target DNA molecule having a target sequence with an engineered and/or non-naturally-occurring Type II Clustered Regularly Interspaced Short Palindromic Repeats (CRISPR)-CRISPR associated (Cas) (CRISPR-Cas) system comprising a) a Cas9 protein; and b) a single molecule DNA-targeting RNA comprising i) a targeter-RNA that hybridizes with the target sequence, and ii) an activator-RNA that hybridizes with the targeter-RNA to form a double-stranded RNA duplex of a protein-binding segment, wherein the activator-RNA and the targeter-RNA are covalently linked to one another with intervening nucleotides, wherein the single molecule DNA-targeting RNA forms a complex with the Cas9 protein, whereby the single molecule DNA-targeting RNA targets the target sequence, and the Cas9 protein cleaves the target DNA molecule.	[청구항 1] 표적 DNA에 특이적인 가이드 RNA 또는 상기 가이드 RNA를 암호화하는 DNA, 및 Cas9 단백질을 암호화하는 핵산 또는 Cas9 단백질을 포함하고, 상기 가이드 RNA는 상기 표적 DNA와 혼성화하는 crRNA(CRISPR RNA) 및 tracrRNA (transactivating crRNA)를 포함하는 이중 RNA (dualRNA), 또는 상기 crRNA 및 tracrRNA의 부분을 포함하고 상기 표적 DNA와 혼성화하는 단일-사슬 가이드 RNA (sgRNA)이고, 상기 표적 DNA는 **진핵 세포의** DNA인, 진핵 세포 또는 진핵 유기체에서 표적 DNA를 절단하기 위한 조성물.	1. A method OF altering expression OF at least one gene product comprising introducing into a **eukaryotic cell** containing and expressing a DNA molecule having a target sequence and encoding the gene product an engineered, non-naturally occurring Clustered Regularly Interspaced Short Palindromic Repeats (CRISPR)—CRISPR associated Cas (CRISPR-Cas) system comprising one or more vectors comprising: a) a first regulatory element operable in a eukaryotic cell operably linked to at least one nucleotide sequence encoding a CRISPR-Cas system guide RNA that hybridizes with the target sequence, and b) a second regulatory element operable in a eukaryotic cell operably linked to a nucleotide sequence encoding a Type-II Cas9 protein, wherein components (a) and B are located on same or different vectors OF the system, whereby the guide RNA targets the target sequence and the Cas9 protein cleaves the DNA molecule, whereby expression OF the at least one gene product is altered; and, wherein the Cas9 protein and the guide RNA do not naturally occur together.
특징 및 차이점	- 가장 선출원이나, **"진핵세포"** 를 청구항에 명시하지 않음	- "진핵세포"라고 청구항에 명시 미국에서는 현재 진보성으로 등록이 거절되었으나, 최근(2020년 10월) 등록 결정 받음	- 가장 후출원이나, **"진핵세포"의 유도과정을 구체적으로 기재하였다는 점에서 진보성 획득** (항소법원) - 신속심사제도 이용하여, 2014년 4월에 가장 먼저 특허등록됨

만약 UC버클리가 2012년 5월에 1등으로 특허출원한 직후 해당 내용을 조기공개제도 등을 이용하여 공개했다면, 툴젠과 MIT는 보다 엄격한 진보성 규정을 적용받아 특허받기 더 어려워졌을 수도 있다.

그렇다면 UC버클리가 출원과 등록까지 1등을 유지하며 가장 먼저 특허권을 행사할 수 있지 않았을까?

2. R&D 전략 수립 사례
- 특허 빅데이터 기반 표적 항암제 분석 사례

암은 1940년대 최초로 치료제가 개발된 이후 현재까지 정복되지 않은 질병 중 하나이다.

최초의 항암제는 화학항암제로 암세포와 일반세포 구분 없이 세포를 공격함으로써 다양한 부작용이 수반되었다. 이런, 화학항암제의 부작용을 줄이고자 암세포나 암조직만을 타겟하여 치료하는 표적항암제에 대한 기술이 개발되었다.

하지만 여전히 내성기전 및 부작용 등의 한계가 있다. 2010년 이후 인간의 면역시스템을 활용한 면역항암제가 개발되었고 최근까지도 많은 기업이 연구개발하고 있는 치료제이다.

그렇다면, 면역항암제 이전에 개발되었던 표적항암제에 대한 연구개발은 이루어지고 있지 않은 걸까?

본 분석에서는 아직까지도 표적항암제에 대한 연구개발이 지속적으로 이루어지고 있는지, 연구개발이 지속 중이라면 어떤 표적항암제 치료제가 있는지 특허 데이터를 통해 알아보도록 하자.

본 분석에서는 최근 20년동안 미국에 출원된 표적항암제와 관련된 특허를 대상으로 분석을 진행했다.

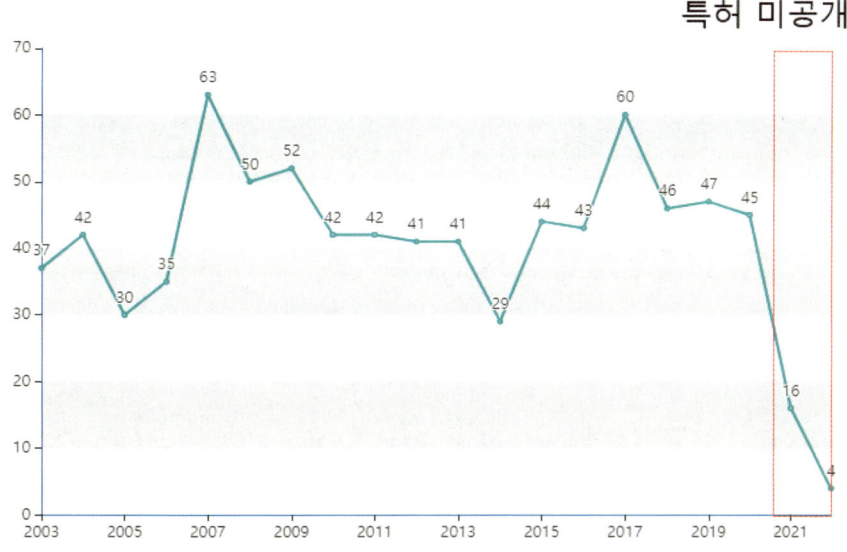

표적항암제는 분석기간인 2003년부터 2022년까지도 지속적으로 특허 출원이 확인되고 있다.

이렇게 표적항암제에 대한 연구개발이 지속적으로 이루어지고 있는데 이는, 표적항암제의 대표적인 의약품인 단일클론항체 의약품 특성을 특허 분석에 적용해서도 확인할 수 있었다.

단일클론항체 의약품의 대표적인 의약품들은 대게 **mab으로 끝나는 경우가 많다.

신산업 분야 특허 빅데이터 분석방법 사례

이런 특성을 이용하여, 분석 모집단의 연도구간별 특허 명세서에 기재된 단일클론항체 의약품에 대한 종류를 추출했다.

아래 그림은 분석 모집단의 연도구간별 mab으로 끝나는 키워드를 추출하여 시각화한 그래프이다. 연도구간은 1구간(2003년 ~ 2007년), 2구간(2008년 ~ 2012년), 3구간(2013년 ~ 2017년), 4구간(2018년 ~ 2022년)으로 총 4개구간을 나누었다.

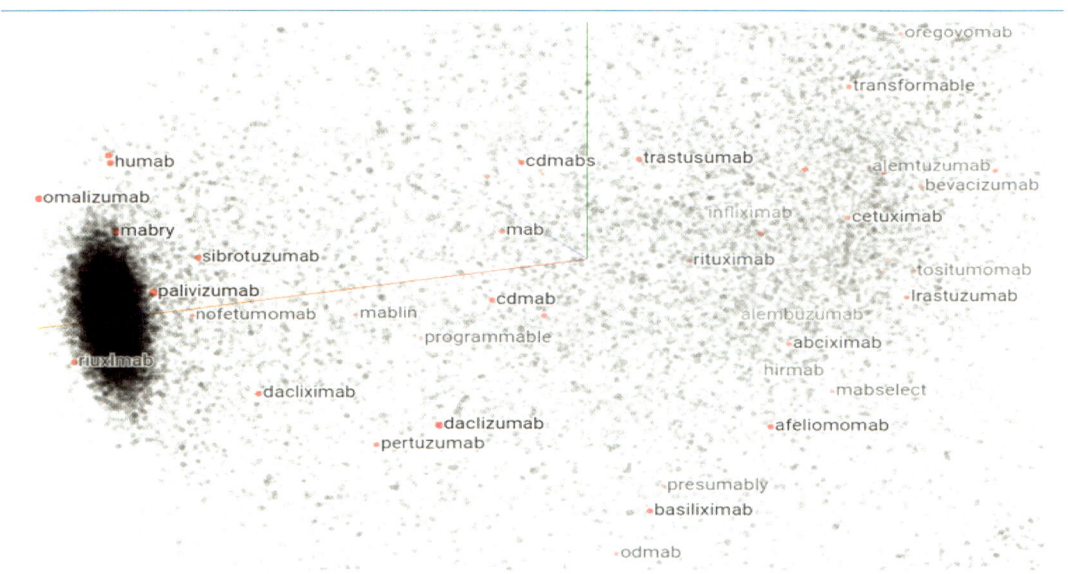

1구간: mab으로 끝나는 의약품 종류 11개
(2003년~ 2007년)

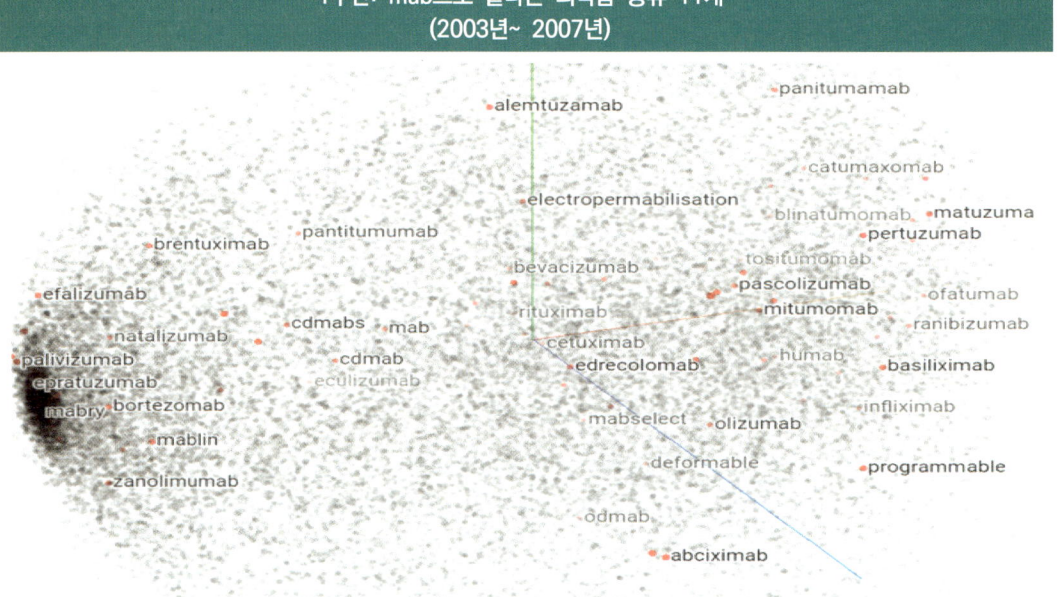

2구간: mab으로 끝나는 의약품 종류 12개
(2008년 ~ 2012년)

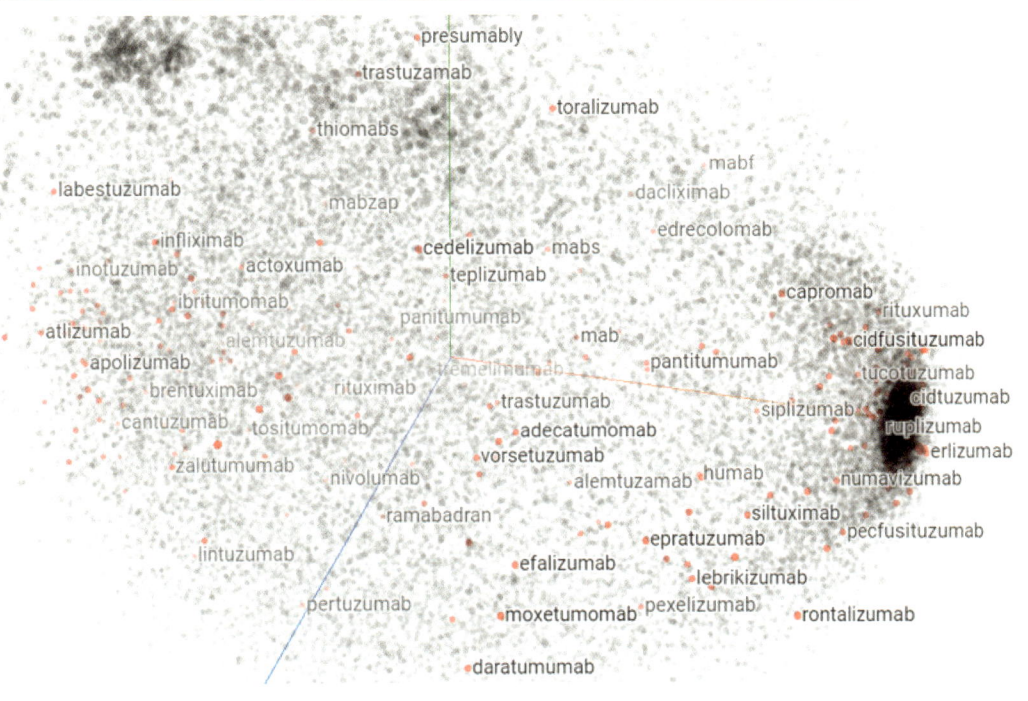

3구간: mab으로 끝나는 의약품 종류 46개
(2013년 ~ 2017년)

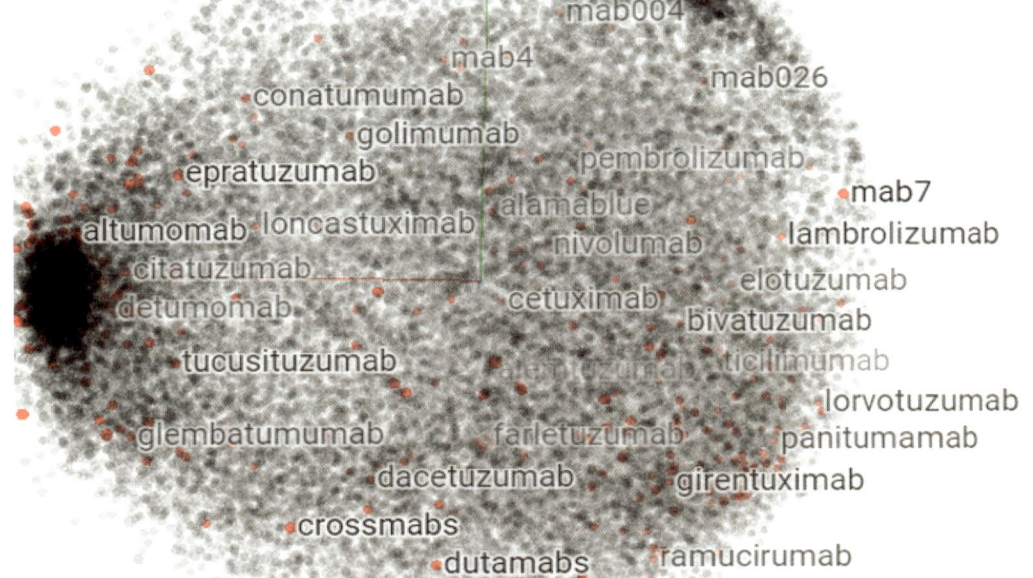

4구간: mab으로 끝나는 의약품 종류 68개
(2018년 ~ 2022년)

연도구간별 mab으로 끝나는 키워드 수를 확인한 결과 2003년부터 최근까지 꾸준하게 표적항암제 종류가 늘어나고 있는 것을 확인할 수 있다.

이는, 표적항암제에 대한 연구개발이 지속적으로 이루어지고 있는 것으로 볼 수 있다.

이렇게 많은 단일클론항체 의약품들이 나오고 있는데, 표적항암제의 주요 치료제는 무엇이 있을까?

표적항암제 중에서도 단일클론항체 의약품에 대한 종류는 너무 다양하다. 그렇다면, 이런 수 많은 단일클론항체 의약품 종류 중에서 주요하게 사용되고 있는 의약품은 무엇일지 각 연도구간별로 특허에서 많이 언급된 의약품을 확인해보도록 하자.

아래 순위표는 연도구간별 표적항암제 단일클론항체 의약품 TOP3를 추출한 결과이다. 해당 결과는 연도구간별 특허 전체 건을 기준으로 문서 내 표적항암제 단일클론항체에 대한 키워드를 추출하고 출현빈도에 따라 TOP3를 선정하였다.

	1구간	2구간	3구간	4구간
1위	rituximab	bevacizumab	trastuzumab	trastuzumab
2위	trastuzumab	rituximab	cetuximab	cetuximab
3위	cetuximab	trastuzumab	bevacizumab	daratumumab

각 연도구간별 TOP3 표적항암제 단일클론항체 의약품을 확인한 결과, 전체 연도구간에서 trastuzumab(트라스투주맙)이라는 의약품이 top3에 포함되는 것을 확인할 수 있다.

이는, 표적항암제의 단일클론항체 의약품에서 trastuzumab(트라스투주맙)이라는 의약품이 많이 활용되어 연구개발이 이루어지고 있는 것을 알 수 있다. 표적항암제의 주요 의약품인 trastuzumab(트라스투주맙)은 무엇일까?

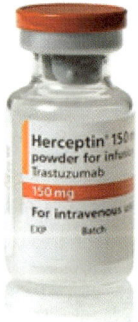

[Herceptin (trastuzumab) - Roche社]

trastuzumab(트라스투주맙)은 종양의 성장에 관여하는 ErbB2(HER2)라는 유전인자를 선택적으로 공격하는 표적치료제 중 하나이다.

그렇다면, 앞서 표적항암제의 주요 치료제인 trastuzumab(트라스투주맙)은 무엇을 치료하기 위해 나온 의약품인지 특허 빅데이터 분석을 통해서 확인해보자.

trastuzumab(트라스투주맙)과 관련된 주변 키워드 분석을 통해서 주요 타겟을 찾아볼 수 있다. 구체적으로, trastuzumab(트라스투주맙)과 동시에 등장하는 키워드를 분석함으로써, 도출이 가능하다.

이를 위해서 GloVe 기법을 활용할 수 있다. GloVe(Global Vectors for Word Representation)분석은 카운트 기반과 예측 기반을 모두 사용하는 방법론으로 각 문서에서 각 단어의 빈도수를 카운트하고, 단어들 간의 잠재된 의미를 확인하여 예측하는 것으로 키워드들 간의 연관성을 확인할 수 있는 분석이다.

아래 시각화 자료는 최근 구간인 4구간(2018년 ~ 2022년) 특허 데이터 내에서 trastuzumab(트라스투주맙) 주변에 위치하는 키워드가 무엇이 있는지 확인해 보았다.

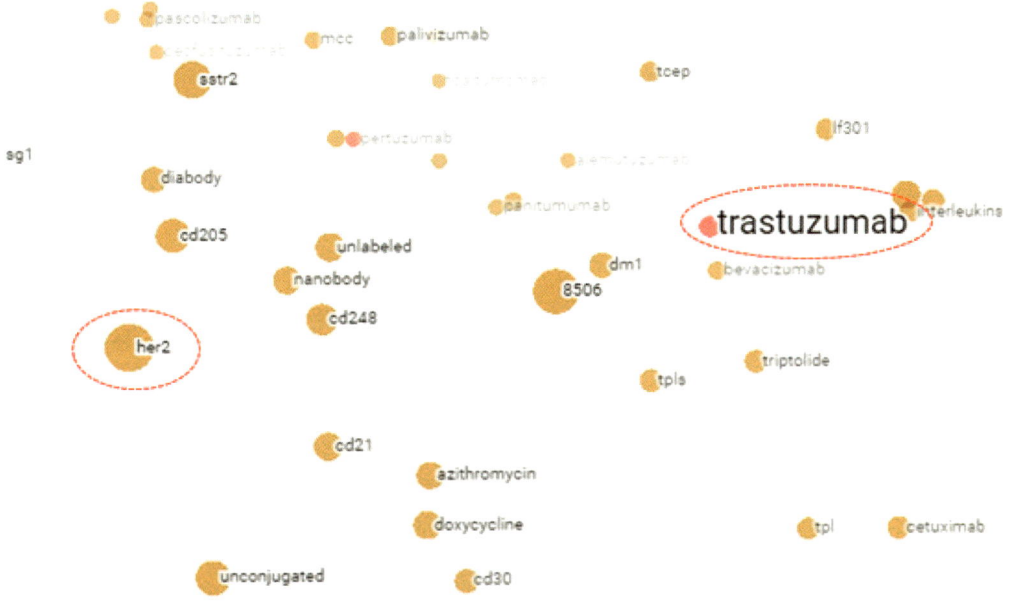

[trastuzumab(트라스투주맙) 주변 키워드]

trastuzumab(트라스투주맙) 주변에 위치한 키워드를 확인하였을 때 타겟 물질에 대한 키워드를 확인할 수 있다. 본 분석에서는 trastuzumab(트라스투주맙)과 연관성이 있는 타겟 물질 중 HER2라는 타겟 물질을 선정하여 분석을 진행했다.

위 그림에서와 같이 HER2는 trastuzumab(트라스투주맙)의 타겟 물질 중 하나인 것을 확인할 수 있다. HER2란 인간 표피 성장 인자 수용체 계열에 포함되는 물질로 유방암과 관련이 높은 물질이다.

신산업 분야 특허 빅데이터 분석방법 사례

그렇다면, HER2 키워드 주변에는 어떤 키워드들이 있고, 유방암과 관련된 키워드가 주변에 위치하고 있을까?

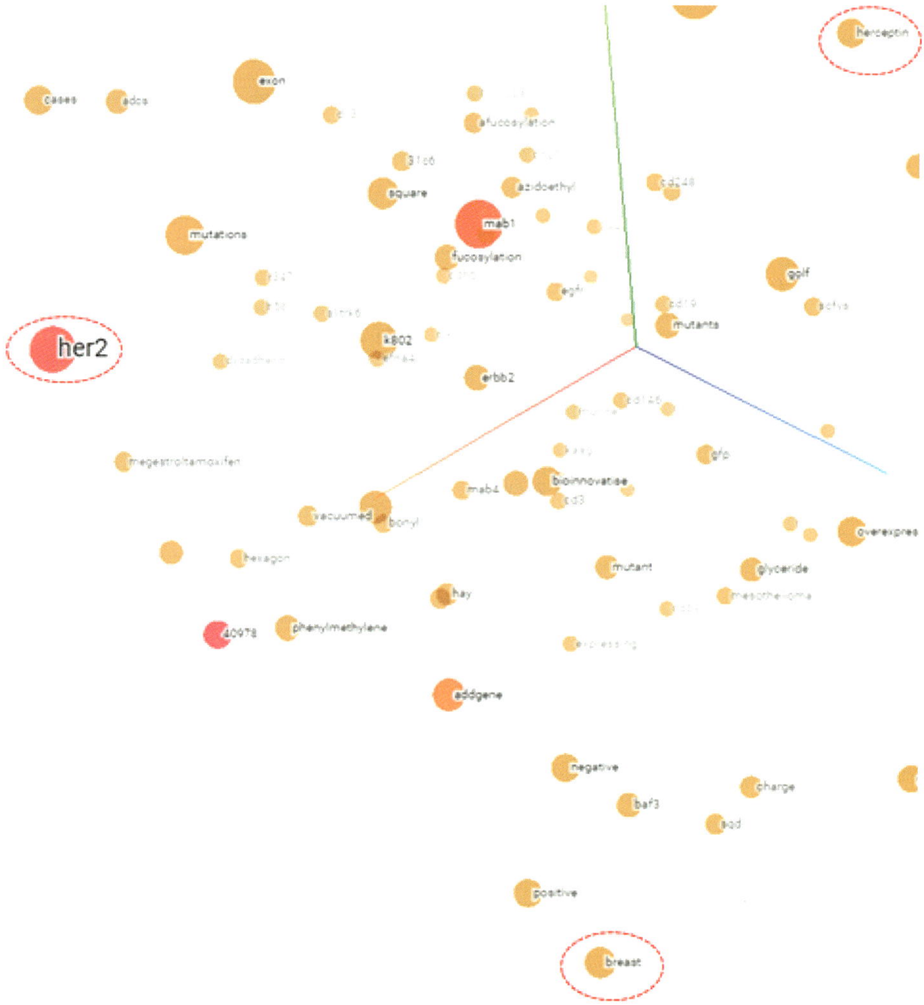

[HER2 주변 키워드]

HER2 주변에 위치한 키워드를 확인한 결과, HER2는 breast(유방)이라는 키워드와 연관성이 있는 것을 확인할 수 있다.

즉, trastuzumab(트라스투주맙)은 HER2라는 타겟 물질과 연관성이 있으며, HER2는 breast라는 신체부위 일부와 연관성을 확인할 수 있다. 이는, trastuzumab(트라스투주맙)이라는 의약품은 HER2라는 물질을 타겟팅하며, 이를 통해 유방암을 치료하는데 사용되는 의약품인 것이라고 분석할 수 있다.

추가적으로, HER2는 herceptin이라는 키워드와도 연관성이 있는 것으로 확인된다. herceptin은 앞서 확인한 바와 같이, Roche社의 trastuzumab(트라스투주맙) 의약품 명칭인 것을 확인할 수 있다.

이와 관련된 US 2020-0172631 A1 특허 청구항을 살펴보면, 다음과 같다.

[청구항 70]
70. 필요한 인간 피험체에서 암을 치료하는 방법으로서, a) 피험체로부터 얻은 생물학적 샘플에서 ErbB2를 암호화하는 핵산 서열 내의 ErbB2 체세포 돌연변이의 존재 또는 부재를 검출하는 단계로서, 돌연변이는 천연 인간 ErbB2 아미노산 서열의 막관통(TM) 또는 막관통(JM) 도메인 내의 적어도 하나의 위치에서 아미노산 변이를 초래하고, 돌연변이는 피험체에서 암을 나타내는 것인 단계; 및 b) 상기 피험체에 항암 치료제를 투여하는 단계를 포함하는 방법.

[청구항 73]
73. 제70항에 있어서, 치료제가 ErbB2 길항제인 방법.

[청구항 74]
74. 제73항에 있어서, ErbB2 길항제가 소분자 억제제, 길항제 항-ErbB2 항체 또는 항-ErbB2 항체-약물 접합체인 방법.

[청구항 77]
77. 제74항에 있어서, 항-ErbB2 항체가 트라스투주맙 또는 페르투주맙인 방법.

[청구항 79]
제70항에 있어서, 상기 암은 유방, 위, 결장, 식도, 직장, 맹장, 결장, 담도, 요로상피, 방광, 타액, 비소세포 폐(NSCLC) 선암종, NSCLC(편평 암종), 신장 암종, 흑색종, 난소, 폐 대세포, 소세포 폐암(SCLC), 간세포(HCC), 폐 및 췌장암으로 이루어진 군으로부터 선택되는 것인 방법.

인간 피험체에서 암을 치료하는 방법을 청구범위로 가지고 있다. 구체적으로 암은 여러 암을 개시하고 있으며, 유방암 또한 제시를 하고 있다. 해당 암을 치료하기 위해서 항암 치료제를 투여하게 되는데 이때, 치료제는 ErbB2 길항제를 사용하고 있으며, ErbB2 길항제는 trastuzumab(트라스투주맙)인 것을 확인할 수 있다(ErbB2의 별칭 기호로 HER2를 포함하고 있음).

본 분석에서는 표적항암제의 주요 치료제로 trastuzumab(트라스투주맙)이라는 의약품을 추출하였으며, 해당 의약품이 타겟하고 있는 대상과 인체에 어떤 암을 치료하기 위해 개발된 치료제인지 도출할 수 있었다.

이처럼 특정 키워드 주변에 있는 키워드들 간의 연관성 분석을 통해서 의약품이라는 키워드만으로 대상 타겟과 치료 목적을 확인할 수 있었다.

본 분석과 같이 특허 빅데이터 분석을 활용한다면, 의약품 명칭 하나만을 이용해서도 다양한 정보를 도출할 수 있을 것이다.

제5장

양자컴퓨팅

신산업 분야 특허 빅데이터 분석방법 사례

제5장 | 양자컴퓨팅

1. R&D 전략 수립 사례
   - 양자 컴퓨팅 기술에서 새롭게 등장한 신기술 센싱 사례

정부에서 양자 컴퓨터 등 4개 분야에 1조 원의 투자유치를 했다는 소식과 양자 기술에 정부와 기업이 양자 과학기술에 3조 원 이상을 투자한다고 한다.

R&D 예산이 삭감되는 한편, 양자 컴퓨팅 등 12대 국가전략기술에 대한 투자는 늘어나고 있는 만큼 연구 분야에 어떻게 정책 변화를 접목해야 할지 고민이 되는 시점에서, 많은 국가 R&D 비용이 투입되는 양자 컴퓨팅 기술에 대해 특허 빅데이터를 기초로 새로운 기술들은 무엇이 있는지 알아보자.

양자 컴퓨터는 양자역학 원리를 이용하여 정보를 처리하는 컴퓨터로, 기존 컴퓨터뿐만 아니라 슈퍼컴퓨터보다 빠른 속도로 계산이 가능한 컴퓨터이다.

양자 컴퓨터의 핵심은 양자 비트인 "큐비트(qubit)"를 사용하는 것이다. 전통적인 비트가 0 또는 1의 두 가지 상태를 가지는 반면, 양자 비트는 양자역학의 원리에 따라 동시에 0과 1의 상태를 가질 수 있기에 병렬처리와 양자 병렬성을 통해 효율적으로 해결할 수 있다.

큐비트를 설계하기 위해서는 크게 5가지 방식으로 나뉘며 초전도 루프, 이온 트랩, 실리콘 양자점, 위상학 큐빗, 다이아몬드 점결합을 이용한 방식이 있다.

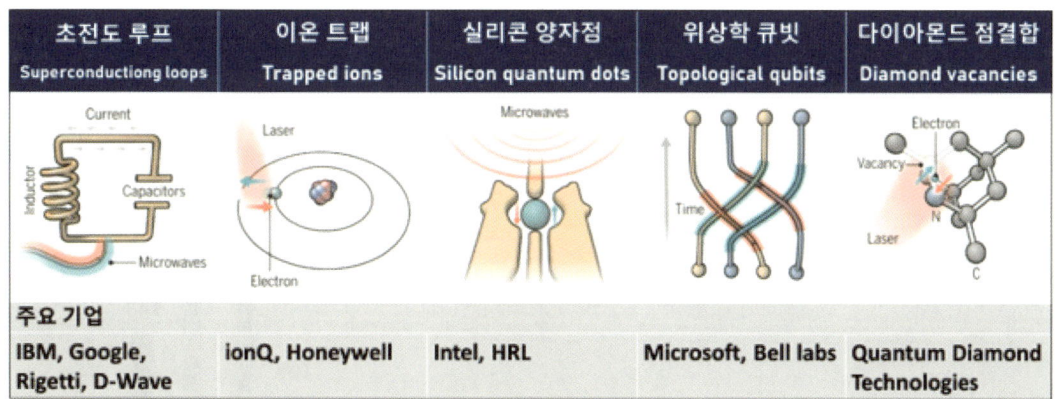

특허의 관점에서 양자 컴퓨터 분야를 바라보면, 초전도 루프를 이용한 큐비트 설계 기술의 기업들이 활발하게 특허 출원을 하고 있다는 것을 볼 수 있다.

INTERNATIONAL BUSINESS MACHINES 외에도 GOOGLE, D-WAVE, RIGETTI 순으로 초전도 루프 방식의 큐비트 설계 기술을 활용하는 주요 기업들을 확인할 수 있다. 특히, INTERNATIONAL BUSINESS MACHINES(이하, IBM)의 특허 출원이 가장 많기도 하고, 다른 기업과의 격차가 큰 것으로 보아 양자 컴퓨터 분야에서 주목할 만한 기업으로 보인다.

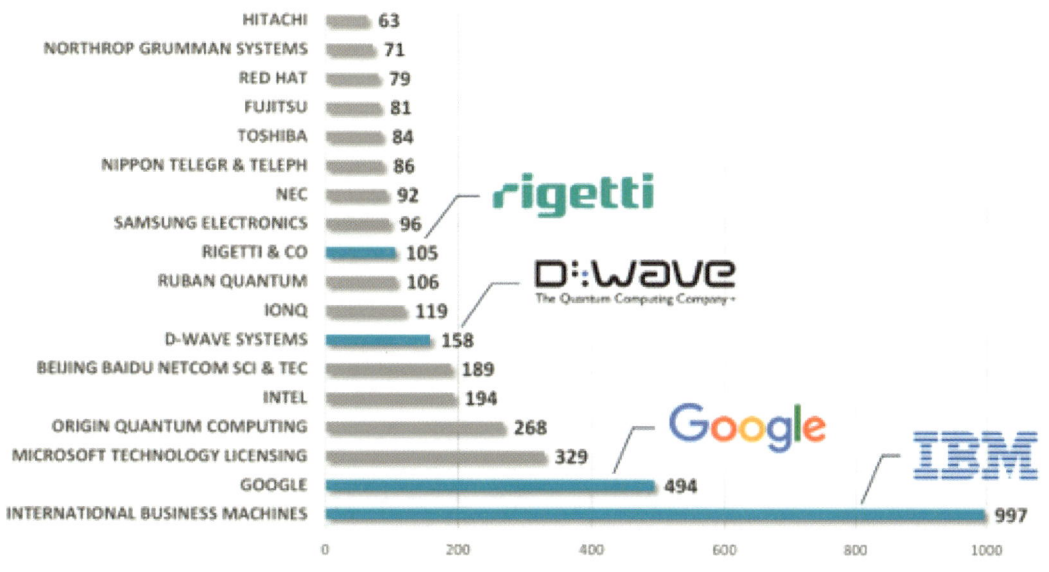

세부적으로 들어가, IBM의 최근 20년 특허 출원 동향을 보면 2017년을 기점으로 특허 출원이 눈에 띄게 증가하는 것을 볼 수 있다.

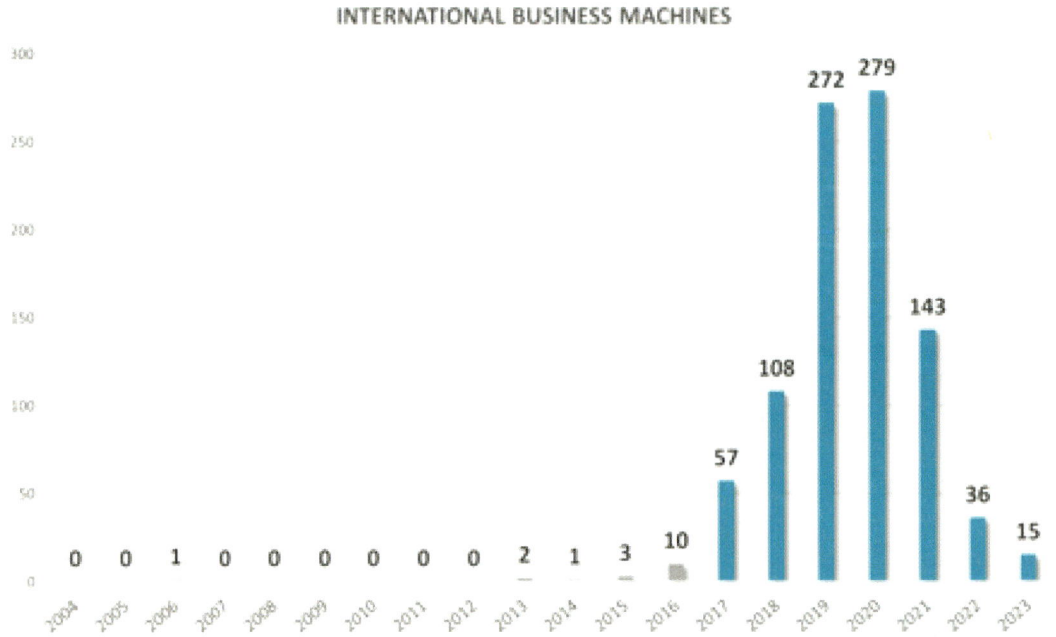

이번 분석에서는 양자 컴퓨터 분야에서 가장 많은 연구가 이루어진 초전도 루프의 큐비트 설계 방식의 주요 기업을 살펴볼 예정이며, 그중에서 대표적인 IBM의 양자 컴퓨터 특허 동향과 주목할 만한 신기술을 확인해 보자.

과거부터 지금까지 IBM의 기술 트렌드를 확인하기 위해 특허 명세서 내의 키워드 분석을 위한 워드 클라우드를 수행하고, 신기술을 확인하기 위해 기술적 연결성을 시계열 적으로 볼 수 있는 SNA 분석을 수행해볼 수 있다.

2018년까지의(2019년 이전) 특허를 1구간, 2019년의 특허를 2구간, 2020년의 특허를 3구간, 2021년의 특허를 4구간, 미공개 특허가 존재하는 2022년과 2023년의 특허를 5구간으로 나눠 분석을 진행했다.

2019년 이전 특허

performed
algorithm interface vertical simulation   combination magnetic
intended transmission diagram configuration flowchart ram measurement
               coupling   respective
pulse junction readable states programmable josephson
                                     surface
storage suitable frequency classical microwave
                                      wave
network block resonator signal bus state
     resonant   readout disk   remote
computers hardware capacitor depicts software disclosed employed frequencies gates
                                         pads
                         aspects

PART 1 특허 빅데이터 분석 이론

PART 2 특허 빅데이터 분석 사례

195

신산업 분야 특허 빅데이터 분석방법 사례

2019년

capacitor
hardware configuration metal
employed   states depicted   performed
classical cloud programmable   depicts graph optimization computers
microwave readable software surface   network

parameter
state technologies   frequency   energy josephson
aspects   coupling
pulse   disk
signal resonator execution storage area block
                  intended
temperature diagram junction flowchart readout gates semiconductor interface
              measurement combination   execute suitable
                          bus

196

2020년

disclosed computers intended logic tunable remote clifford
temperature diagram aspects interface combination classical capacitor
target disk pulse josephson network
execution state signal
readable gates frequency readout storage
respective
ram block microwave software hardware junction cloud
programmable filter measurement flux
employed coupling transmission bus technologies magnetic
resonator instance depicted pad
suitable

2021년

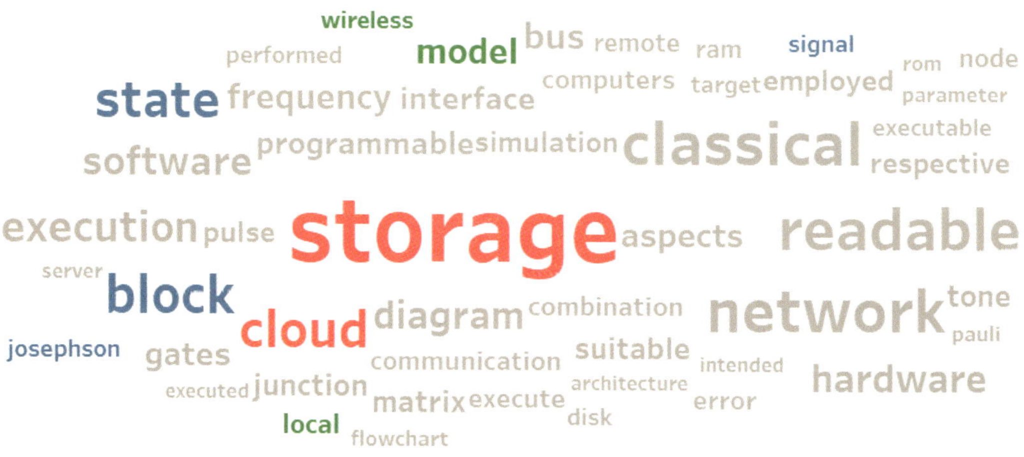
wireless
performed
model
bus
remote
ram
signal
rom
node
state
frequency
interface
computers
target
employed
parameter
software
programmable
simulation
classical
executable
respective
execution
pulse
storage
aspects
readable
server
block
cloud
diagram
combination
network
tone
pauli
josephson
gates
communication
suitable
intended
hardware
executed
junction
matrix
execute
architecture
error
local
flowchart
disk

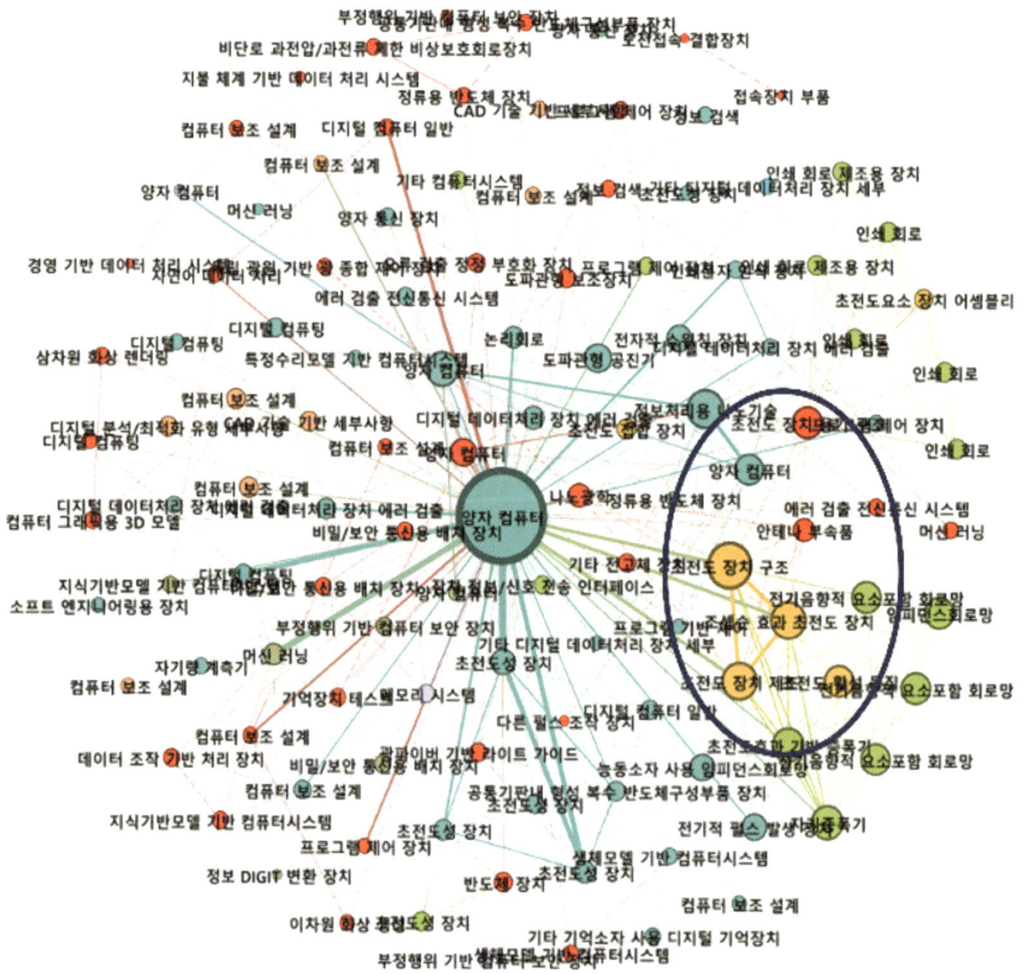
비단로 과전압/과전류 제한 비상보호회로장치
지불 체계 기반 데이터 처리 시스템
접속장치 부품
컴퓨터 보조 설계
디지털 컴퓨터 일반
양자 컴퓨터
머신러닝
양자 통신 장치
인쇄 회로
에러 검출 전신통신 시스템
초전도요소 장치 어셈블리
삼차원 화상 렌더링
디지털 컴퓨팅
논리회로
인쇄 회로
디지털 데이터처리 장치
양자 컴퓨터
에러 검출 전신통신 시스템
안테나 부속품
머신러닝
컴퓨터 그래픽용 3D 모델
비밀/보안 통신용 배치 장치
소프트 엔지니어링용 장치
부정행위 기반 컴퓨터 보안 장치
기타 디지털 데이터처리 장치 세부
자기량 계측기
컴퓨터 보조 설계
데이터 조작 기반 처리 장치
지식기반모델 기반 컴퓨터시스템
프로그램제어 장치
정보 DIGIT 변환 장치
반도체 장치
이차원 화상 생성
생체모델 기반 컴퓨터시스템
컴퓨터 보조 설계
기타 기억소자 사용 디지털 기억장치

2022년

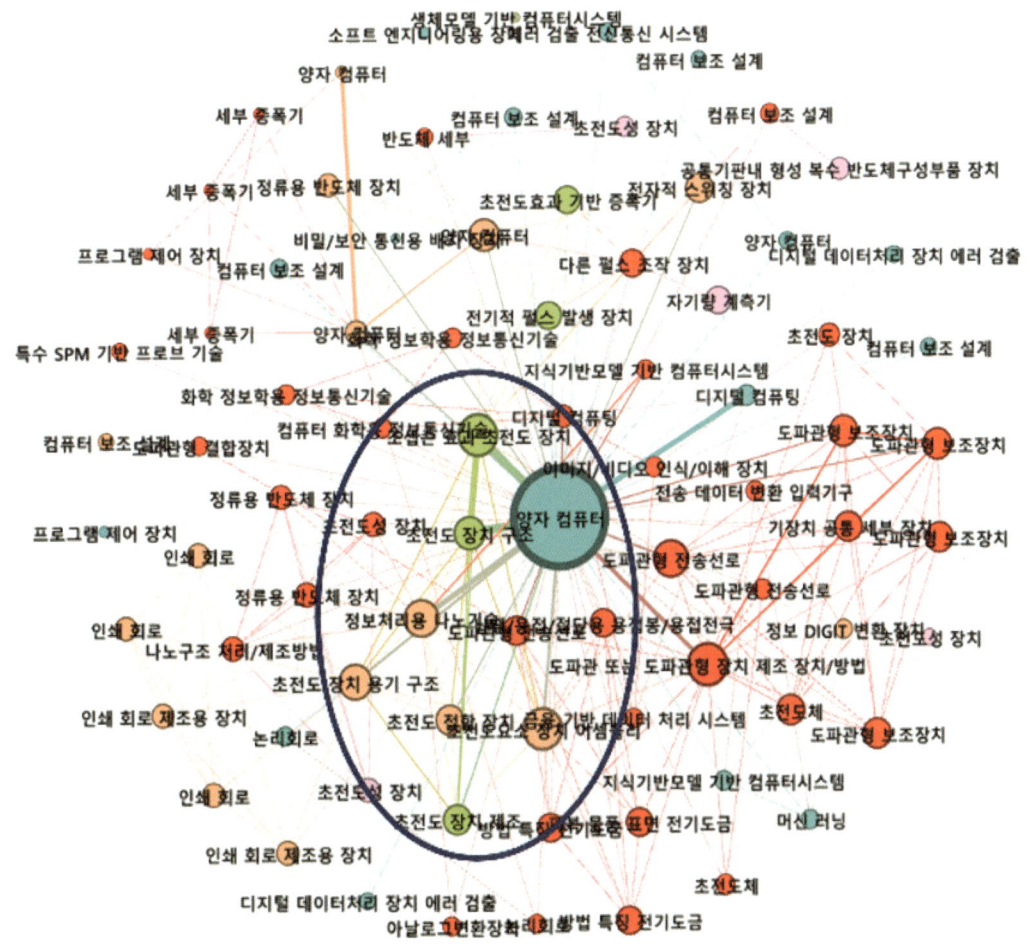

워드 클라우드에서는 시간의 흐름에 따라 중요도가 증가하는 경향을 보이는 키워드에 대해 붉은색으로, 중요도가 감소하는 경향을 보이는 키워드에 대해 푸른색으로 지정하였으며, 새로이 등장하는 키워드는 초록색으로 지정하여 시각화했다.

이때, superconducting이나 qubit, quantum과 같이 전 구간에 공통적으로 나타나게 되어 초전도 루프를 이용한 양자컴퓨터 분야의 일반적인 키워드로 판단되는 키워드는 필터링하여 제외했다.

중요도가 감소하는 키워드로 Josephson, state 등이 있으며, 이와 같이 초전도 루프를 이용한 양자 컴퓨팅의 기본 요소에 해당하는 키워드가 감소하고 있음을 확인할 수 있다.

중요도가 증가하는 키워드로 cloud, storage, magnetic 등이 있으며, 정보 저장이나 네트워크 서비스와 같이 양자 컴퓨터의 활용에 해당하는 키워드가 증가하고 있음을 볼 수 있다.

새로이 등장하는 키워드로 calibration, local 등이 있으며, 양자 컴퓨팅의 기본 요소에 대한 심화 기술 키워드가 등장한 것을 볼 수 있다.

결과적으로, 정보 저장 및 공유(클라우드 서비스) 등을 위한 기술과 출력 데이터에 대한 보정 및 최적화 기술에 대한 키워드가 증가하고 새로이 나타남을 알 수 있다.

SNA 분석에서는 시간의 흐름에 따라 IBM 보유 특허 간의 기술적 연결성을 시계열 적으로 분석하여, 양자 컴퓨터 분야에서 IBM이 갖고 있는 기술 동향을 분석할 수 있다.

이때, 이전 구간 대비 신규 연결성을 갖는 기술에 대해 빨간색으로 표시했다.

양자 컴퓨터 분야를 모집단으로 구성한 만큼 양자 컴퓨터 기술(중앙부 상록색 노드)이 가장 중심에 위치하며, 초전도 루프를 큐비트 설계 방식으로 하는 IBM답게 초전도 장치 및 구조에 대한 기술(남색 동그라미)이 주요하게 나타남을 볼 수 있다.

특히, 이전 구간 대비 신규 연결성을 갖는 기술의 빨간색 노드가 매 구간마다 다수 확인되어, 양자 컴퓨터 분야에 대한 IBM의 기술 개발이 활발하게 진행되고 있다고 판단되며, 그 기술로는 머신러닝 기술, 차량 경로 설정 기술 등 135개의 신규 기술이 기존 양자 컴퓨터 기술과 새로운 연결성을 갖게 됨을 확인했다.

이렇게 도출된 신규 기술군들에 속한 신기술을 세부적으로 살펴보자.

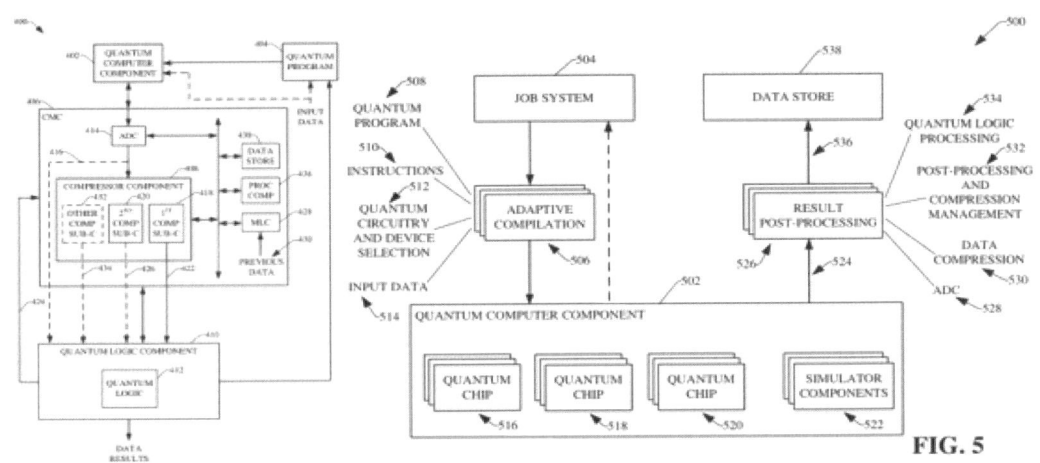

[머신러닝 융합 신기술 US 11386348 B2]

위 특허는 기존 양자컴퓨터 기술에서 머신러닝 기술과 데이터 후처리 기술이 신규 연결성을 가지며 도출된 신기술이다.

특허 내용을 살펴보면 양자 컴퓨터로부터 출력된 데이터에 대한 후처리 기술을 다루고 있으며, 해당 후처리 기술에 머신러닝 기술을 활용하여 최적의 출력값을 도출하는 기술로 설명하고 있다.

이는 양자 컴퓨터의 출력값을 보정하여 보다 정확한 데이터를 제공하며, 머신러닝을 넘어 인공지능 기술을 접목하게 된다면 보다 신뢰성 있는 데이터를 기대할 수 있을 것이다.

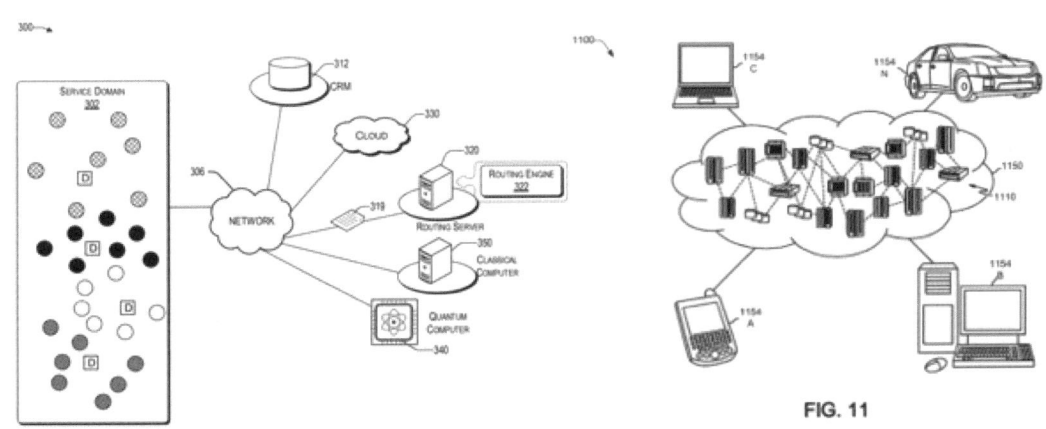

[차량 경로 설정 융합 기술 US 2023-0177415 A1]

위 특허는 기존 양자 컴퓨터 기술에서 차량 경로 설정과 신규 연결성을 가지며 상세 기술로는 클라우드 기술을 포함하는 신기술이다.

특허 내용을 살펴보면 양자 컴퓨터로부터 실행 가능한 주행 경로를 계산하되, 가장 효율이 좋은 조합을 도출하는 기술을 다루고 있다. 이때, 도출된 최적 경로는 통신 네트워크 및 클라우드 환경을 통해 사용자로 제공되는 기술로 설명하고 있다.

이는 자율주행 차량의 경로 설정에 있어 양자 컴퓨터를 활용하여, 기존의 일반 컴퓨터를 이용한 연산보다 효율적인 결괏값을 도출하게 되고 더욱 진보된 자율주행 기술을 기대할 수 있을 것이다.

본 분석에서는 12대 국가전략기술 중 하나인 양자 컴퓨터 기술의 간단한 특허 동향 분석과 특허 빅데이터 분석을 통해 기술 동향 및 신기술을 알아보았다.

양자 컴퓨터에서 가장 많은 연구가 이루어진 큐비트 설계 방식은 초전도 루프를 이용한 기술이며, 초전도 루프를 이용한 큐비트 설계 방식의 선두주자는 IBM으로 2017년부터 활발하게 출원하고 있다.

워드 클라우드를 통해 정보 저장 및 공유(클라우드 서비스) 등을 위한 기술과 출력 데이터에 대한 보정 및 최적화 기술에 대한 키워드가 증가하고 새로이 나타나는 것을 보았고 시간이 지남에 따라 양자 컴퓨터 자체적인 기술보다 그것을 활용하는 기술이 중요해지고 있다.

SNA 분석을 통해 매년 다수의 신기술이 개발됨을 확인하였고, 무려 135개 신기술이 있음을 알수 있었다. 양자 컴퓨터 기술과 다른 분야 기술이 새로이 연결성을 가지며 양자 컴퓨터 기술을 통해 기존 기술을 고도화 및 최적화하고자 함을 확인할 수 있다.

2. 신규 아이디어 창출 사례 - 특허로 보는 초전도체 사례

지난 7월 미국의 소셜 뉴스 초대형 커뮤니티 사이트 레딧(reddit)에 한 개의 글이 게시되었다. 바로 대한민국의 과학자 이석배와 김지훈 등이 연구한 물질인 LK-99에 대한 글이었는데, 이를 계기로 전 세계에 LK-99에 대한 논문이 알려지게 되었다.

그 후 이 물질에 대한 갑론을박이 시작되었다. '인생에서 최고의 물리학적 발견을 봤다'는 물리학 박사부터, 다른 재료로 LK-99 관련 영상과 비슷하게 재현하면서 '연구의 진위가 의심된다'는 교수까지 정말 다양한 반응이다.

깊게 관심을 가지지 않은 일반 사람들은 이 LK-99가 초전도체가 맞는지 여부뿐만 아니라, 엄청난 발견인 것은 맞는지 알기 어렵다.

이번 분석에서는 LK-99에 대해 퀀텀에너지연구소(LK-99 연구자인 이석배가 대표이사로 있는 기업)가 LK-99 관련하여 출원한 7개의 특허를 뜯어보며, 특허를 통해서도 과연 LK-99가 초전도체가 맞는지 여부를 확인해보자.

우선, 초전도체를 설명하기전에 전도체를 먼저 알아야한다. 전도체는 전기가 잘 통하는 물질을 의미한다. 이 전도체에서 전기가 흐른다는 것은 쉽게 표현하면 전자가 이동을 하는 것이다.

일반적으로, 이러한 전도체는 그 구조상 구조 결함이나 불순물 등을 포함하고 있다. 그렇다면 전자가 이동을 하다가 이 구조결함이나 불순물을 만나면 충돌하게 되며, 이 때 생기는 것이 바로 '저항' 이다. 이 저항으로 인해 전구도 뜨거워지고, 핸드폰도 뜨거워지게 되는 것이다.

그래서 이 저항으로 인해 지구상의 전기 에너지는 손실이 발생하고 많은 사람들은 이 손실을 줄이기 위해 연구를 거듭했다.

　이런 계속된 연구의 결과로 나온 것이 바로 '초전도체'이다. 초전도체는 저항이 '0'인 물질이다. 저항이 0 이라는 이야기는 전기 에너지를 이동시키는데 손실이 전혀 없다는 뜻이며, 지금 이 순간에도 저항으로 인해 소모되고 있는 수많은 전기에너지들을 아낄 수 있다는 뜻이다.

　하지만 이런 엄청난 물질에는 조건이 있다. 그것은 바로 극저온일 때만 가능하다는 것이다. 그래서 과학자들이 이 극저온을 조금이라도 올리려는 노력을 계속 연구개발 하고있다.

　하지만 초전도체는 많은 과학자들의 노력에도 [12]-183도 이상의 온도에서는 존재할 수 없었다. 그런데 이 때 혜성처럼 LK-99가 등장했다.

---

12) 더 높은 온도에서도 가능하게 할 순 있지만, 이 경우에는 또 엄청난 압력이 필요함

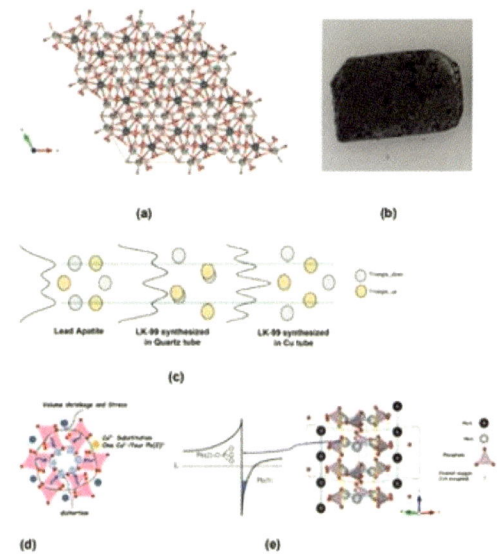

LK-99을 소개하는 논문의 제목은 'The First Room-Temperature Ambient-Pressure Superconductor'로, '최초의 상온 상압 초전도체' 라는 뜻을 가지고 있다. 그 제목만으로 학계를 발칵 뒤집히게 만들기에 충분했다.

당연하게도 이 엄청난 제목을 가진 엄청난 연구 주제의 논문은 여러가지 논란의 중심이 된다. 그 중 대표적인 논란들을 몇 가지 뽑아보자면 이렇다.

▸ **논문 논란 포인트**
- 이렇게 파격적이고 상업적 가치가 높은 기술은 연구 부정 행위가 빈번히 일어난다.
- 논문 자체가 너무 완성도가 떨어지며, 설령 LK-99가 상온·상압 초전도체임이 맞다고 밝혀져도 현재의 원고가 조악하여 SCI급 학술지에 제출하려면 다시 써야 할 수준이다.
- 퀀텀에너지연구소 측에서 제공한 모든 영상이 LK-99가 초전도체 임을 증명해 보이지 못하였다.
- 초전도체 진위 여부 검증을 위한 유일한 방법은 퀀텀에너지연구소 측에서 가지고 있는 초전도체 샘플을 제공하는 것이다. 하지만 논문 심사를 이유로 제공 시기를 늦추고 있다.
- '제조 방법은 공개했지만 노하우가 있다'. '논문에 다 담지 못한 회사만의 노하우가 분명히 있다' 라고 하며 재현이 되지 않는 부분을 노하우로 반박하고 있다.

신산업 분야 특허 빅데이터 분석방법 사례

논문의 완성도나 실제 초전도체 진위 여부 등은 판단하기가 어려운 문제이다. 하지만 5번 논란인 '노하우'에 대한 부분은 짚고 넘어갈 수 있는 문제로 보인다. 이미 우리나라는 '황우석 논문 조작 사건'을 통해 한 차례 비슷한 경험을 했었다.

황우석 논문 사건 때에도 논문에 제시된 공정은 비슷한 주제의 유전공학 연구실이라면 재현할 수 있는 수준이었지만, 다른 연구실에서 재현이 안되는 상황에 대해 '우리 연구진의 노하우 덕분이다.', '논문에 미처 추가되지 않은 조건이 있다.' 등의 변명을 했었다.

그렇다면 특허는 어떨까? 특허가 논문에 비해 연구 자체의 목적에 대해 언급하는 내용도 상대적으로 적다고는 하지만, 특허도 분명 특허에서만 얻을 수 있는 데이터가 있고 발명의 분야와 배경이 되는 기술들에 대해서 필수적으로 언급해야 한다.

퀀텀에너지연구소는 초전도체에 관련하여 총 7개의 특허를 출원했다.

만약, 특허 출원 당시 논문을 인용했다면 키워트에 새롭게 추가된 '유사 논문 보기'를 통해 해당 논문을 함께 볼 수 있었을 텐데, 모든 7건의 특허가 논문보다 먼저 출원된 상태이다.

이번에 발표한 논문을 인용하여 추후 특허를 출원하게 된다면 키워트에서 그 특허는 전세계 논문 DB 스코퍼스에서 제공하는 논문 정보에 더해 문헌의 카테고리, 단계 출처 정보 등도 함께 검토할 수 있을 것이다.

위 이미지에서 보시다시피 7건의 특허 중 2건은 등록되었으며(한 건은 소멸처리), 2건은 취하, 나머지는 공개되었다. 현재 유일하게 등록된 특허는 KR 2404607 B1로 초전도체를 포함하는 세라믹화합물과 그 제조방법에 대한 특허이다.

가장 최근에 출원한 한국 특허 'KR 2023-0030551 A'의 명칭은 '상온, 상압 초전도 세라믹화합물 및 그 제조방법' 인데, 퀀텀에너지연구소는 논문으로 LK-99가 '상온·상압 초전도체가 포함된 세라믹화합물'이라고 하였으니 이 특허가 초전도체인 LK-99, 그리고 그 제조 방법인 것으로 볼 수 있다.

① KR 2404607 B1

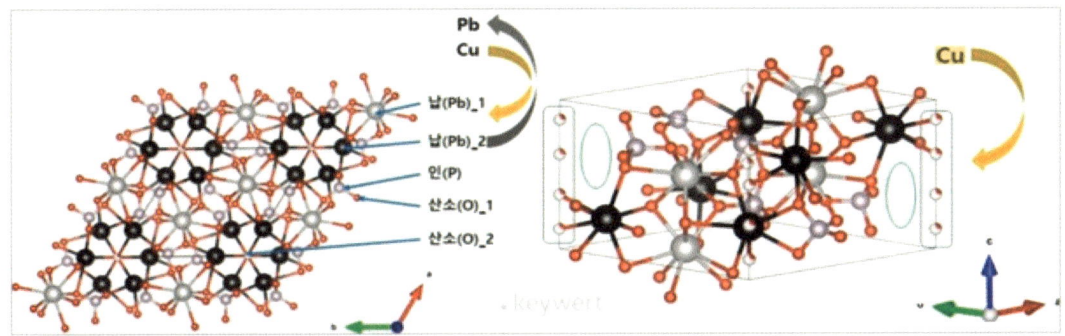

이 특허는 지난 2020년 출원하여 작년에 등록받았다.

초전도체에 대한 퀀텀에너지연구소의 첫 국문논문이 올해 4월에 나왔다는 것을 감안하면, 이 연구결과물에 대한 독점권을 가질 생각은 오래전부터 하고 있었던 것으로 보인다.

이석배 대표의 28일 4시 인터뷰도 '연구기관이 아닌 기업이라 수익을 빨리 내야' 등을 언급하는 것도 특허를 먼저 출원한 행보와 일맥상통하는 부분이다.

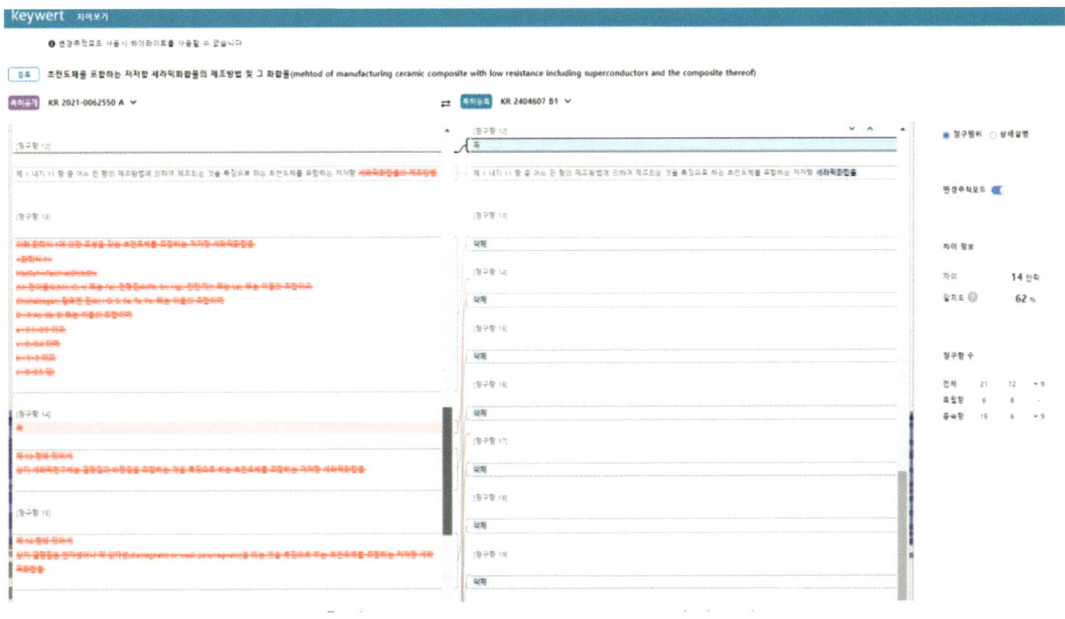

이 특허에서 눈여겨 볼 부분은 바로 등록 과정 중의 청구항의 변화이다. 키워트의 차이보기로 살펴보니 공개 / 등록 문헌간의 청구항 차이를 확인할 수 있는데, 공개 문헌의 청구항 13부터 청구항 21까지가 통채로 삭제된 것이 눈에 띈다.

207

청구항 13부터 21까지가 어떤 권리범위였을까? 바로 초전도체 자체에 대한 권리였다. 앞의 삭제없이 등록된 청구항 1부터 12까지는 초전도체의 '제조방법'에 대한 권리인데, 결국 특허청은 이 특허에서 초전도체의 제조방법에 대해서만 권리를 인정해주고 초전도체 자체에 대한 권리는 인정해주지 않았다.

이미 비슷한 발명이 있다는 것을 거절이유로 들면서 말이다. 제조방법도 물론 중요하지만 초전도체 자체에 대한 권리가 당연히 더 중요한 부분이었을텐데요. 그 부분을 특허청에서 인정해주지 않았다는 것은 시사하는 바가 있어 보인다.

② KR 2023-0030551 A

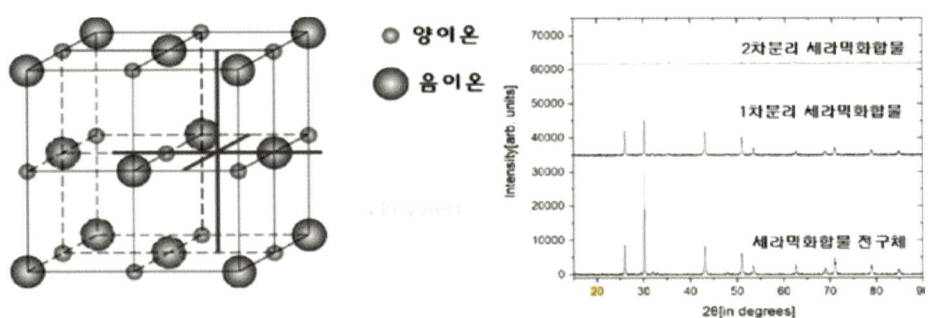

가장 최근 출원한 이 특허는 LK-99에 대해서 그 명칭까지 직접적으로 언급하고 있다. LK-99가 기존의 [13)]아파타이트와 구조적으로 유사한 측면이 있지만, 물성이나 특성이 아파타이트와 달라 새로운 물질이며, 초전도 특성을 발휘한다는 것이다.

이 특허에서는 퀀텀에너지연구소가 이 전에 등록받은 특허 이후에 여러 연구를 거쳐왔다는 것을 청구항에서 확인할 수 있다. 전혀 다른 화학식으로 이루어진 새로운 세라믹화합물을 제시했다는 것이 바로 그것이다. 기존의 취하했던 특허들과 비교하였을 때 등록 받을 가능성을 높여서 출원을 했을테고 자신감도 있었겠지만, 이 특허에서도 눈여겨 볼 점은 분명히 있다.

▶ **KR 2023-0030551 A 발명의 상세한 설명 발췌**

【0101】
또한, 상기 원료는 화학식 1의 $A_aB_b(EO_4)_cX_d$을 이루는 물질들을 a는 0 ~ 10, b는 0 ~ 10, c는 0 ~ 6, d는 0 ~ 4인 범위에서 몰비에 따라 전체 중량을 적량하여 진공 조절이 가능한 반응용기에서 반응온도 550℃ ~ 2000℃, 반응시간 1 ~ 100시간 동안 반응시켜 증기상 증착되도록 하여 세라믹화합물을 합성할 수 있다.

【0102】
아울러, 증기상 증착이 효과적으로 치밀하고 균일하게 이루지도록 상기 원료를 전처리할 수 있는데, 이러한 전처리는 화학식 1의 $A_aB_b(EO_4)_cX_d$을 이루는 물질들을 a는 0 ~ 10, b는 0 ~ 10, c는 0 ~ 6, d는 0 ~ 4인 범위에서 몰비에 따라 전체 중량을 적량하여 진공 조절이 가능한 반응용기에서 반응온도 550℃ ~ 1100℃, 반응시간 10 ~ 100시간 동안 반응시켜 전처리한 세라믹전구체를 증착 원료로 사용할 수 있다.

---

13) 아파타이트 : 인산칼슘을 주성분으로 하는 무기물질. 사람에 있어 뼈나 치아의 65%를 차지한다.

바로 제조과정에서의 제조조건이 너무 넓은 범위로 적혀있다는 것이다. '반응온도 550℃ ~ 2000℃, 반응시간 1 ~ 100시간 동안 반응시켜 증기상 증착되도록 하여 세라믹화합물을 합성할 수 있다'고 쓰여 있다.

생각하기에 초전도체는 분명 제조가 어려운 물질이고 그 제조 조건이 까다로울 것으로 예상되는데 반응온도의 최저와 최고점이 무려 1500℃ 가량 차이가 나며, 반응시간 또한 1 ~ 100시간이라는건 선뜻 이해가 되지 않는 부분이다.

물론, 특허명세서의 특징적인 부분도 무시할 수는 없겠지만 앞에서 언급했던 현재 논란 중 '제조 방법은 공개했지만 노하우가 있다', '논문에 다 담지 못한 회사만의 노하우가 분명히 있다' 라고 이야기한 부분에 대해 자유롭지 못하게 되는 부분으로 판단된다.

이와같이, 제조조건을 넓게 잡게 된다면 분명 성공하게 되는 조건은 '제조하는 노하우'에 크게 좌지우지 될 것이다.

실제로 퀀텀에너지연구소에서 제공한 모든 시연 영상도 LK-99가 초전도체임을 입증해내지 못하였고, 제작한 본인들도 시연 영상으로 증명할 수 없으며, 그 정확한 제조조건조차 없는 기술은 인정받기 어려울 것으로 보인다.

앞에서 언급했던 것과 같이, 퀀텀에너지연구소 측에서 가지고 있는 '초전도체 샘플'만이 이 논란을 잠재울 수 있는 유일한 방법일 것으로 보인다.

저자정보

한 유 진

(현) 숙명여자대학교 글로벌서비스학부 앙트러프러너십전공 교수/
신산업지식재산융합인재양성사업단장

(전) 한국지식재산연구원 부연구위원

관심분야: 앙트러프러너십, 창업, 지식재산, 기술혁신

하 윤 수

(현) 숙명여자대학교 신산업지식재산융합인재양성사업단 특임교수
한국중소기업발전협회 엔젤투자위원회 심사, 평가위원
한국관광공사 관광벤처 전담 컨설턴트 (관광 ICT)
중소기업기술정보진흥원 기술경영 전문 컨설턴트

(전) 안양대학교 교양대학 조교수
Hashsnap, Searslab 이사
Teruten, Minigate 일본 법인장
Gamevil, Namo Interactive 해외마케팅 실장
해태전자, 삼성물산

관심분야: 창업, 지식재산, 미래융합기술

신산업 분야 특허 빅데이터 분석방법 사례

개 정 판	1쇄 인쇄	2025년 02월 12일
	1쇄 발행	2025년 02월 20일
제 작 및 발 행	재 노 북 스	
	서울시 금천구 가산디지털1로 205-27, 에이원 705호	
	연락처 ｜ 0507-1381-0245	
	이메일 ｜ dasolthebest@naver.com	
디 자 인	윤서아, 김현주	
I S B N	979-11-93297-55-1 (13360) 25,900원	

* 이 책의 수록된 글과 사진은 저작권자의 서면 허가없이 영리목적으로 사용하거나 전재할 수 없습니다.
* 본결과물은 특허청의 신산업분야 지식재단 융합인재 양성사업의 지원을 받아서 제작 되었습니다.